Paula Horan &
Narayan Chöyin Dorje

Satsangs
der
Selbstbefreiung

Die neun Prinzipien der Selbstheilung
mit einem 40-Tage-Programm

Aus dem Amerikanischen übertragen

von

Matthias Dehne

WINDPFERD

Titel der Originalausgabe: *The 9 Principles of Self-Healing*
Erschienen bei Full Circle Pulishing, Delhi, Indien
Aus dem Amerikanischen übertragen von Matthias Dehne
Copyright der Originalausgabe © 2000 by Full Circle Publishing & Paula Horan
und Narayan Chöyin Dorje

1. Auflage 2003
© 2002 by Windpferd Verlagsgesellschaft mbH
Alle Rechte vorbehalten
Umschlaggestaltung: Peter Krafft Designagentur, Bad Krozingen
Lektorat: Sylvia Luetjohann
Gesamtherstellung: Schneelöwe, Aitrang
ISBN 3-89385-413-4

Printed in Germany

Inhaltsverzeichnis

Danksagung

Wir sind dankbar für die Gelegenheit, an dem Mysterium partizipieren zu dürfen, das wir „Leben" nennen, und für das Privileg, einige seiner kostbarsten Aspekte mit anderen zu teilen. Wir ehren die nicht weiter in Worte faßbare Freude, die uns berührt. Sie allein gibt unseren Worten Sinn und ihnen die Kraft, andere zu berühren. Wir bedanken uns von Herzen bei den Bäumen, die ihr Leben geben mußten, damit das Papier für diese Seiten produziert werden konnte. Vielleicht bleibt ihnen dieses Opfer in Zukunft erspart, wenn Papier einmal aus Hanf gewonnen wird. Aber schließlich hat ja auch der Hanf ein Leben. Wir danken dem Wasser, das die Tinte über das Papier verteilt hat. Wir danken der Erde, den Elementen, der Sonne, dem Mond und den Sternen, denn sie alle machen alles erst möglich. Alle Erscheinungen, wo auch immer sie in diesem grenzenlosen Universum angesiedelt sein mögen, haben ausnahmslos zur Verwirklichung unseres Projekts beigetragen. Deswegen danken wir allen sichtbaren und unsichtbaren Kräften und Daseinsfaktoren, die uns auch weiterhin mit ihrem unschätzbaren Leben und ihrer wertvollen Lebenskraft unterstützen.

Unsere Dankbarkeit erstreckt sich natürlich auch auf alle Menschen, die das ihre zur Niederschrift und Herstellung des Buches beigetragen haben. Als erstes möchten wir an dieser Stelle unsere geistigen Lehrer erwähnen. Durch ihre Liebe öffnen sie für uns auch weiterhin die unerschöpfliche Schatztruhe der Weisheit und des Mitgefühls.

Papaji ist stets und überall gegenwärtig. Auch fünf Jahre nach seinem Scheiden von der Erde ist sein *Satsang* die Quelle für den 40-Tage-Satsang mit den Einsichten und Erfahrungen, die das Buch zu erwecken vermag, wenn man es benutzt wie einen Spiegel des eigenen Bewußtseins.

Acharya Dawa Chodak und Karma Gyalpo Rinpoche inspirieren mit der wirkenden Kraft ihrer Praxis und mit der in ihren mündlichen Unterweisungen allgegenwärtigen Bewußtheit. Wir möchten diese beiden kostbaren Lehrer niemals mehr in unserem Leben missen.

Wir danken unseren Verlegern in Indien, Deutschland und den USA für Rat und tatkräftigen Beistand und unseren zahllosen Freunden weltweit für ihre Liebe, Gastfreundschaft und schier grenzenlose Geduld mit unseren Bedürfnissen und Fährnissen auf dem WEG. Man trifft immer wieder Engel auf der geistigen Reise, und sie strecken ihre helfenden Hände entgegen. Für ihre Hilfe bleiben wir ihnen für immer dankbar verbunden, auch wenn wir sie nicht alle beim Namen nennen können.

Fühlen ist gesund
und befreit!

Befreiung aus der Macht der Gewohnheit ist das Anliegen des Buches, unmittelbares Fühlen der Weg, Bewußtheit sein Thema. Es geht darum, daß wir uns „von innen" kennenlernen und die Muster erspüren, die unser Dasein prägen und damit den ganzen Frust und die Lust unseres Lebens ausmachen. Wir dürfen lernen, uns zu fühlen, anstatt uns wie ein fremdes Wesen „von außen" durch die Brille und den reduzierenden Filter unseres Verstandes zu betrachten. In *Satsangs der Selbstbefreiung* liegt die Betonung demnach nicht auf einer Analyse unserer Wahrnehmungs- und Verhaltensmuster oder darauf, daß wir sie intellektuell begreifen, verstehen und in die Kästchen unserer Urteile und Vorurteile einordnen. Vielmehr werden wir immer wieder angeleitet, frei durchzuatmen und endlich einfach nur zu fühlen, was der Augenblick uns darbringt. Wir wollen fühlen, was gerade geschieht.

Das Buch fordert von uns nicht, daß wir an unseren „Problemen" und Mustern „arbeiten", um sie „zu lösen" oder um „in Zukunft alles besser zu machen". Der Ansatz des zwanghaften „An-uns-arbeiten-Müssens" wird in jedem Fall unser Dasein nur zusätzlich belasten und uns außerdem wahrscheinlich alle Lebensfreude vermiesen. Nicht „besser" oder „vollkommener" werden sollen wir, sondern eben einfach nur fühlen, wer und was wir sind – Augenblick für Augenblick.

Satsang ist ein indischer Ausdruck für diese Art der ungeschminkten und unmittelbaren Kommunikation. Er bedeutet, daß wir „im Angesicht der Wahrheit sitzen", daß wir unserer „eigenen Wahrheit begegnen". Gewöhnlich impliziert Satsang, daß diese Begegnung in Gegenwart eines spirituellen Lehrers oder einer geistigen Meisterin geschieht, deren Erleuchtung unsere eigene Wahrheit auf uns zurückwirft. In *Satsangs der Selbstbefreiung* übernimmt die bewußte Wahrnehmung unserer eigenen Gefühle diese Aufgabe. Nicht der Guru ist unser Spiegel, sondern unsere eigene Bewußtheit.

Infolge dieses direkten Fühlens bekommen wir ein gutes Gespür dafür, was unsere unbewußten Muster und Gewohnheiten uns antun und in welcher Hinsicht sie uns vielleicht krank und unglücklich machen. Sobald wir uns dieser direkten Erfahrung öffnen (anstatt die Muster und Gewohnheiten durch Nachdenken oder verdrängende Ablehnung und Selbstvorwürfe noch weiter zu verhärten), werden wir frei und lösen uns wie von selbst aus den Fesseln der Gedanken und ihrer neunmalklugen psychologischen Interpretationen.

Die Knoten unseres Geistes gleichen den Knoten im Leib einer Schlange; sie lockern sich, sobald die Schlange sich bewegt. Wann immer wir uns fühlend dem Strom unseres Lebens überlassen, lösen sich unsere inneren Blockaden in fließender Bewußtheit. In der tibetischen Praxis des *Dzogchen* bezeichnet man diese natürliche Form der Auflösung des Leidhaften und willkürlich Begrenzten als „die Eigenschaft der Selbstbefreiung", die allen Erscheinungen mitgegeben ist. Selbstbefreiung verweist demnach auf die einfache Tatsache, daß alles energetisch Begrenzte sich irgendwann in Nichts auflösen wird, weil sich seine Energie zwangsläufig erschöpfen muß. Nur ein Weg führt zur Selbstbefreiung: vorbehalt-loses, bewußtes Fühlen. Deswegen ist unmittelbares und bewuß-tes Fühlen im wahrsten Sinn des Wortes Medizin. Es kostet nichts, aber ist erwiesenermaßen gesünder als so manche Pille.

Wenn wir *jetzt* fühlen, was *gerade jetzt* in uns und um uns her-um geschieht, sind wir *augenblicklich* ganz und heil, weil nicht länger gespalten. Der Wahrnehmende und seine Wahrnehmung münden gemeinsam im Bewußtsein ein und fließen dahin im ru-higen, großen Strom unseres befreiten Lebens. Deswegen ist das direkte und emotionsfreie Fühlen ein Schlüssel zur Freiheit – und darüber hinaus zu seelischer und körperlicher Ganzheit und Ge-sundheit. Was fühlend in Bewußtheit sich löst, ist wie von selbst wirklich und endgültig gelöst.

Das ist auch der eigentliche Sinn jedes *Satsangs* in der physi-schen Gegenwart einer geistigen Meisterin bzw. eines Meisters. Ein spiritueller Lehrer im eigentlichen Sinn des Wortes nimmt nichts weg und fügt nichts hinzu. Der wahre Guru lehrt nichts und hat aus der erleuchteten Sicht weder Schülerinnen noch Schü-ler. Trotzdem inspiriert seine oder ihre Gegenwart heilsame Ver-änderungen, weil der Guru nur einen Spiegel abgibt für die Vor-gänge in unserem eigenen Bewußtsein.

In den *Satsangs der Selbstbefreiung* übernehmen wir selbst die Rolle der Meisterin und des Meisters. Unsere eigene Bewußtheit ist hier der Spiegel, und darin erkennen wir die Hemmungen und Blockaden unseres Bewußtseins, welche sich vielleicht sogar in Form körperlicher Beschwerden und Krankheit manifestieren. Die *Satsangs der Selbstbefreiung* helfen uns, unser Leben aus eigener Kraft zu meistern. Als innerer Reiseführer zeigen sie einen einfa-chen und gangbaren Weg zu der unerschöpflichen Quelle der Selbstheilung und Evolution, die uns innewohnt.

Zwei geistige Überlieferungen fließen in diesem Buch zusam-men und münden in den Strom der Bewußtheit unserer LeserInnen: erstens die äußere Form „der Zusammenkunft und Kommunikation in Wahrheit"; und zweitens die unmittelbare Erfahrung der „Selbstbefreiung aller Dinge, die unser Wahres Wesen begrenzen". Beide Überlieferungen sind hier sehr frei und praxisnah dargestellt, losgelöst von allen historischen Bezügen und theoretischen Erwägungen.

Die erste Tradition ist Satsang. Wir selbst haben zwischen 1992 und 1997 einige Jahre lang die transformative Wirkung wahren Satsangs in Papajis Gegenwart erleben dürfen. Dieses Erleben erfüllt die Worte dieses Buches mit der Kraft der Erfahrung der „ewigen Gegenwart". Die zweite Tradition ist *Dzogchen*, die „Selbstbefreiung aller leidhaften Erscheinungen im Urgrund der Bewußtheit". Unsere tibetischen Lehrer vermitteln sie uns und leben sie vor, und wir hoffen, daß der Funke des direkten Verständnisses übergreift – daß auch unsere LeserInnen die Freiheit ihres Wahren Wesens in jedem Augenblick ihres Daseins erahnen und vielleicht sogar kosten und unmittelbar erfahren können.

Paula Horan & Narayan Chöyin Dorje
Sarasvati Bhavan, Kathmandu, Nepal
7. April 2002

Selbstbefreiung in Ganzheit

Es öffnet sich in uns die Möglichkeit zu tiefgreifender Wandlung,
wenn wir uns Tag für Tag achtsam und mit geistiger Wachsamkeit prüfen;
wenn wir unsere Gedanken, Motive und ihren Ausdruck
in unserem Verhalten wahrnehmen.
Wie hilfreich das sein kann, habe ich in meinem eigenen Leben erfahren.

– S. H. DALAI LAMA XIV –

Satsangs der Selbstbefreiung lädt dich ein zu einer Überprüfung und Selbstbefreiung deines Lebens im Geist der Liebe, des Mitgefühls und unvoreingenommenen Verstehens. Die neun Hauptthemen wollen dich auf ein tieferes Selbstverständnis einstimmen, so daß du uneingeschränkt fühlen kannst, was es heißt, ein Mensch zu sein. Aus sich selbst heraus versprechen sie zwar keine augenblickliche Patentlösung, die sich mechanisch auf alle Situationen übertragen ließe wie eine Wunderpille. Vielmehr wenden sie sich ganz individuell an dich und geben dir Werkzeuge und Hinweise, die dir helfen können, daß du aus eigener Kraft eine für dich angemessene Lösung für alle Umstände finden kannst, die dich vielleicht bedrücken.

In jedem Leben kommt der Zeitpunkt für eine Neubewertung. Dann willst du dir Klarheit über deine Prioritäten verschaffen und deine nächsten Schritte überdenken. Häufig gehen diese Zäsuren mit einer Krise in deiner Gesundheit und deinem Wohlbefinden einher, oder sie werden von einem schleichenden Gefühl des Unbefriedigtseins und der Enttäuschung hervorgerufen. Was auch immer der äußere Auslöser sein mag, repräsentieren solche Momente eine Heilkrise, eine Gelegenheit, aus den festgefahrenen Geleisen auszubrechen, die für den Ausdruck deiner Energien zu eng geworden sind. Die Herausforderung durch körperliche Krankheit oder emotionale Stagnation gibt dir die Gelegenheit, in eine intensivere und heilsamere Lebensführung zu wachsen. Vielleicht gewähren sie dir sogar die seltene Möglichkeit herauszufinden, wer du wirklich bist und warum du auf der Erde weilst.

Es hilft dir, wenn du eine Heilkrise in deinem Leben wirklich annimmst, ja sie sogar aus ganzem Herzen willkommen heißt, auch wenn sie dich vielleicht auf die Probe stellt oder sich in Form einer ernsten Krankheit manifestiert. Ganz gleich in welcher Form sie in Erscheinung tritt oder wie sehr sie dich herausfordert, sie ist immer nur eine Botschaft deines Lebens an dich. Du brauchst die Botschaft nur zu verstehen. Dann führt sie dich wie von selbst zu der Freiheit, Offenheit und Ausgeglichenheit zurück, die dein Wahres Wesen ist.

Unsere Freunde und Lieben überschütten uns gewöhnlich mit Lösungsvorschlägen, wenn wir krank, deprimiert oder desillusioniert sind. Oder wir gehen zum Arzt mit dem Ergebnis, daß ein Medikament verschrieben wird oder man uns eine Prozedur nahelegt, die uns wieder gesund machen soll. Natürlich, in gewissen Fällen ist eine medizinische Behandlung empfehlenswert, ja sogar unvermeidbar. In jedem Fall sollte es jedoch unser unmittelbares Anliegen sein, in uns selbst zu lauschen und unsere eigenen Gefühle zu fühlen. Wir brauchen keine „Heilung", die das grundlegende Problem und damit die Wurzel des Übels überdeckt. Besser wir fühlen zuerst, was uns eigentlich stört, und unternehmen dann die notwendigen Schritte auf der Basis unseres neugewonnenen Selbstverständnisses. Wir wollen die Botschaft ergründen, die in unserem Unbehagen und unserer Unzufriedenheit verborgen liegt, denn damit begreifen wir, welche Lektion wir eigentlich lernen sollen und welche Schlüsse wir daraus zu ziehen haben.

Satsangs der Selbstbefreiung erfüllt ein wichtiges Bedürfnis. Dieses Buch ist ein praktisches Werkzeug für den Umgang mit allen möglichen Lebenskrisen und für die Klärung einer nicht näher bestimmbaren Verwirrung. Wie andere Ansätze zur natürlichen Heilung bietet es keine Allheilmittel an und verspricht auch nicht sofortige Erleichterung. Wenn du dich auf seine Vorschläge und Hypothesen einläßt, kann es dir jedoch helfen, die bestmöglichen Mittel zur Bewältigung der Herausforderung zu entdecken, der du dich jetzt stellen mußt. Demnach sind Achtsamkeit und ihre Entwicklung das eigentliche Thema des Buches. Seine Ausführungen und Übungen helfen dir bei der Kultivierung einer Art der Bewußtheit und heilsamen Lebenseinstellung, die dich zu einem grundlegenden und alles durchdringenden Gefühl von Gesundheit und Wohlbefinden führen können.

Der auf den folgenden Seiten näher ausgebreitete Ansatz kann wahre Wunder wirken, vorausgesetzt du folgst ihm hingebungsvoll und beharrlich. Das Buch schafft eine gewisse Atmosphäre. Aus dieser Grundstimmung heraus legt es dir einen möglichen Weg für dein weiteres Vorgehen ans Herz. Wenn du dich bemühst und ihm folgst, wirst du an deiner eigenen Erfahrung wachsen. Du wirst lernen, dir zu vertrauen. Du wirst deine Intuition schätzen lernen. Du wirst eine neue Dimension der Intelligenz entdecken, die im Inneren deines Herzens wohnt. Langsam und allmählich wirst du feststellen, daß du dich besser begreifst, daß du ausgeglichener wirst und daß du von einem gelassenen und unaufdringlichen Selbstvertrauen getragen wirst. Es ist Sinn und Zweck des Buches, dir den Zugang zu solchen und anderen lebensbejahenden Qualitäten zu erleichtern.

Die in *Satsangs der Selbstbefreiung* vorgestellten Hauptthemen wollen dich anleiten und beflügeln. Sie vermitteln eine schwer faßliche innere Kraft, welche dich dabei unterstützt, die dir innewohnenden Fähigkeiten zu Heilung und Selbstheilung wiederzuentdecken. Sie helfen dir bei der liebevollen Wertschätzung deiner selbst und deines Lebens und zeigen dir gleichzeitig, daß du dein vergängliches „Selbst" nicht allzu ernst zu nehmen brauchst. Du wirst schließlich erfahren, daß die eigentliche Heilung durch die direkte Erfahrung der offenen Weite und des Geheimnisses zustande kommt, das du wirklich bist – eine Weite, die sich selbst in deinen ganz normalen Alltagserfahrungen und -gefühlen manifestiert.

Meister Hua-Ching Ni zitiert in den Kommentaren zu seiner Übersetzung des chinesischen *Buches der Wandlungen* seinen Vater. Dieses Zitat erhellt treffend das Anliegen unseres eigenen Buches. Er sagt nämlich: „Es gibt keine unheilbaren Krankheiten, nur unheilbare Leute." Das heißt, wir sollen für unser Leben und unsere Gesundheit selbst die Verantwortung übernehmen, wenn wir wirklich geheilt und ganz werden möchten – mit liebevoller Hinwendung und großer Selbstachtung. Im Endeffekt bleibt uns keine Wahl, als das Leben so zu leben, wie wir es selbst entworfen haben.

Kann es uns wirklich auf die Dauer nützen, wenn wir uns in die Rolle des „Opfers" flüchten und erwarten, daß andere uns „retten"? Können wir uns in echtem, authentischen Sinne gesund und wohl fühlen, wenn wir beschließen, nicht einmal zu bemerken, was uns tagein, tagaus widerfährt? Wenn wir größtenteils unbewußt durch unser Leben wie im Schlaf wandeln? Gibt es den, der uns vor uns selbst retten kann? Dürfen wir anderen wirklich mehr vertrauen als uns selbst? Oder ist es vielleicht besser, wenn wir uns auf uns selbst und auf unsere eigenen Kräfte verlassen?

Heute wird viel von einem notwendigen Paradigmenwechsel gesprochen. Viele Bücher sind schon geschrieben worden über den anstehenden Wechsel vom mechanistischen Ansatz der Apparatemedizin zu einer ganzheitlichen Gesundheitsfürsorge. Natürlich, durch die Wiedereinführung des „menschlichen Elements" würde ein solcher qualitativer Entwicklungssprung vieles erleichtern – sowohl für die Heilberufe als auch für die Patienten. Das eigentlich Spannende ist jedoch, daß wir diesen Entwicklungssprung hier und jetzt an uns selbst vollziehen können. Wir müssen nicht auf Anstöße von außen warten oder darauf, daß die Menschheit plötzlich erleuchtet wird. Wenn wir warten, bis alle soweit sind, werden wir wahrscheinlich bis ans „Ende aller Tage" warten müssen.

Im Grunde hängt dieser notwendige Paradigmenwechsel von einer simplen Veränderung unserer eigenen Einstellung zu unserem Leben, unserer Gesundheit und unserem Glück ab. Das ist eine erfrischende Erkenntnis. Sie gibt uns auf der Stelle die Kraft und Autorität zurück, die wir unwissentlich so oft an andere (vor allem sogenannte „Experten") abtreten. Sobald wir einmal begreifen, daß wir selbst die Ganzheit *sind*, in der alles enthalten ist, können wir unser Leben aus dem unbegrenzten Raum unseres Seins angehen.

Wir können Ganzheit nicht äußerlich herbeiführen. Ganzheit manifestiert sich in allen unseren Empfindungen, Gefühlen und Alltagserfahrungen. Eigentlich existiert nur diese nicht näher bestimmbare „Ganzheit". Wir werden uns diesen Sachverhalt in direkter Erfahrung erschließen, wenn wir uns darauf einlassen, unser eigenes Leben anhand der 40 Satsangs der Selbstbefreiung zu überprüfen. Sobald wir bewußt in unsere Empfindungen und Gefühle eintauchen und sie gewissermaßen von „innen heraus" erkunden, werden wir sehr bald feststellen, daß sie wesentlich weiter und „unendlicher" sind, als sie auf den ersten Blick erschienen, wenn wir sie von außen als „Gedanken" und „geistige Vorstellungen" betrachten.

Buddha hat einmal gesagt: „In diesem sechs Fuß hohen Körper ist der gesamte Kosmos enthalten." Für ihn war das keine bloße Vorstellung und auch kein hehres Ideal. Für ihn war es Wirklichkeit. Das Buch möchte seine LeserInnen an diese für den Geist unvorstellbare Erfahrung heranführen, auch wenn sie vielleicht nur eine Ahnung oder ein kurzer Lichtblick bleibt. Selbst kurze und verschwommene Lichtblicke können transformierend wirken, wenn wir ihnen mit der richtigen Einstellung begegnen. Ahnungen können ein Leben retten. Wenn wir auf unsere Intuition hören, kann sie uns zu befreiendem Handeln anleiten.

An dieser Stelle halte einmal kurz inne und fühle in die Aussage von Buddha hinein: *„In diesem sechs Fuß hohen Körper ist der gesamte Kosmos enthalten."* Welch machtvolle Botschaft! Was für eine erhebende Hypothese! Wie ehrfurchtgebietend die Befreiung, wenn sie zur direkten Erfahrung heranreift! Wenn Buddha recht hat und sich nicht nur eines poetischen Sprachbildes bedient (was er nicht tut!), ist in uns tatsächlich ein ehrfurchterregendes Potential zu Gleichgewicht und Selbstheilung angelegt. Die in uns schlummernden Kräfte sind keine anderen als die gewaltigen, sich im ganzen Kosmos auswirkenden Kräfte. Es sind dieselben Kräfte, die auch den Kosmos erschaffen und erhalten.

Indem du dich den 40 Satsangs der Selbstbefreiung anvertraust, wirst du sehr bald sehen, daß du einen ganz einfachen Zugang zu ihnen hast, denn jede Begebenheit und jeder Umstand deines Lebens bietet dir diesen direkten Zugang! Jede Zelle deines Körpers hat in sich alle Informationen deines ganzen Körper/Geistes gespeichert. Jede unserer Emotionen und Sinneserfahrungen ist eine Pforte zu allen anderen Emotionen und Sinneserfahrungen aus unserer sogenannten „Vergangenheit". Wir sind niemals abgeschnitten vom Wissen, das wir über viele Leben hinweg in uns gespeichert haben!

Alles ist „hier" und alles zugänglich, wenn wir uns entscheiden, darauf zu achten. Jeden Augenblick haben wir die Wahl, ob wir bewußt sein oder in Unbewußtheit zurückfallen wollen. Je häufiger wir Bewußtheit wählen, desto gesünder und glücklicher werden wir – bis Fragen des Glücks und Wohlbefindens in den Hintergrund rücken und einem reinen und vollkommen unvoreingenommenen Wahrnehmen und Würdigen Platz machen, das alles als gleichwertig erfährt, unabhängig von seiner emotionalen „Ladung".

Satsangs der Selbstbefreiung markiert einen für jeden zugänglichen Weg zum Wohlbefinden, vorausgesetzt unser Herz und Verstand sind offen genug, daß wir uns wirklich darauf einlassen können. Die Themen rufen unser spirituelles Wesen hervor und sind gleichzeitig sehr einfach und praktisch. Wir brauchen für sie weder sogenannte „Geheimlehren" noch esoterisches Spezialwissen.

Selbstverständlich erheben die 40 Satsangs der Selbstbefreiung nicht den Anspruch, daß sie uns von jeder Krankheit und jedem Leiden befreien werden. Aber wenn du sie und ihre Prinzipien tatsächlich in dein Leben einbringst, werden sie dich zu deiner inneren und angeborenen Unterscheidungskraft geleitet und damit zu dem Weg, den du zu deiner Heilung einschlagen willst.

Solltest du den Wunsch verspüren, dich mit anderen auf diesem Weg auszutauschen, so wirst du sie und ihre Beobachtungen in der am Ende des Buches angegebenen Web-Seite finden. Es könnte dir auch weiterhelfen, eine Selbsthilfegruppe zu den 40 Satsangs der Selbstbefreiung ins Leben zu rufen oder sie in eine bereits existierende Gruppe einzubringen. Dazu findest du in Kapitel 12 weitere praktische Hinweise. Solltest du deine Beobachtungen und Erfahrungen mit den Autoren teilen wollen, kannst du uns per E-Mail über die Adresse der Web-Seite erreichen.

Wir glauben, daß selbst unser Planet um so mehr zu seinem eigenen Gleichgewicht zurückfinden kann, je mehr Menschen sich wirklich selbst kennen und verstehen lernen und dadurch gesünder, glücklicher und ausgeglichener werden. Das planetare Gleichgewicht wird wiederum zu unser aller physischen und seelischen Gesundheit beitragen. Daß du dich von diesem Buch angesprochen gefühlt und es ausgewählt hast, darfst du als ein Hinweiszeichen begreifen. Vielleicht ist für dich der Moment gekommen, dein eigenes Leben zu überprüfen und das große Geschenk zu empfangen, das du seit anfangslosen Zeiten in dir trägst – in der Tiefe deines Fühlens und schließlich in der geheimen Kammer im Innersten deines Herzens.

Sinn & Bedeutung
der 9 Themen der Selbstbefreiung

Ist dies ein Weg des Herzens?
Wenn ja, ist es ein guter Weg.
Wenn nicht, ist der Weg sinnlos.

– Carlos Castenada –

Die 9 Hauptthemen des Buches repräsentieren nur neun Aspekte der unzähligen Facetten auf dem Diamanten des Bewußtseins. Sie lassen uns besser verstehen, wie seelisches Ungleichgewicht und am Ende auch körperliches Leiden entstehen – wie diese auf uns einwirken, wie wir ihre Wirkung abfangen können, vielleicht sogar bis zum Punkt ihrer endgültigen Auflösung. Sie wurden hier aufgrund der ihnen innewohnenden Kraft gewählt, unsere Selbstbefreiung zu fördern.

Darüber hinaus sind sie keiner hierarchischen Ordnung unterworfen, die mit Selbstachtung anfängt und in der Erleuchtung gipfelt. Sie sind gleichwertig und gleich wichtig, denn sie repräsentieren aus verschiedenem Blickwinkel die umfassendere und alles einschließende Wahrheit des Bewußtseins, das wir im Grunde sind. Wir dürfen sie mit verschiedenen Spiegeln vergleichen, in jeweils anderem Winkel aufgestellt, welche die unterschiedlichsten Facetten unseres wahren Wesens reflektieren, so daß wir sie absorbieren und integrieren können.

Dem Prozeß der Selbstfindung und unserem Wahren Wesen ist die Vorstellung einer hierarchischen Ordnung fremd. Hierarchien basieren grundsätzlich auf den relativen Wertvorstellungen der Welt und sind infolgedessen vergänglich. Sie können die Totalität des Bewußtseins niemals widerspiegeln.

Obwohl die Themen sich von ihrer Bedeutung in keine Rangfolge pressen lassen, erscheinen sie hier in der Ordnung, die den Themen der ersten neun Kapitel des Buches entspricht. Diese Themen werden später in den 40 Satsangs der Selbstbefreiung aufgegriffen, und zwar in einer Weise, daß das jeweils folgende Thema auf deiner Beschäftigung mit den vorausgegangenen Themen aufbaut. Ihre Darstellung ergibt sich demnach aus dem praktischen Vorgehen. Die Vollendung eines Schrittes befähigt dich automatisch, auch den nächsten Schritt erfolgreich abzuschließen.

Es gibt verschiedene mögliche Ansätze für die Beschäftigung mit den neun Themen. Ein guter erster Schritt ist, daß du sie langsam und aufmerksam liest. Am besten, du beschränkst dich zu Beginn auf ein Thema, liest es und das anschließende Kapitel mit Bedacht und läßt das Gesagte in dich einsinken, so daß du dich in gewissem Sinne auf dein Fühlen einstimmst. Nicht oberflächlich, sondern bereits im Spiegel deiner eigenen Emotionen und Erfahrungen, die du mit dem jeweiligen Thema assoziierst. Die Themen stellen jeweils eine knappe Zusammenführung des sich anschließenden Kapitels dar. Sie bringen das Wesentliche auf den Punkt. Sie können dich darüber hinaus allmählich an die 40 Satsangs der Selbstbefreiung heranführen. Geschrieben sind sie in einer eher poetischen Sprache, die dein Innerstes anspricht. Sie können in dir widerhallen und weitere Echos hervorrufen. Betrachte sie deswegen weniger als Gegenstand eines oberflächlichen intellektuellen Verständnisses, sondern eben als Spiegel. Gewähre ihnen den Raum, daß sie für dich widerspiegeln können, was du über dich selbst lernen möchtest. Zur leichteren Übersicht sind sie am Ende des Buches auf den Seiten 231 bis 235 nochmals übersichtlich zusammengestellt.

Kapitel 1

Laß dir Zeit zu fühlen!

Selbstachtung

Wenn wir uns selbst achten, lassen wir uns nicht kopflos und verrückt machen. Selbst unter äußerem Druck bleiben wir bedächtig und besonnen. Wir kosten jeden Augenblick voll aus und gelangen zu unseren eigenen Schlüssen – und zwar zu dem Zeitpunkt und auf die Art und Weise, die uns sinnvoll erscheinen. Wir begegnen der Welt mit Achtung, indem wir sie wirklich wahrnehmen und würdigen. Wir achten uns selbst, indem wir uns für unsere Vorhaben die Zeit und den Spielraum gewähren, die wir dafür brauchen. Auf diese Weise begreifen wir jeden Augenblick unseres Lebens als eine Einladung zur Selbstbefreiung und als eine kostbare Gelegenheit zur Erkenntnis unserer tiefsten Wahrheit.

Der Kernpunkt ist die Unwissenheit, denn aus Unwissenheit
entstehen alle krankmachenden Ursachen und Faktoren.
Unwissenheit wirft jene Schatten, unter deren Einwirkung wir den Schaden
unheilsamer Geisteszustände nicht korrekt voraussehen können.

– DR. YESHE DONDEN –

Drossele dein Lebenstempo und laß alles ein wenig langsamer angehen. Das ist der erste Schritt zur Selbstheilung eines emotionalen Ungleichgewichts oder physischer Beschwerden. Wenn wir es langsamer angehen lassen, bekommen wir die Gelegenheit zur Einsicht. Wir können dann klarer wahrnehmen, was sich in unserem Leben abspielt. Wir können unsere innere Verfassung erkennen und verstehen; und wir können infolgedessen auch unser Leben besser einschätzen, das ja ein Spiegelbild unserer inneren Verfassung darstellt. Dieses Verständnis erschließt uns die Gelegenheit zu wahrer Eigenverantwortung. Wir sind dann in der Lage zu einer Kurskorrektur. Wir können ändern, was uns stört.

Krankheit entsteht vor allem in Situationen oder Lebensperioden, wenn wir uns überfordern oder bereits so verausgabt sind, daß wir die Hinweise auf unsere eigentlichen Prioritäten nicht länger bemerken. Jede simple Erkältung liefert dafür das klassische Beispiel, denn wir erkälten uns vor allem aus zwei Gründen:

- Wir sind entweder traurig, schleppen jede Menge Wut mit uns herum und unterdrücken unsere Tränen.

- Wir setzen den Körper zu großem Streß aus und ersticken ihn mit Giften, wie Umweltgiften, Alkohol, Drogen (dazu gehört auch die exzessive Einnahme von freien oder verschreibungspflichtigen Medikamenten) und ungesundem Essen.

Im Zusammenwirken mit einem Übermaß an Streß und/oder nicht genug Schlaf und/oder ungenügender Wasserzufuhr laugen diese Gifte unser Immunsystem aus, das sich deswegen reinigen muß.

Sobald du dein Lebenstempo drosselst, bist du auch unvermittelt wieder in der Lage, deine eigenen Gefühle zu fühlen – vor allem jene, die du geflissentlich übersehen hast. Der neurotisch schnelle Lebensstil von heute ist geradezu darauf zugeschnitten, daß du deine wahren Gefühle nicht bemerkst. Wenn du im Überlebenskampf den Kopf kaum über Wasser halten kannst, wirst du nicht durchschauen, was in der Welt gespielt wird. Wenn du wie eine Ratte auf ihrem Rad im Versuchslabor durch dein Dasein rennst, bleibt dir keine Zeit zum Nachdenken und Fühlen.

Deswegen ist die Wiedergewinnung deiner Fähigkeit zu bewußter Wahrnehmung ein wichtiger Schritt auf dem Weg zu emotionalem Gleichgewicht und seelischer Gesundheit. Du willst dir deiner inneren seelischen Prozesse bewußt sein und dich deinem ganz eigenen inneren und intuitiven Wissen öffnen. Wahres Wissen ist gefühlt. Es ist Erfahrungswissen – *weit mehr als ein rein äußerliches und unbeteiligtes intellektuelles Verständnis.*

Aber du kommst nur dann in den Genuß der Fähigkeit, die dich wieder mit der dir angeborenen Bewußtheit verbindet, wenn du alles ein wenig langsamer angehen läßt. Sobald du dein Lebenstempo drosselst, offenbart sich dir eine erste Vorahnung der stillen Kraft des Friedens, der dich immer begleitet, immer in dir ist. Wenn wir jedoch wie gewöhnlich einfach so dahinleben, bleiben wir absolut ahnungslos. Wir bemerken weder unseren Frieden noch die in uns schlummernden Kräfte, denn wir sind ja nie voll gegenwärtig und fühlen nicht, was *jetzt* passiert. Statt dessen verlieren wir uns in unseren Erinnerungen oder in unseren Vorstellungen über unsere grundsätzlich phantastische Zukunft. Wir müssen zwangsläufig leiden, wenn das Bewußtsein nur Material aus unseren Erinnerungen hin- und herschiebt, entweder diverse Zukünfte plant oder sich Sorgen macht. Sorgen sind übrigens ein sicheres Zeichen, daß wir uns voll im Modus der Vergangenheitsbewältigung verirrt haben und für das Hier und Jetzt blind sind. Auf Zukünftiges oder Vergangenes fixiert leiden wir also, weil wir unter dem Einfluß dieser Fixierung die einzig real existierende Wirklichkeit nicht wahrnehmen – *weil wir den ewigen Augenblick verschlafen, der immer nur* jetzt *besteht.*

Frieden, Gleichgewicht, Harmonie und Gesundheit gibt es nur, wenn du sie *jetzt* wahrnimmst. Sie existieren nur in der Bewußtheit des Augenblicks. Zu ihrer Erfahrung gehört deswegen, daß du deine Aufmerksamkeit ganz locker konzentrierst, damit du unmittelbar erfahren kannst, was sich dir *jetzt* darbietet. Jedoch kannst du nur wahrnehmen und voll gegenwärtig sein, wenn du wie in Zeitlupe alles bewußt registrieren kannst. Auf der hypnotisierenden Überholspur deiner auf vergangenen Eindrücken beruhenden Zukunftsträume verstellt dir dein rasantes Lebenstempo die klare Wahrnehmung des Gegenwärtigen, und zwar für immer, weil du ja niemals wirklich *jetzt hier* bist.

Nimm dir deswegen einen kurzen Augenblick Zeit und überprüfe diese Aussage anhand deiner Erfahrung. Dann wirst du erkennen, daß alle rosigen Pläne für die Zukunft ausnahmslos auf Erkenntnissen und Eindrücken beruhen, die du in der Vergangenheit gewonnen hast. Zukunftsträume sind deshalb nichts anderes als Produkte der Erinnerung. Sie kommen aus der Vergangenheit und haben mit diesem Augenblick *jetzt* nicht das geringste zu tun.

Das bedeutet jedoch keineswegs, daß Zukunftspläne töricht oder gar verboten sind. Du sollst nur klar erkennen, auf welchen Faktoren sie beruhen. Du darfst deinen Geist die Zukunft durchaus planen lassen und dann dein Leben voll und tief erfahren, wenn der Körper sich an die Arbeit macht, deine Pläne in die Tat umzusetzen. Die volle Anteilnahme am eigenen Leben ist der geheime Schlüssel zu deinem Glück. Achte jedoch gleichzeitig darauf, daß alles einfach geschieht, was immer du auch tust. Die falsche Annahme, daß du dich für den eigenständigen „Macher" hältst, ändert nichts an der Tatsache, daß alles *jetzt* geschieht. Auch als der scheinbar eigenständige „Macher" bist du ein Teil des Geschehens, das sich *jetzt* abspielt. Aus dieser Sicht erweist sich das Gefühl absoluter Eigenständigkeit weitgehend als eine Illusion.

Körper und Geist nehmen ihre Rolle fast automatisch wahr, einem Schauspieler gleich, der einen gut einstudierten Part darstellt. Du kannst diesen Sachverhalt besser verstehen, wenn du einmal ergründest, wer du wirklich bist – und dich als das Bewußtsein, das sich in einer Vielfalt von Formen in Szene setzt, wahrnimmst. Wie wir wissen, haben Körper und Geist keine eigene Substanz. Sie sind ein Traum, den das Bewußtsein träumt, und dieser Traum scheint eine Vergangenheit, eine Gegenwart und eine Zukunft zu haben.

Zeit (also Vergangenheit, Gegenwart und Zukunft) und Raum (als ein Behälter von Dingen und Ereignissen) scheinen aus der Sicht unserer fünf Sinne tatsächlich zu existieren. Vor ihrem Hintergrund tritt alles scheinbar in linearer Progression hervor. Eins geschieht nach dem anderen. Und so erleben wir es.

In Wahrheit jedoch gleicht unsere Wirklichkeit eher einem Traum, wie du ihn des Nachts träumst und der sich offensichtlich aus dem Nichts manifestiert. Während du dich mit den Traumbildern identifizierst, gehst du natürlich davon aus, daß jede Figur, die in deinem Traum auftritt, eine Geschichte hat, aus der sie kommt, und eine Zukunft, auf die sie sich zubewegt. Der Traum erscheint so ungeheuer greifbar und real, aber sobald du erwachst, ist er samt seinen Inhalten und Gestalten schlagartig verpufft. Die Geschichte hat sich in Nichts aufgelöst, und die Traumgestalten verschwinden, wie wir alle schließlich einmal aus der Welt verschwinden werden, wenn es auch länger zu dauern scheint als bei den Gestalten in unseren Nachtträumen. Am Ende löst sich alles auf, selbst die Planeten und fernen Sonnensysteme und Sternnebel.

Die Wirklichkeit ist also gar nicht so wirklich, wie sie zu sein scheint. Vielmehr ist allgegenwärtige Bewußtheit die einzig real existierende Wirklichkeit – sie allein hat es immer gegeben und wird es immer geben. Sie allein ist nicht dem Wandel unterworfen und verschwindet niemals. Deswegen bist du in Wahrheit diese Bewußtheit – in jedem Augenblick jetzt. Als ewig gegenwärtige Bewußtheit wirkst du den Traum vom Bewußtsein deines Körper und Geistes und spielst ihn dann, wie ein Schauspieler eine Rolle spielt. Der Haken bei der Sache ist nur, daß du fortwährend vergißt, was hier eigentlich vorgeht – nämlich ein Spiel, das deine eigene Schöpfung ist. Da du den Spielcharakter der sogenannten Wirklichkeit vergißt, leidest du an den verschiedenen „Traum-Wirklichkeiten". Als reine Bewußtheit (die du tatsächlich bist) bist du die Schöpferin deiner Wirklichkeit, als sich identifizierendes Subjekt – ihr Opfer. Leiden verschwindet, sobald du dich nicht länger mit dem Spiel identifizierst, indem du unmittelbar fühlst, was gerade jetzt geschieht. Danach wirst du in dem von dir geträumten Körper vielleicht immer noch Schmerzen erfahren, aber du wirst nicht länger an diesen Schmerzen leiden.

Genau dies hat Jesus mit dem Ausspruch gemeint: „Ihr sollt auf der Welt sein, aber nicht von der Welt." Deswegen, lebe einfach voll im gegenwärtigen Augenblick. Nimm voll und ganz wahr, was das Leben dir bringt. Deine einzige wirkliche Freiheit im Leben betrifft deine Einstellung, mit der du auf die Umstände reagierst, die als Teil deines „Lebens-Traumes" auf dich zukommen. In den meisten Fällen hast du keinen Einfluß auf die Umstände, die das Leben an dich heranträgt. Die einzige Macht, die du besitzt, besteht darin, wie du auf diese Umstände reagierst.

Sobald wir unser Lebenstempo ein wenig verlangsamen, werden wir die filmähnliche Beschaffenheit der Wirklichkeit sehr viel mehr und sehr viel klarer durchschauen. Unsere Fähigkeit zu bewußter Wahrnehmung erfährt eine ungeheure Steigerung, und wir werden intuitiv wissen, wie wir uns in jeder Situation am besten verhalten.

Hier im Westen wird uns die Fähigkeit des unmittelbaren und ungefilterten Fühlens systematisch aberzogen. Fünfzig Jahre Fernsehen haben unsere Aufmerksamkeitsspanne drastisch verkürzt. Unsere Instinkte sind abgestumpft, und den meisten von uns fällt es außerordentlich schwer, sich auf die höhere Intelligenz des Herzens einzulassen. Der Intellekt regiert unangefochten, im Westen wie auf der ganzen weiten verwestlichten Welt.

Wir leben unser Leben die meiste Zeit in totaler Unbewußtheit, fasziniert auf den Bildschirm unseres Geistes starrend, auf dem in schnellster Folge Erinnerungen und Projektionen aufblitzen. Wie ein Filter verwässern sie unsere Gegenwart, während sie im Vorüberflimmern außerdem unser Gefühl für den Augenblick und das in unseren eigenen Energien schlummernde Potential abtöten. Auf Ablenkung von der in uns verborgenen unermeßlichen Weite und Kraft programmiert, bewirkt die unaufhörliche Bilderflut auf unserer inneren Glotze, daß wir unsere unteilbare Erfahrung des Augenblicks in immer mehr und immer kleinere Kästchen sortieren. Wir identifizieren uns mit den Kästchen und werden von der Geschwindigkeit der sich rasant vermehrenden Projektionen überrollt, was uns schließlich das Leben kostet, weil es unsere Lebenskraft aufzehrt.

Je schneller sich die Rädchen unserer Gedanken und der von ihnen angestoßenen reaktiven Emotionen drehen und unsere Körperzellen regelrecht mit ihrem Unrat verstopfen, desto unausweichlicher treiben sie uns in Alter, Krankheit und Tod. Solche Geschwindigkeit tötet. Die fortwährende Beschleunigung der durch unseren Geist rasenden Erinnerungen und Projektionen erschöpft uns physisch, bis die Batterie leer ist. Daß wir uns mit dem Geschehen obendrein identifizieren, kostet zusätzlich Kraft.

Andererseits bedeutet langsamer werden nicht, daß wir unseren Lebensstil völlig ummodeln müßten und uns von nun an im Schnekkentempo fortzubewegen hätten. Das hieße das Ziel eines gesunden, glücklichen und harmonischen Lebens ebenfalls verfehlen. Zwar kommst du vielleicht nicht darum herum, dein Lebenstempo für eine Übergangsperiode etwas zu drosseln, so daß du dich auf den Ruhepol in dir einstimmen kannst. Grundsätzlich jedoch kannst du in der Welt so schnell und beherzt handeln wie immer. Wichtig ist nur, daß du *besonnen und bewußt* handelst und genau spürst, was du tust.

Wenn der Verstand sich nicht überschlägt, sondern bedacht vorgeht, kann das Bewußtsein den Input aus der Außenwelt besser verarbeiten. Wo die Wahrnehmung der Wirklichkeit früher ein Chaos widersprüchlicher, unverdaulicher Reize offenbarte, beginnen sich nun eine gewisse Ruhe und Klarheit einzustellen.

In den meisten von uns rasen die Rädchen des Geistes unaufhörlich wie im Leerlauf, selbst wenn sie stillsitzen und scheinbar nichts tun. Das Ganze erinnert ein bißchen an alte Schwarzweiß-Stummfilme und repräsentiert das Gegenteil eines ausgeglichenen Individuums mit gesunder Bodenhaftung. Wenn du in dir ruhst und deiner Kraft vertraust, mag es in deinem Leben zwar Momente geben, die anmuten wie das abgehackte, neurotische Bilderstakkato eines Stummfilms. Trotzdem bleibst du unabhängig von den äußeren Umständen innerlich vollkommen ruhig – dein Geist so eben und glatt wie die Oberfläche eines Teichs in windstiller Sommernacht.

In dieser Stille wird die Wahrheit fühlbar – die Wahrheit deines Wahren Wesens.

Die Wahrheit wohnt in deinem Herzen, nicht in deinem Kopf. Mißachtest du diese Wahrheit allzulange, wird dein Körper schließlich krank, bis du wieder auf dein Herz hörst und ihm folgst.

Die meisten Krankheiten und seelischen Störungen haben ihre Wurzeln in chronischer Frustration und Unzufriedenheit. Sie entstehen, wenn du gegen deine wahren Gefühle lebst. Nur dein Herz kann dir sagen, was du wirklich brauchst. Niemand sonst kann dies für dich tun.

Der Atem kann dir helfen, dich wieder auf deine Gefühle zu besinnen. Atme einfach einige Male langsam und tief ein und aus, und du wirst sehen, daß die Rädchen des Geistes sich automatisch langsamer drehen. Verlangsame den Atem und du verlangsamst die Kopfgedanken. Das ist ein Anfang. Du wirst deine tieferen Gefühle wieder fühlen können, die sich hinter den oberflächlichen Emotionen verbergen.

Emotionen sind nichts weiter als automatische und unbewußte Reaktionen auf Gedanken, die du früher einmal gedacht und in die du dich verrannt hast. Sie formieren sich im feinstofflichen Energiekörper als Reaktion auf deine gedankliche Interpretation deiner Erfahrung.

31

Mit anderen Worten: Emotionen sind Reaktionen auf jene Grundgedanken, mit deren Hilfe du deine Lebensumstände interpretierst und bewertest. Sie werden den Umständen entsprechend automatisch aktiviert und entziehen sich deiner Kontrolle. Auf der Grundlage deiner Konditionierung steigen deine Gedanken auf und vermehren sich nach ihren eigenen Gesetzen. Deswegen kannst du an deinen Emotionen auch nicht das geringste ändern, die, wie wir ja bereits festgestellt haben, nur eine unbewußte, automatische Reaktion auf deine Konditionierung darstellen. Sie steigen auf und verschwinden ganz wie es ihnen gefällt.

Versuche also nicht, deine Emotionen zu „kontrollieren". Das führt mit Sicherheit dazu, daß sie dich kontrollieren werden. Immer wenn du versuchst, etwas mit Gewalt und Anstrengung zu verdrängen, offenbarst du damit nur deinen Widerstand. Schon Sigmund Freud hat gezeigt, daß das nicht funktioniert. Wie du weißt, macht jeder Widerstand die Emotionen nur noch überwältigender.

Du hast nur eine Chance, die Identifikation mit deinen Emotionen loszulassen: indem du das Tempo deiner Wahrnehmungs- und Bewußtseinsprozesse drosselst – indem du die Emotionen klar und deutlich erkennst und sie dann in jeder Nuance, quasi von „innen heraus" fühlst. Dabei wirst du feststellen, vorausgesetzt du gehst ganz offen und absichtslos an die Sache heran, daß einfach verschwindet, worauf du deine gesammelte Aufmerksamkeit richtest. Aber auch aus dieser praktischen Erkenntnis kannst du dir wieder einen Fallstrick drehen, der dich in Emotionalität gefangenhält. Das „bewußte Wahrnehmen und Fühlen" funktioniert nämlich nicht, wenn du etwas nur in der Absicht bewußt wahrnimmst, daß es verschwinden soll. Sobald du etwas in der Absicht wahrnimmst und fühlst, damit es sich auflösen soll, wird es dir ganz im Gegenteil hartnäckig anhängen.

Das auflösende und befreiende Fühlen deiner Emotionen funktioniert nach denselben Gesetzen wie die Liebe. Wenn du nur liebst, weil du etwas vom anderen willst oder weil er oder sie deinen Vorstellungen entspricht, wird die Liebe schließlich schal und langweilig werden. Sie wird allmählich sterben und in Indifferenz, Abneigung oder gar Haß münden. Die Liebe hingegen wird nicht nur leben, sondern wachsen und gedeihen, wenn du liebst, weil du nicht anders kannst und dir erlaubst, das auch zu fühlen. Auch wenn ihre Form sich wandelt, wird ihre erhebende und erfrischende Essenz sich immer wieder neu zeigen.

Du kannst dich frei fühlen, wenn du alle Äußerungen und Eigenheiten deines Lebens, einschließlich deiner Emotionen, aus vollem Herzen und mit voller Bewußtheit fühlst. Nur durch dieses Fühlen kannst du die Freiheit gewinnen, die dein Wahres Wesen ist.

Unter der Oberfläche jeder Handlung und jeder Emotion liegt dein eigenes tiefes inneres Wissen, das sich dir in jeder unmittelbaren Erfahrung öffnet. *Das* ist die Wahrheit, die du in jedem Augenblick *fühlst*. Die direkte Erfahrung, das ungefilterte Fühlen, sie allein sind der Frieden deines Herzens – immer gegenwärtig, wenn du nur offen bleibst und lauschst.

Bevor du jetzt also zum nächsten Kapitel übergehst, atme einfach einige Male tief ein und aus und lausche in dich, ob du fühlen kannst, was diese Worte dir sagen wollen. Bemerke außerdem alle uneingestandenen Gefühle, die dabei vielleicht auch auftauchen, besonders aber Gefühle der Unzufriedenheit, der inneren Sinn- und Wertlosigkeit.

Kapitel 2

Bemerke, was du ablehnst!

Bewußtheit

Uns dem harmonischen Fluß der Bewußtheit überlassend, bemerken wir jeden großen und kleinen Aspekt im subtilen Gewebe unseres Daseins. Wir lassen die Fesseln unbewußter Reaktionen von uns abfallen und lösen uns Schritt für Schritt aus Unwissenheit. Wir betreten den WEG des wahren Menschen. Mit jedem Augenblick ungetrübter Bewußtheit gießen wir die Wurzeln am Baum des Lebens und wachsen ein Stück weiter in Freiheit.

Wichtig ist, daß die Wachen wach bleiben, denn ein Bruch im Kontinuum
wird ihnen allen Mut rauben, daß sie wieder dem Schlaf verfallen.
Wir müssen klare und deutliche Signale setzen: Ja! Nein! Vielleicht!
Die Dunkelheit um uns ist tief.

– WILLIAM STAFFORD –

Der zweite Schritt auf dem Weg zur Selbstheilung seelischer Störungen oder physischer Beschwerden besteht darin, daß wir endlich bemerken, was wir schon immer abgelehnt haben und auch jetzt noch ablehnen. Die Zeit ist reif, unsere inneren Widerstände zu erkennen. Wenn wir uns zur Erkenntnis verdrängter Bewußtseinsinhalte und Emotionen bereit erklären, dann wird die Verdrängung allmählich zur Auflösung geführt, auch wenn sie uns nicht einmal bewußt war.

Wir sind zu einem weit besseren Verständnis fähig und können die Faktoren verstehen, die uns in seelischer Misere oder körperlichem Unwohlsein gefangenhalten, wenn wir unseren bisher geleugneten Widerstand gegen bestimmte Erfahrungen und Emotionen offen zugeben. Wir bekommen dadurch einen direkten Zugang zu den psychosomatischen und karmischen Ursachen unseres generellen Unbehagens oder unserer spezifischen Krankheit. Ein solches Verständnis gewährt uns eine kostbare Gelegenheit: Wir können die Verantwortung für unseren Seinszustand übernehmen und später die Ursachen noch tiefer erforschen, indem wir tiefer in sie hineinfühlen.

Unzufriedenheit zeigt immer inneres Ungleichgewicht an. Wenn wir uns um diese Unzufriedenheit nicht kümmern, werden wir entweder körperlich krank oder verfallen in Depressionen. Unzufriedenheit ist ein Weckruf. Und so sollten wir sie nehmen: als ein Signal, welches uns klar und deutlich zu erkennen gibt, daß wir der Stimme unseres Herzens nicht folgen.

Ich habe an meinem eigenen Körper wie bei der Arbeit mit meinen KlientenInnen über die Jahre immer wieder bestätigt gefunden, daß jede Krankheit eine Art Thermometer ist, das uns zeigt, wo genau die natürliche Übereinstimmung von Bewußtsein und Wirklichkeit gestört ist. Mit anderen Worten: Krankheit ist ein Spiegel. Sie zeigt uns die im Körper gespeicherten Gedankenformen, die wir ablehnen. Sie ist ein Gradmesser unseres inneren Widerstandes gegen den natürlichen Fluß unseres Lebens.

Zur Veranschaulichung ein Beispiel aus meinem eigenen Leben: Zwischen meinem 13. und 27. Lebensjahr bekam ich in regelmäßigen Abständen schwere epileptische Anfälle. Einige Jahre später lernte ich *Rebirthing* kennen (ein äußerst wirkungsvoller Prozeß zur emotionalen Befreiung, der sich in der transpersonalen und körperorientierten Psychologie großer Beliebtheit erfreut). Im Verlauf einer dieser Rebirthing-Sitzungen kam es zu einer spontanen Rückführung in eine frühere Wiedergeburt, und ich durchlitt noch einmal das Trauma des Atomangriffs auf Hiroshima. Damals überlebte ich nach dem 6. August 1945 drei Monate unter fürchterlichen Schmerzen, und das Bewußtseinskontinuum hatte die Schockwirkung jener Erfahrung in meine gegenwärtige Inkarnation übernommen. Mit dem Einsetzen der Pubertät, aufgrund der Umstellung im Hormonhaushalt und anderer karmischer Voraussetzungen, wurden die Gedanken- oder Erinnerungskristalle der Hiroshima-Erfahrung dann freigesetzt. Wann immer ein Überdruck an Streß sich angesammelt hatte, konnte ich nicht anders, ich mußte den Stau unterdrückter Emotionen unweigerlich durch einen epileptischen Anfall abbauen. Nach meinem 27. Lebensjahr hatten sich die Gefühle aus dem letzten Leben offensichtlich erschöpft. Die Epilepsie verschwand wie von selbst.

Das Karma oder der ursächliche Faktor aus dem vergangenen Leben war erloschen. Was war passiert? Ich hatte in meinem vergangenen Leben nicht alle in mir zurückgehaltenen Schmerzen, Trauer und Wut fühlen können. Sie wurden infolgedessen auf das gegenwärtige Leben übertragen und manifestierten sich als Epilepsie, also in Form einer schweren körperlichen Behinderung, die mich dazu zwang, alle aufgestauten Emotionen in dramatischen Konvulsionen abzuwerfen. Sobald ich jedoch in meinem jetzigen Leben gelernt hatte, unmittelbar meine eigenen Emotionen wahrzunehmen und zu fühlen, löste sich auch die Epilepsie wie von selbst in nichts auf.

Ein anderes Beispiel: Kurz nach meinem 19. Geburtstag diagnostizierte man einen Tumor in meiner rechten Brust, die Reaktion auf den plötzlichen und schockierenden Tod meines Bruders einige Jahre zuvor, den ich als 15jährige emotional nicht bewältigen konnte. Als eine „Herzensangelegenheit" kristallisierte sich die Trauer in der Brust, bis sie endlich losgelassen war. Fünfzehn Jahre später hatte ich dann nochmals einen Tumor, diesmal in der linken Brust. Er kam nach dem „Tod" einer siebenjährigen Beziehung – ein weiteres Zeichen einer nicht durch unmittelbares Fühlen gelösten „Herzensangelegenheit".

Ich führe diese Beispiele an, um zu zeigen, daß es in allen drei Fällen tiefen Widerstand gegen eine emotionale Reaktion gab und daß dieser Widerstand sich körperlich schließlich in Form einer Krankheit manifestierte. Krankheit beginnt immer im Bewußtsein. Selbst Unfälle haben dort ihre Ursachen. Jede Handlung, mit der wir uns in einem vergangenen Leben oder in der Vergangenheit in diesem Leben identifiziert haben, zieht wie magnetisch gewisse Ereignisse an. Wir alle haben sowohl „gutes" als auch „schlechtes" Karma. Auch wenn es im höchsten Sinn „gut" und „schlecht" nicht gibt, sind die Umstände, die uns „schlecht" erscheinen, doch grundsätzlich nur eine Wiederholung in anderem Gewand von einer früheren Situation, gegen die wir uns mit Widerstand gewehrt haben. Sie tauchen wieder auf, weil wir sie damals nicht an uns herangelassen und gefühlt haben.

Wie die Beispiele aus meinem eigenen Leben zeigen, hatte ich mich mit viel Widerstand gegen den vollen Ausdruck meiner Trauer und meiner Wut gestemmt. Aufgrund dieses unbewußten Widerstandes waren gerade diese abgelehnten Emotionen in mir hängengeblieben und hatten sich zu körperlicher Krankheit kristallisiert, auch wenn der Widerstand eigentlich ja nichts anderes ist als die ganz natürliche und menschliche Neigung, Unangenehmes zu vermeiden.

Wie wir aus der modernen Physik wissen, ist alles Energie, einschließlich unserer Gedanken, unserer emotionalen Reaktionen auf diese Gedanken, wie auch unsere Fähigkeit, den Urgrund unseres Seins zu fühlen -- unsere angeborene Bewußtheit.

Wann immer wir einen Gedanken oder eine Emotion mit Widerstand belegen, erzeugen wir im Fluß der Energien einen Stau, der sich irgendwo niederschlagen muß. Hingegen werden wir uns jeweils nur kurz unwohl fühlen, wenn wir die Fähigkeit zur Durchlässigkeit entwickeln – wenn wir jeden Augenblick unseres Lebens nehmen wie er ist, so daß die energetische Ladung jeder Erfahrung einfach durch uns hindurchfließen kann. Erfahrungen treffen nicht auf Widerstand, wenn sie angenommen und im Augenblick in vollem Umfang gefühlt werden können. Dann setzen sie sich auch nicht in unserem Bewußtseinsstrom ab oder kristallisieren sich in einer Form, die später ähnliche Erfahrungen nach sich zieht. Es befreit uns von Wiederholungszwang, wenn wir jede unserer Erfahrungen in jedem Augenblick annehmen und fühlen zu können.

Dennoch haben wir uns nun einmal angewöhnt, ganz automatisch allen „negativen" oder dumpfen Energien, Gedanken und Emotionen mit Widerstand zu begegnen. Deswegen lehnen wir Zustände wie etwa die der Trauer, Niedergeschlagenheit, Unentschlossenheit, Verärgerung, Wut und des Hasses ab. Weil wir sie ablehnen, gerinnen sie, setzen sich im Bewußtseinsstrom fest und kommen schließlich in Körper und Geist als Symptom zum Ausbruch. Sie setzen sich gerade dort fest und verursachen Krankheit in der Körperregion, mit der man die besondere Emotion gewöhnlich assoziiert.

Ungelöste „Herzensangelegenheiten", wie Eifersucht, unerwiderte Liebe, aufgestaute Wut und so weiter neigen zu einer Kristallisierung in der Herzgegend. Emotionen und Werturteile zum Thema Macht und Herrschaft kristallisieren sich zumeist in der Gegend des Solarplexus. Auf sexuelle Verletzung, Vernachlässigung und Schändung beruhender und uneingestandener und ungefühlter Schmerz kann sehr leicht zu Beschwerden in der Gebärmutter oder zu funktioneller Impotenz oder Frigidität führen.

Deswegen ist die Wahrnehmung des jeweiligen Anlasses unseres Widerstandes ein wichtiger Schritt zur Auflösung dieser geronnenen Gedanken und Urteile. Dazu gehört, daß wir uns selbst ehrlich und unvoreingenommen sehen können. Wie häufig gestatten wir wohlmeinenden anderen, wie etwa unseren Eltern oder engen Freunden, wichtige Lebensentscheidungen für uns zu treffen, die uns selbst vielleicht gar nicht entsprechen. Bei anderer Gelegenheit treffen wir selbst Fehlentscheidungen mit fatalen Folgen, haben dann aber Angst, den Fehler vor uns selbst und anderen einzugestehen. Infolgedessen ändern wir nicht rechtzeitig den falschen Kurs, vor allem wenn wir vielleicht befürchten, mit unserem Sinneswandel andere zu verletzen.

Wir fallen häufig unangebrachten Schuldgefühlen zum Opfer, weil wir andere durch eine Kurskorrektur nicht vorübergehend vor den Kopf stoßen oder ihre Gefühle ankratzen möchten. Wir vergessen darüber, daß wir sie ohnehin langfristig noch sehr viel länger und tiefer verletzen werden, wenn wir eine anstehende Veränderung hinauszögern. Denn: Was uns unangemessen ist, wird sich langfristig auch nicht halten lassen.

Am Ende läuft es auf die einfache Wahrheit hinaus: Wir werden nie glücklich sein, wenn wir nicht zu den Entscheidungen unseres Herzens stehen und ihnen nicht folgen. Unsere Mitmenschen bemerken unser Unglück, weil sie es fühlen, ganz gleich welche äußere Maske wir uns überstülpen. Langfristig leiden sie unter unserem Unglück wie in Mittäterschaft, zum Beispiel wenn wir uns eine Krankheit zulegen, damit wir unsere Selbstverleugnung indirekt verarbeiten können. Indem wir anderen die Wahrheit vorenthalten, betrügen wir auch sie um ihre Chance zu wahrem Glück.

Die Ursachen für seelische Störungen oder Depressionen sind ebenfalls zumeist in einer Leugnung der eigenen inneren Bedürfnisse zu suchen. Viele Menschen sind heute depressiv. Diese Depressionen sind ein Zeichen für lange schwelendes Unglück – das ebenso lange geflissentlich übersehen wurde.

Depression ist kein Gefühl an sich. Depression ist ein *Symptom für die Unterdrückung der Gefühle*, die wir in uns verschlossen halten. Sie sind ein sicheres Anzeichen, daß wir die tiefsten Gefühle unseres Herzens mißachten; daß wir uns äußeren Zwängen beugen, anstatt unserem inneren Wissen zu vertrauen. Eine unvoreingenommene Prüfung unserer Depression oder Unzufriedenheit wird uns zu der Einsicht führen, daß wir uns auf die eine oder andere Weise unserer eigenen inneren Wahrheit widersetzen.

Wenn mich Leute bei einer gefährlichen Krankheit um Rat fragen, etwa bei Krebs oder im Falle suizidverdächtiger Depressionen, verweise ich sie erstens an einen Arzt oder Psychologen meines Vertrauens und mache sie zweitens darauf aufmerksam, daß sie durch eigene Bemühungen auch einen Zugang zu ihren verschütteten Emotionen und Gefühlen finden. Ich empfehle bestimmte Formen der therapeutischen Massage, *Rebirthing*, Übungen aus *Bioenergie* und *Gestalttherapie*, sowie Oshos „Dynamische Meditation". Darüber hinaus erkundige ich mich ganz allgemein nach ihrem Leben, frage nach dem Beruf und ihrem Umgang mit anderen zu Hause und am Arbeitsplatz. Dieselben Fragen kannst du dir auch selbst stellen. Auf diese Weise heben sich dann vielleicht die Scheuklappen des Selbstbetrugs, so daß du schließlich mit eigenen Augen siehst, was andere von außen schon längst gesehen haben.

Es gibt jedoch auch Krankheiten, für die sich auch nach ausgiebigster Selbstbefragung beim besten Willen keine Ursache finden läßt, zumindest nicht in der näher zurückliegenden Vergangenheit. Eine Geschichte aus dem Leben Buddhas veranschaulicht ihre Hintergründe und wie wir sie am besten verstehen: Es war einmal an einem drückendheißen Tag kurz vor der Regenzeit. Buddha saß mit einem Schüler am Ufer eines fast ausgetrockneten Flusses. Die Sonne brannte unerbittlich, und nach ein paar Augenblicken bemerkte der Schüler, daß Buddha sich den Kopf hielt. Er fragte: „Erhabener Meister, hast du Kopfweh?“ „Ja“, antwortete Buddha. „Vor etwa 450 Lebenszeiten saß ich zur selben Jahreszeit schon einmal am Ufer eines ähnlichen Flusses. Es war furchtbar heiß und der Fluß zu einem Rinnsal verkümmert. Ich sah einen Fisch in einer Pfütze verzweifelt mit den Flossen schlagen, weil das Wasser einfach nicht reichte. Da nahm ich einen Stein. Ich wollte den Fisch aus seinem Leiden erlösen, traf ihn jedoch nicht voll am Kopf. Anstatt ihn auf der Stelle zu töten, hatte ich sein Leiden noch vergrößert. Genau das fühle ich jetzt. Und deswegen habe ich Kopfweh.“

Mit anderen Worten, uns kann dasselbe passieren wie dem Buddha: Wegen eines längst vergessenen Karma werden wir aus unerklärlichen Gründen krank, oder ein Mißgeschick befällt uns. In diesem Fall dürfen wir zwei Dinge voraussetzen: Erstens, in tiefstem Sinne gibt es gar kein Karma, denn unser Wahres Wesen ist nicht der Körper und ist nicht der Geist. In Wahrheit sind wir jenes allumfassende Bewußtsein, das unseren Körper und Geist wie einen Traum erzeugt. Zweitens, auch wenn wir im Grunde allumfassendes Bewußtsein oder Buddha-Wesen sind, müssen wir uns trotzdem mit dem Karma von Körper und Geist auseinandersetzen. Als Körper und Geist ist unser Bewußtseinsstrom mit dem Körper und Geist vieler früherer Existenzen verbunden, die mit unserer gegenwärtigen Existenz auf die eine oder andere Weise zusammenhängen.

Wann immer wir andere oder uns selbst verletzt haben (andere zu verletzen heißt, uns selbst verletzen, denn es gibt im wesentlichen keine Trennung), zieht das Verletzende an dieser Handlung eine ähnliche Situation an, die uns das unmittelbare Ergebnis der vergangenen Handlung erleben läßt. Die Geschichte dabei ist leider, daß wir so gut wie nie wissen, wann die Konsequenzen einer solchen längst vergessenen Handlung uns einholen werden. Unser eigener Meister Papaji formulierte es griffig: „*Vasanas* entstehen, wann immer die passenden Umstände zu ihrer Entstehung gegeben sind." Und was sind *Vasanas*? Verhaltens- und Reaktionsmuster, die auf altem Karma oder vergangenen Handlungen beruhen.

In unserer Geschichte erlebte Buddha nochmals eine Begebenheit wie ein *Déjà-vu* aus einem vergangenen Leben. Die Ursache (der schlecht geworfene Kieselstein) wartete nur auf den richtigen Umstand, in dem die Wirkung (nämlich die Kopfschmerzen) zur Entfaltung gelangen konnten. Trotzdem hat Buddha die Wirkung dann anders erlebt, als wir sie zumeist erfahren. Er hat zwar den Schmerz gefühlt, aber deswegen nicht gelitten – weil er sich mit dem Schmerz nicht identifizierte und ihm deswegen auch keinen inneren Widerstand entgegensetzte.

Jeder Schmerz, ganz gleich ob körperlicher oder seelischer Natur, wird um so schlimmer und zu wirklichem Leiden, sobald wir ihn ablehnen und ihm Widerstand entgegensetzen. Konzentrieren wir hingegen unsere gesammelte Aufmerksamkeit auf ihn und stellen uns vor, daß er sogar noch größer wird und sich ausdehnt, so wird der Schmerz sich tatsächlich auflösen. Das Paradox ist: Wir brauchen ihn nur zuzulassen und nicht länger zu bekämpfen.

Sobald wir uns unserem Schmerz mit der Einstellung interessierter Neugier nähern, so als sei er für uns nur ein Anlaß zur Erkundung unseres inneren Raumes, kann vor unserem inneren Auge auch sehr leicht die Erinnerung an die Ursache dieses Schmerzes auftauchen. Wir können jedoch nicht genug betonen: Wichtig ist, daß wir den Schmerz voll und ganz fühlen wollen, daß wir unser Unbehagen widerstandslos beobachten und nicht versuchen, es von uns fortzuschieben.

Vor dem Fühlen kommt allerdings die Wahrnehmung. Wir müssen bewußt sehen können, was wir ablehnen oder mit Widerstand besetzen. Verborgene Blockaden und Schutzwände wollen erkannt sein, die unsere Bewußtheit von unserem Herzen ablenken. Dies erreichen wir durch eine offene und ehrliche Bestandsaufnahme und die Erkenntnis der Dinge, die wir an unserem Leben nicht mögen. Das rückhaltlose Fühlen dieses Widerstandes ist dann der nächste logische Schritt.

Kapitel 3

Fühle, was du ablehnst!

Loslassen

Wir tauchen in unsere Empfindungen und Gefühle hinein und erspüren sie von innen nach außen. Auf diese Weise lösen wir uns aus ungesundem äußeren Haften. Mit dem Ergebnis, daß jetzt dieselbe Kraft uns pulsierend durchströmt, die unsere unbewußten und unbeachteten Gefühle vorher über uns ausübten. Früher war diese Kraft verhärtet und geronnen und hielt uns also gebunden. Jetzt fließt sie unbehindert und nährt unsere schöpferischen Impulse. Indem wir unsere Gefühle in diesem Moment voll und ganz fühlen und sie ziehen lassen wie sie wollen, würdigen wir bewußt die Schönheit, die allen Erscheinungen innewohnt. Wir verjüngen uns im Umfangen unserer Gefühle. Wir werden zunehmend geschmeidiger und einfühlsamer.

Die Weisen unterscheiden zwischen wirklich und unwirklich.
Weil sie das Wirkliche erkannt haben,
lassen sie den Gefühlen und Gedanken freien Lauf.
Sie wissen nämlich: Alles ist EINS!
Daraus entsteht weder Anhaften noch Leiden.

– PAPAJI –

Nachdem du die Objekte deines inneren Widerstandes geprüft hast, gestattest du dir im nächsten Schritt, diesen Widerstand voll und ganz zu fühlen. Das Wiederkäuen aller möglichen Gedanken und Assoziationen, die dir zu diesem Widerstand einfallen, werden dich nie von seiner Wirkung befreien. Auch der Versuch, ihn wegzuschieben, wird erfolglos bleiben. Das Paradox ist eben, daß du den Widerstand zuerst akzeptieren und als gegeben hinnehmen willst, bevor er sich auflösen kann. Du näherst dich ihm, wie ein Forscher sich einem unbekannten Land nähert, voll Neugier und Aufnahmebereitschaft. Schließlich kannst du Neuland nicht erkunden, indem du dich ihm verschließt. Deswegen gibt es auch keine Befreiung von inneren Widerständen ohne den Wunsch, sie fühlend wahrzunehmen und zu würdigen.

Etwas fühlen heißt nicht, daß wir deswegen emotional und aufgeregt sein müssen, obwohl beim Fühlen sehr oft Emotionen auftauchen. Fühlen verweist in unserem Zusammenhang auf dein intuitives Erfassen einer Sache oder Vorstellung aus der Sicht des *Herzens*, nicht des Kopfes. Es will sagen, daß du *bewußt und ein-*

fühlsam feststellst, wie eine Vorstellung oder ein Gedanke deinen gesamten Körper und Geist prägen, wie sie dein Verhalten bestimmen. Das wirst du nämlich merken, wenn du dir erlaubst, die Vorstellung *zu fühlen*; wenn du in ihre spezifische Energieform eintauchst und ihren Raum mit deiner bewußte Wahrnehmung durchdringst.

Ein Beispiel: Sagen wir, du bist zu dem Schluß gelangt, daß deine generelle Unzufriedenheit, Depression oder Krankheit sich auf eine unglückliche Partnerbeziehung zurückführen läßt. In diesem Fall ist es deine erste Aufgabe, deinen Widerstand gegen diese real existierende Beziehung bewußt wahrzunehmen. Hast du deinen Partner bisher noch nicht über deine Unzufriedenheit aufgeklärt, dann fühle deinen Widerstand gegen die ehrliche und offene Aussprache, die du bisher vermieden hast. Stell dir den Beginn einer solchen Aussprache vor und den Widerstand, den dieses Bild in dir wachruft.

Konzentriere deine Aufmerksamkeit uneingeschränkt auf den Widerstand, den du dagegen verspürst, um die Erfüllung deiner Wünsche und Bedürfnisse zu bitten. Fühle dann, wie das Fühlen des Widerstandes sich körperlich bemerkbar macht. Fühle jede Verspannung in deinem Gesicht, deiner Brust, deinem Rücken oder deinem Bauch, die jetzt vielleicht auftauchen. Lege deine Hände auf dein Herz und laß es laut aussprechen, was bisher unausgesprochen geblieben ist. Fühle die Sehnsucht, die deine Worte begleitet. Fühle, was du wirklich brauchst, und laß die Energie dieses Bedürfnisses sich weiten. Fühle wie sie anschwillt, größer wird und sich nach allen Seiten und in alle Richtungen ausdehnt. Bleibe dabei, ganz gleich wie lange es dauert, bis es scheinbar nichts mehr auszudehnen gibt.

Wenn du sehnsüchtig dein Leben verändern möchtest; ... wenn du gegen deine bessere Einsicht gehandelt und gelebt hast; ... wenn du aus Schuld- oder Verantwortungsgefühl die Bedürfnisse deines Herzens geleugnet hast, ... – dann fühle es jetzt. Fühle deinen inneren Widerstand gegen die Erfüllung deiner eigenen Sehnsucht und dehne das Gefühl des Widerstandes nach allen Richtungen aus, in allen Dimensionen, in denen es existiert.

Bedenke, daß jeder Gedanke und jede Körperempfindung eine bestimmte Schwingungsfrequenz repräsentieren. Der Gedanke des „Widerstandes" ist in dieser Hinsicht keine Ausnahme. Indem du also deine Aufmerksamkeit ganz bewußt auf eine mentale Blockade, einen geistigen Widerstand oder auf die von ihm verursachten Körperempfindungen einstellst, wirkt deine Aufmerksamkeit wie ein gebündelter Laserstrahl: Er zerstreut und löst letztlich alles auf, worauf du ihn auch richten magst. Der Laser deiner vom Herzen pulsierenden Aufmerksamkeit kann all deinen Kummer und all dein Unwohlsein zerstreuen, ähnlich wie in der Laserchirurgie, bei der man Nierensteine und verstopfte Arterien freibrennt.

Die Sache hat nur einen Haken. Du darfst deine Aufmerksamkeit nicht in der Absicht auf den Widerstand richten, daß du ihn wegdrücken oder beseitigen möchtest. Wie wir ja wissen: Wem oder was auch immer du dich widersetzt, es setzt sich fort. Wenn du also deine Aufmerksamkeit in der Absicht bündelst, eine Emotion oder einen Zustand von dir wegzuschieben, kann das unmöglich funktionieren. Nichts wird sich zerstreuen oder auflösen, weil diese Absicht ja an sich schon ein Widerstand ist. Widerstand läßt sich einfach nicht wegdrücken. Aber: Wir können ihn *fühlen*. Allein in diesem Fühlen liegt letztlich die *absichtslose* Befreiung.

Sobald du etwas von dir wegschieben willst, beweist ebendiese Absicht, daß du energetisch noch negativ daran gebunden oder sogar darauf fixiert bist. Es bedeutet, daß du dich weiterhin mit dem Zustand oder der Sache oder der Person *identifizierst*, die du lieber vermeiden möchtest. Aber: Nichts verschwindet, an dem du in positivem oder negativem Sinn haftest. Sei dir deswegen im klaren, *wie sehr du dich mit deinem Widerstand identifizierst* – und wie zäh er dir infolgedessen anhaftet.

Dem Laserstrahl in der Laserchirurgie ist es vollkommen gleich, ob der Nierenstein sich auflöst oder nicht. Der Laser hat nur einen Zweck: sein durchdringendes Licht auszusenden. Er hat mit dem Gegenstand nichts zu schaffen, auf den man ihn richtet. Deswegen muß er auch nicht um die Beseitigung des Nierensteins oder der Verengung in einer Arterie kämpfen. Nimm dir daran ein Beispiel. Richte deine vom Herzen kommende Aufmerksamkeit auf eine beliebige Vorstellung oder Emotion, und zwar mit der *einfachen Intention zu beobachten, was dann geschieht.* Wenn du nicht im voraus ein bestimmtes Ergebnis anstrebst, wird das Licht deiner Aufmerksamkeit auflösen, worauf du es richtest. Es wird unter den Laserstrahlen des Bewußtseins verdampfen – vorausgesetzt, du identifizierst dich nicht; vorausgesetzt, du versuchst nicht, etwas zu vermeiden oder von dir wegzuschieben.

Deshalb ist jede Negativmotivation von vornherein zum Scheitern verurteilt, indem sie automatisch das Gegenteil ihrer Absichten bewirken wird. Jede Religion oder Weltanschauung, die fordert, die „Sünde" oder das „Böse" zu vermeiden, sorgt mit großem Erfolg für den Fortbestand, ja die Vermehrung dessen, was sie angeblich bekämpft. Es kann nicht anders sein, weil sich grundsätzlich das fortsetzt, dem wir uns widersetzen.

Dem menschlichen Hirn ist das nur schwer begreiflich, aber es *ist* der Schlüssel zum vollendeten Gleichgewicht eines Buddha. Ein Buddha haftet an nichts, auch nicht am „Nicht-Haften". Ein Buddha *ist.* Mit anderen Worten, auch wenn ein Buddha in einer konkreten Situation an etwas zu haften scheint, bleibt er in seinem Anhaften von allem Anhaften frei. Das Gegenteil ist ebenfalls wahr. Unser Lama hat es einmal schmunzelnd auf den Punkt gebracht und alle Klarheit beseitigt: „Die Dunkelheit *ist* das Licht, das Licht die Dunkelheit, nicht wahr?" Für den Kopf nicht zu fassen. Das Herz jedoch kann solche scheinbaren Widersprüche verstehen, weil sie im unmittelbaren Fühlen aufhören, Widersprüche zu sein.

Der in der Dualität und polarem Denken befangene Kopf ist daran gewöhnt, alle unangenehmen Gedanken und Empfindungen möglichst zu vermeiden, mit dem Ergebnis, daß sie uns erst recht anhängen. Ein einfacher Weg führt aus dieser Gewohnheit heraus: Wir brauchen nur die Einstellung des Staunens zu kultivieren. Was auch immer im Augenblick erscheint, ob „glücklich" oder „unglücklich", „gut" oder „schlecht", „angenehm" oder „unangenehm" – wir nehmen es staunend zur Kenntnis. Aus genau diesem Grund hat Jesus uns aufgefordert, „zu sein wie die Kinder".

Solange das Kind noch frei ist von der Konditionierung durch die Eltern und von den Steuerungsprogrammen der Gesellschaft, wird es sich die Fähigkeit zu grenzenlosem Staunen erhalten.

In unserem Wahren Wesen sind wir alle Buddha, sind wir alle frei und erleuchtet – in jedem Augenblick. Zwischen dem gewöhnlichen Menschen und einem sogenannten „Erleuchteten" besteht eigentlich nur ein Unterschied: daß die Körperzellen des gewöhnlichen Menschen wortwörtlich verstopft sind mit Überzeugungen und Werturteilen, welche die Scheinexistenz eines falschen, abgespaltenen „Selbst" aufrechterhalten. Denselben Effekt haben die falschen Vorstellungen, die wir von uns „selbst" haben. Sie machen uns grundsätzlich kleiner als wir sind. (Frage: Können wir als der oder die „Erleuchtete", die wir gemäß unseres Wahren Wesens sind, wirklich „klein" und „nichtig" sein?) Sie suggerieren uns ein, daß wir „nichts taugen", daß wir „wertlos" sind ...

Sobald wir auf die Stimme des übermächtigen „Über-Ich" äußerer Wertungen und Urteile hereinfallen, muß sich das Karussell unserer Sucht nach äußerer Bestätigung nur um so schneller drehen. Da das falsche „Selbst" auf Bestätigung von außen angewiesen ist, handeln wir vielfach unserer eigenen tiefsten Sehnsucht zuwider, weil wir denken, durch „Selbstaufgabe" die Liebe und Bestätigung anderer zu erringen. Lüge und Selbstverleugnung machen uns jedoch seelisch und manchmal auch körperlich krank. Wir merken nicht länger, daß die von uns gesuchte wirkliche Liebe immer da ist, uns immer begleitet, ganz einfach weil sie in uns ist – niemals getrennt von uns.

Aber unser fehlgeleiteter Glaube an ein illusorisches, eigenständiges und auf Liebe von einer nicht weniger illusorischen „Außenwelt" angewiesenes „Selbst" verführt uns nicht allein dazu, daß wir uns in unserer Sucht nach Bestätigung selbst vergessen; es kontrolliert uns auch durch das Streben nach der „Sicherheit", die es unbedingt braucht. Da es sich bei unserem „eigenständigen" Selbst um eine Fiktion handelt, um eine Einbildung des Geistes, ein Bündel von anerzogenen Reflexen und Meinungen, muß die Sucht dieses „Selbst" nach Sicherheit unersättlich sein. Und sie muß Illusion bleiben. Etwas, das es im Grunde gar nicht gibt, kann sich natürlich auch niemals sicher fühlen.

Unser irrtümliches Selbstverständnis als eine vollkommen eigenständig existierende Wesenheit beruht auf der Identifizierung mit den fünf Sinnen. Weil wir uns mit ihnen identifizieren, vergessen wir natürlich, daß wir eben *nicht* der Körper sind. Als das grenzenlose Bewußtsein, das wir in Wahrheit sind, stecken wir nicht in unserem Körper. Vielmehr steckt unser Körper in uns – in dem Unfaßlichen unserer tiefsten Wahrheit. Auch alle anderen, scheinbar getrennt existierenden Körper stecken darin, in diesem Geheimnis, das nicht erklärbar, sondern nur fühlbar ist. In Wahrheit gibt es im ganzen großen und weiten Universum nur ein einziges SELBST. Es manifestiert sich in Myriaden unzähliger Schwingungsfrequenzen. Durch Milliarden verschiedener Spielarten des Gesichtssinns entsteht so der irreführende Eindruck von unzähligen verschiedenen Wesen – allesamt Projektionen des jeweiligen Wahrnehmenden.

In Wahrheit gibt es nur ungeteiltes und unteilbares SEIN, nicht viele verschiedene Daseinsformen. Das Erlebnis des unteilbaren Seins ist die Verwirklichung eines Menschen, der aus dem Traum der Illusion erwacht ist. Man nennt ihn „Buddha". Ein Erwachter identifiziert sich nicht als das abgespaltene kleine „Selbst" des Körpers, Geistes und der fünf Sinne. Ein Erwachter, ein Buddha, der wir unserem Wesen nach sind, identifiziert sich als das SEIN, das alle diese verschiedenen Körper hervorzubringen scheint. Das Paradox ist: Auch die Erscheinungen sind SEIN. Alle begrenzten und vergänglichen Daseinsformen sind gleichzeitig unbegrenztes SEIN. Darauf hat Jesus mit dem Ausspruch angespielt, daß es „im Hause seines Vaters viele Wohnungen gibt" – eine Erklärung desselben Paradox für die Menschen seiner Zeit, die noch nichts von Quantenphysik gehört hatten.

Auch in unserer Zeit wissenschaftlicher Beweise für die Unteilbarkeit des SEINS können uns die fünf Sinne noch in der Illusion einer Wirklichkeit gefangenhalten, die in „Subjekt" und „Objekt" gespalten ist. Gewöhnlich sind wir darauf konditioniert, uns als

„Subjekt" mit dem Körper und mit seinem geistigen Schutzherrn, dem abgespaltenen „Ich" zu identifizieren. Darüber vergessen wir, wer wir *eigentlich* sind: ungeborenes und unsterbliches Bewußtsein! Das Problem sind aber weder der Körper noch die fünf Sinne. Als ursprüngliches SEIN sind ja auch sie unendlich und unbegrenzt. Das Problem sind die begrenzten Vorstellungen, die wir dem Körper und den fünf Sinnen durch den Filter unserer irregeleiteten Konditionierung auferlegen – unsere Vorstellungen, die uns den Blick auf die Wirklichkeit verstellen.

Weil wir in unserer Vorstellung begrenzte und abgespaltene Einzelwesen sind, suchen wir im vermeintlichen „Außen" nach Liebe und Anerkennung. Weil wir glauben, daß der Körper begrenzt und sterblich ist, leiden wir unter schrecklicher Unsicherheit. Weil wir uns mit solchen begrenzten Vorstellungen identifizieren, wird der Körper für uns zum großen Problem, bringen uns unsere Gedanken, Überzeugungen und Emotionen in Schwierigkeiten.

Einmal zu der Vergegenwärtigung aufgewacht, daß wir nicht so begrenzt sind wie die Vorstellungen, die wir mit unserem Körper und Geist assoziieren, ist es für uns auch nicht länger ein Problem, einen Körper zu haben mit allen dazu gehörenden Gefühlen, Gedanken und Emotionen. Sie werden dann zu fortwährend sich wandelnden Erscheinungen, und selbst in ihrem vergänglichen Auftritt bleiben sie Ausdruck der unerschöpflichen Stille, die wir wirklich sind – ganz gleich, ob es uns heute „gut" geht oder „schlecht", ob wir in komischen oder tragischen Umständen leben. Nur ein Geheimnis gibt es, das uns zu lösen aufgegeben ist, wenn wir aus dem Traum unserer Vorstellungen aufwachen wollen, und das heißt: FÜHLEN. Wir werden die Wirklichkeit niemals *erkennen* können. Sie ist zu offen und unendlich für unsere „Erkenntnis". Aber fühlen können wir sie. Wir können fühlen und erfahren, was wir wirklich *sind*.

Unwohlsein und Krankheit entstehen, wenn wir etwas nicht fühlen wollen, wenn wir einen Widerstand haben, den wir in vielen Fällen nicht einmal bemerken. Wir haben Widerstand gegen das Fühlen bestimmter Gegebenheiten, weil wir uns mit ihnen in gewisser Hinsicht identifizieren. Aus Unwissenheit messen wir der „Traum-Wirklichkeit" unserer Vorstellung mehr Bedeutung bei, als sie verdient. Wir nehmen sie (und damit auch unser begrenztes „Selbst") viel zu ernst, so daß wir ablehnen, was wir nicht verstehen, weil es nicht in unsere künstliche Vorstellungswelt paßt. Unser Widerstand staut Energie. Die gestaute Energie kann sich nicht durch natürlichen Fluß, sondern muß sich anders äußern. So wird sie zu einer Vorstellung, zum Gedanken. Der Gedanke verwandelt sich in eine emotionale Reaktion. Die emotionale Reaktion setzt sich irgendwo im Körper fest, und zwar an einer Stelle, die dem Inhalt des Gedankens entspricht.

Deswegen: Fühle, was du brauchst, wogegen du aber gleichzeitig großen Widerstand verspürst. Fühle auch, was du ablehnst, was du nicht in deinem Leben haben willst. Fertige eine Liste von deinen Herzenswünschen und deinen Abneigungen an. Dann lies sie laut vor: „Ich brauche … (setze die entsprechende Sehnsucht ein)!" „Ich will … (setze die entsprechende Abneigung ein) nicht länger haben (nicht länger sein)!" Lies diese Liste für dich allein laut und leidenschaftlich vor, wobei du dich nicht zügeln mußt, sondern auch laut herausschreien kannst, wenn dir danach zumute ist. Bitte schließlich eine gute Freundin oder einen guten Freund, dir still zuzuhören, wenn du sie in ihrem Beisein ähnlich leidenschaftlich verliest.

Lies diese Listen so lange vor, bis die grobe Oberflächenenergie von Wunsch und Widerstand aufgelöst ist. Geblieben ist nur ein feinerer Rückstand. Auf diesen richtest du den Laserstrahl deiner Aufmerksamkeit und stellst dir vor, daß er sich ausdehnt. Wenn der Wunsch größer war als der Widerstand, dann dehne zuerst das Gefühl des sehnsüchtigen Verlangens aus und dann die Erinnerungs- oder Zukunftsbilder der Objekte des Verlangens. War der Widerstand größer, dann verfahre nach dem gleichen Schema, aber beginne mit dem Widerstand. Dabei bleibst du vollkommen offen und interessiert wie ein Wissenschaftler, der gespannt aber unvoreingenommen einen Versuch beobachtet. Wie ein Laserstrahl erkundet deine Aufmerksamkeit staunend den inneren Raum.

Um es noch einmal zu wiederholen: Der Schlüssel ist, daß du dir erlaubst, alles zu fühlen, wie es ist. Du verurteilst dich nicht für ein bestimmtes Gefühl, das vielleicht auftaucht. Du fühlst es nur. Dann läßt du es sich ausdehnen. Was du immer nur staunend beobachtest. Wobei du immer nur mit einer quasi wissenschaftlichen Forscherneugierde in die Dinge hineinfühlst, die dich in diesem Zusammenhang beschäftigen. DU BIST der mit Gold gefüllte Topf am Ende des Regenbogens. DU BIST das Ziel deiner Suche. Deine Gefühle werden dich nach Hause in dein Herz führen – das Herz aller Dinge.

Mit der Zeit geht dir der Ablauf in Fleisch und Blut über. Schließlich begegnest du im Laufe des Tages allen Gedanken und Emotionen mit derselben wachsamen, von Herzen kommenden Aufmerksamkeit: der Bereitschaft, sie unvoreingenommen zu fühlen. Vielleicht wirst du dann nach einer Weile überrascht feststellen, daß sich eine Menge deiner Verhaltensmuster einfach auflösen. Es mag zwar trotzdem noch gelegentlich vorkommen, daß dir etwas unter die Haut geht. Aber die emotionale Ladung verdampft ebensoschnell, wie sie entstand. Du nimmst deinen alten eingefleischten Mustern des inneren Widerstandes ganz einfach den Wind aus den Segeln. Deine von Herzen kommende und locker konzentrierte Achtsamkeit ist ganz natürlich frei von allen Konditionierungen. Da sie niemals urteilt, erweckt sie auch keinen Widerstand. Widerstandslos fließen alle die angenehmen und unangenehmen Erfahrungen durch das Leben und spulen sich ab wie ein nie endender Film mit seinem unaufhörlichen Auf und Ab, seinen Tragödien und Komödien. Du selbst bleibst dabei ganz still – die Leinwand, auf die der Projektor des Bewußtseins alle die Dramen wirft, von den Bildern unberührt.

Sobald der Laserstrahl deiner Bewußtheit voll entwickelt ist, wirft dich die Illusion „äußerer" Ereignisse nicht mehr innerlich aus der Bahn. Trotzdem bleibst du an der Entwicklung des Films beteiligt. Du fühlst das Auf und Ab. Dinge geschehen durch dich. Du handelst, wie die Situation es erfordert. Aber du haftest nicht daran. Und du bist auch nicht so losgelöst und unbeteiligt, daß du emotional tot bist. Im unaufhörlichen Hin und Her, im fortwährenden Loslassen lernst du in jedem Augenblick aufs neue das unvorstellbare Glück und die Seligkeit des bewußten Daseins und Erlebens kennen.

Kapitel 4

Stell dich deiner Angst!

Mut

Was wir nicht wissen und kennen, das verbannen wir gewohnheitsmäßig in die hintersten und dunkelsten Kammern unseres Bewußtseins. Und davor fürchten wir uns dann, wie vor allem, was im Dunkeln lauert. Wenn wir allen unseren Mut aufbieten, können wir den Schatten von Angesicht zu Angesicht gegenübertreten, die nichts weiter sind als die Projektionen unserer eigenen Angst. Unsere größte Angst ist die Angst vor dem Tod. Der Tod kann uns physisch ereilen, zum Beispiel wenn der Körper stirbt. Der Tod kann aber auch ein Symbol sein, zum Beispiel wenn wir unser Ich als die Täuschung erkennen, die es in Wahrheit ist. Wenn wir unserer größten Angst mutig ins Auge blicken, verwandelt sie sich in unseren treusten Verbündeten und Beschützer – wie der schwärzeste Schatten, der schließlich das ihm innewohnende Licht offenbart.

Angst verzerrt unsere Wahrnehmung.
Sie verwirrt uns, so daß wir nicht mehr wissen,
was eigentlich gespielt wird.
Jede Angst ist Vergangenheit, und nur Liebe ist hier.

– GERALD JAMPOLSKY –

Solange wir leben und uns mit Körper und Geist identifizieren, werden wir immer nach Anerkennung und Sicherheit streben. Der neue Ansatz wird dir diese Tatsache klarer vor Augen führen, wenn du dein Leben und alles, was in ihm passiert, bewußt wahrnimmst und fühlst. Sobald du dich nämlich auf deine wahren Bedürfnisse einstellst, sie offen formulierst und dich um ihre Verwirklichung bemühst, wird zuweilen Angst aufkommen: die Angst zu erbitten, was du brauchst; die Angst vor dem Mut und der Festlegung, die du zur Verwirklichung deiner Herzenswünsche brauchst. Du wirst wahrscheinlich auch vor dem Verlust von Anerkennung und Sicherheit Angst bekommen.

Die innere Bereitschaft zu fühlen macht dich verwundbar. Der offene Ausdruck deiner Gefühle kann andere vor den Kopf stoßen, weil du nun plötzlich nicht mehr ihren Erwartungen entsprichst. Im Gegenteil: Du kommunizierst unverblümt deine Erwartungen. Deswegen hast du keine andere Wahl: Irgendwann wirst du diese Ängste fühlen und dich ihnen stellen wollen.

Endgültige Freiheit wird es für dich nicht geben, wenn du nicht vorher dein Bedürfnis nach Anerkennung und Sicherheit losläßt.

Das Paradox ist, daß der Weg zur Freiheit, zum Loslassen dieses geradezu zwanghaften Bedürfnisses über das offene Eingeständnis führt. Du kannst die Sucht nach Anerkennung und Sicherheit nur dadurch überwinden, daß du das Bedürfnis anerkennst und fühlst, wann immer es sich meldet. Das Bedürfnis nach Anerkennung und Sicherheit schwindet in dem Augenblick, in dem du es ganz ehrlich an dich heranläßt und spürst. Dann kann es sich auflösen. Dann kannst du über seine Grenzen hinauswachsen.

Zur Veranschaulichung ein Beispiel aus Paulas eigenem Leben. Es macht klar, wie der Prozeß des Eingeständnisses und Fühlens der Wahrheit im einzelnen ablaufen kann. Aber es müssen nicht wie in ihrem Fall Jahre bis zu seinem Abschluß vergehen:

„Ich hatte mein ganzes erwachsenes Leben über sehr viel Glück. Alles ist immer gutgegangen. Zum Beispiel bin ich fast überall auf der Welt herumgekommen und habe von einigen bemerkenswerten LehrerInnen mehr über mich selbst und die Kraft des Bewußtseins lernen können. Ich verließ mein Elternhaus schon mit siebzehn Jahren, und während der folgenden zwanzig Jahre erfuhr ich in fast allen Lebensbereichen die Gnade einer untrüglichen Führung – mit Ausnahme meiner Männerbeziehungen. Ich habe in meinem Leben zwar viele wunderbare Männer näher kennen und lieben gelernt. Wenn es dann jedoch um echte Bindung ging, schien immer etwas dazwischenzukommen. Als ich Ende zwanzig, Anfang dreißig war, wollte ich unbedingt heiraten und Kinder haben. Der Wunsch war überwältigend. Aber nie gab es den Mann, der denselben Wunsch gehabt und denselben Traum mit mir geträumt hätte. Weitere Jahre vergingen, und schließlich machte ich die Schlüsselerfahrung, die mir über den Grund des unerfüllten Beziehungs- und Kinderwunsches die Augen öffnete.

Mit fünfunddreißig verliebte ich mich in einen Mann aus Island. Ich gab damals regelmäßig Kurse in Reykjavik, wo ich auf dem Hin- und Rückflug zwischen den USA und Europa Station machte. Wir trafen uns aus Anlaß einer Tour mit Pferden durch das Landesinnere. Er war Lehrer am Gymnasium und leitete außerdem ein Reiseunternehmen, das in den Sommermonaten Pferdeferien zur Erkundung Islands anbot. Wir lernten uns kennen, als er mir die verschiedenen Touren erklärte. In den folgenden Nächten träumten wir voneinander von einem entfernten Leben in der Mongolei, ohne daß wir uns sahen. Wir trafen uns erst eine Woche später wieder, zu Beginn der kurzen Tour, für die ich mich entschieden hatte. Bei unserer Unterhaltung entdeckten wir zufällig die unglaubliche Synchronizität unserer Träume während der vergangenen Woche. Dann ging alles sehr schnell. Was uns beiden wie eine alte unfertige Beziehung aus längst vergangenen Lebenszeiten vorkam, erwachte noch in derselben Nacht zu neuem Leben. Wir trafen uns so oft es ging und beschlossen zu heiraten.

Aber wie das Schicksal es so wollte, mußte ich ihn vor der Hochzeit wegen einer dringenden Familienangelegenheit für zwei Monate allein in Island zurücklassen. Als ich schließlich wiederkam, war die Flamme erloschen. Eine frühere Freundin hatte von unserem Verhältnis erfahren und war aufgetaucht, um ihn zurückzugewinnen. Mein Herz war gebrochen, und ich verließ Island so schnell wie möglich. Ich war einfach fix und fertig. Ein paar Monate später hatte ich dann die Gelegenheit, meine Emotionen und mein Haften an dieser unglücklichen Liebe endgültig zu klären. Ich konnte alle meine Gefühle fühlen und ausdehnen und hatte danach nicht mehr den geringsten Zweifel, daß ich von der Geschichte frei und meine Liebe zu diesem Mann nun bedingungslos war. Ich mußte ihn nicht mehr haben, mußte ihn nicht heiraten und Kinder mit ihm bekommen. Ich wußte nur, daß ich ihn bedingungslos liebte. Was er mit seinem Leben anfing, war seine Sache.

Deswegen konnte ich es mir absolut nicht erklären, warum mich etwa ein halbes Jahr später der Wunsch befiel, nach Island zurückzukehren und meinen früheren Freund noch einmal zu sehen. Ich sah nicht den geringsten Sinn darin, aber ich mußte es einfach tun. Also meldete ich mich für eine seiner Touren an und flog nach Reykjavik. Er holte mich am Flughafen ab und fuhr mich schleunigst zu einem seiner Angestellten, der unsere Gruppe begleiten sollte. Als wir im Auto nebeneinander saßen, konnte ich mir immer noch nicht zusammenreimen, warum ich gekommen war. Ich konnte die Zäsur zu unserem früheren Verhältnis deutlich spüren. Aber gleichzeitig spürte ich in mir auch sehr deutlich, daß dort noch etwas rumorte. Etwas war noch nicht wirklich abgeschlossen. Aber ich hatte keine Ahnung, was das sein könnte.

Also stieß ich wie geplant zu dem Trek, der aus einer Gruppe schwedischer Frauen bestand. Ich freundete mich mit einer von ihnen enger an, und wir sprachen über mein Dilemma. Ich glaube, es war etwa der siebente Tag unserer Tour. Ich wachte mitten in der Nacht auf und fühlte eine ziehende, furchtbare Sehnsucht in meinem Herzen. Ich fand keine Worte dafür, und auch keinen Gegenstand, an dem ich sie hätte festmachen können. Da ich es im Zimmer unserer Herberge nicht länger aushielt, stand ich auf und wanderte in die atemberaubend schöne isländische Sternennacht hinaus. Als ich zum Himmel aufblickte, kamen die Worte über meine Lippen: „Ich brauche dich!" Ich fing an zu weinen. Ich streckte meine Arme weit aus und rief weinend in den Himmelsraum: „Ich brauche dich!" Meine Schritte führten mich weiter von der Herberge fort, und so begann ich laut zu rufen: „Ich brauche dich! Ich brauche dich!" Mein Weinen wurde zum Schluchzen, und schließlich fing ich hemmungslos zu heulen an.

Irgendwann ging mir auf: Seit über zwanzig Jahren hatte ich Männerbeziehungen, aber nicht ein einziges Mal hatte ich es über mich gebracht zu sagen: „Ich brauche dich". „Ich liebe dich" war mir leicht über die Lippen gekommen. Aber „ich brauche dich", das hatte etwas Bedrohliches. Es hätte mich verletzlich gemacht, und verletzlich wollte ich am allerwenigsten sein. Ich begriff, wie sehr ich immer Angst davor gehabt hatte, daß ein Mann mich kontrollieren könnte. Unbewußt hatte ich immer das Bild der „eisernen Paula" aufrechterhalten, die keiner unterkriegt.

In jener Nacht sprach ich nicht nur zu meiner verflossenen isländischen Liebe. Mein „Ich brauche dich" galt allen Männern, denen ich je in meinem Leben begegnet war und denen ich mein

Herz nie ganz geöffnet hatte. Vor allem aber galten die Worte meines Herzens meinem eigenen Herzen. Ich hatte endlich mein Herz sprechen lassen. Als die Tränen versiegt waren, fühlte ich mich so vollkommen wie noch nie in meinem Leben. Ein paar Jahre später lernte ich den Mann kennen, mit dem ich jetzt schon recht lange glücklich verheiratet bin. Es fällt mir nicht mehr schwer, ihm zu sagen, daß ich ihn brauche.

Aber noch eine andere Einsicht offenbarte sich mir in jener sternenüberfluteten isländischen Nacht: Sobald ich offen und ohne Scheu sagen konnte: „Ich brauche dich!", war alle neurotische Zwanghaftigkeit dieses Bedürfnisses wie verflogen. Die Angst vor dem Opfersein war weg. Ich war frei!

Bei meinem ersten Zusammentreffen mit meinem Sat-Guru Papaji zerstob dann die nächste Schicht derselben tiefen Angst vor der Hingabe. Papaji war ein vollendeter *Jnani*, also ein „Wissender", und wer ihn mit dem Herzen sehen konnte, wußte: Er war einem wahren Buddha begegnet – einem, „der aus dem Traum der Täuschung erwacht ist". In seinem ersten langen *Satsang*-Dialog mit mir bat ich ihn, mir zu helfen, daß ich endlich meine unbewußte Identifikation mit den Vorstellungen und Projektionen meines Geistes überwinden könne. Er war sehr geduldig, und der Dialog dauerte fast eine ganze Stunde. Sobald ich etwas sagte oder meine Bitte in andere als die wahren Worte kleidete, bedeutete er mir, daß ich die Hände aufs Herz legen sollte. Ich tat es, plapperte aber weiter wie immer. Dann fragte er mich, woher in meinem Körper die Worte kämen. Ich zeigte auf meinen Kopf. Also bedeutete er mir wieder, die Hände aufs Herz zu legen. Es dauerte eine ganze Weile, bis ich begriff, worauf er hinauswollte – daß nämlich meine Bitte um das Loslassen der Vorstellungen meines Geistes immer noch aus meinem Kopf kam. Erfüllen ließ sich diese Bitte jedoch nur, wenn sie dem Herzen entsprang.

Schließlich blieb ich wohl eine Viertelstunde mit meinen Händen über meinem Herzen stumm vor ihm sitzen. Mir fiel einfach nichts mehr ein, was ich noch sagen konnte. Irgendwann in dieser langen Stille forderte er mich auf, mein Herz sprechen zu lassen.

Mein Herz sollte sagen, was es brauchte. Er saß da, wartete und schaute. Schließlich brachen aus der Tiefe meines Herzens wieder diese Worte hervor: „Ich brauche dich!"

Als Amerikanerin bin ich dazu erzogen, alles selbst zu machen. Der Anspruch auf Eigenverantwortung schloß selbstverständlich auch meine spirituelle Suche ein. Ich hatte nie von einem Guru abhängig sein wollen. Dieser Gedanke war mir zuwider. Als ich dann Papaji begegnete, meldete sich jedoch ein tiefes Wissen, und es bedeutete mir: Wenn du weiterkommen und dich nicht länger im Kreise drehen willst, brauchst du Hilfe. Du brauchst einen vollkommenen und reifen Meister, jemanden, der wirklich DAS erfahren hat, was alle Grenzen des konditionierten Daseins sprengt. Jemanden, der sich aus den Fallstricken des Geistes und der Vorstellungen und Projektionen gelöst hat. Einen, der wirklich frei ist! Da ich im Laufe meines Lebens vorher schon eine Reihe von Möchtegern-Gurus kennengelernt hatte, weckte dieser Gedanke viele alte Ängste in mir.

Aber dann waren die Worten über meine Lippen gekommen, und Papaji fragte mich sofort weiter, was genau ich brauchen würde. Auch diese Antwort kam ganz natürlich und sehr viel schneller: „Liebe", sagte ich. Mir traten die Tränen in die Augen, und ich lachte und weinte gleichzeitig, als ich meinem Meister in die Augen schaute. Augen, die nicht urteilten, nichts erwarteten, sondern nur Liebe ausstrahlten. Diese Augen haben mich dann fünf Jahre begleitet. Sie haben mich vom Karma vieler Leben befreit, vor allem aber von den Rückständen zahlloser unbewußter Ängste."

Angst entsteht aus Zweifel. Sie repräsentiert mangelndes Vertrauen in die Kräfte des Kosmos – und damit in die Kräfte des wahren Selbst. Sobald wir dann endgültig akzeptieren, daß alle unangenehmen Erfahrungen in unserem Leben nur unser eigenes Verhalten aus der Vergangenheit widerspiegeln, ändert sich auch unsere Grundeinstellung. Wir hören auf, anderen die Schuld zu geben. Wir hören auf, uns in der Rolle des Opfers zu gefallen. Wir werden zu einem wahren Menschen. Wir fühlen uns verantwortlich für alles, was in unserem Leben geschieht. Und wir stellen uns unseren Ängsten. Furchtlosigkeit heißt nicht, keine Angst mehr zu haben. Furchtlosigkeit heißt, keine Angst mehr davor zu haben, die eigenen Ängste zu fühlen.

Angst ist außerdem unter Umständen hilfreich und erfüllt einen Zweck. Zum Beispiel, wenn du einen Tiger siehst, der dich vielleicht angreift. Je nach Lage der Dinge kann deine Angst den Adrenalinspiegel in die Höhe schnellen lassen, und du kannst entweder wegrennen (aber tunlichst nicht, wenn der Tiger dich fixiert!); oder dich fortstehlen; oder dich auf den Kampf vorbereiten. Eine ganz andere Sache ist, ein Leben lang vor Papiertigern Angst zu haben (was unsere normalen Ängste sehr gut beschreibt). Diesen stellt man sich am besten. Wie zum Beispiel den Papiertigern unserer Widerstände. Was auch immer der Gegenstand deiner Abneigung sein mag, du darfst davon ausgehen, daß die Ablehnung auf unbewußten und projizierten Ängsten beruht.

Solltest du bei der Untersuchung deiner Widerstände zu dem Schluß kommen, daß du nichts ablehnst und auch keine unerfüllten Herzenswünsche hast, dann frage dich ehrlich, ob du wirklich so vollkommen glücklich bist, wie deine Antworten vorgeben. Mit Sicherheit hast du allen Anlaß, etwas tiefer in deine Lage hineinzufühlen, wenn du seelisch oder körperlich leidest. Was willst du wirklich? Und was verweigerst du dir? Vor was ist deine Angst so groß, daß du es in deinem Leben nicht zulassen kannst? Fühle dies. Und fühle außerdem die Angst, die du davor hast, darum zu bitten. Fühle deine Angst vor dem „Nein", deine Versagensängste und die Angst vor Zurückweisung. Voll und ganz. Und dann überwinde dich: Bitte trotzdem darum.

Vielleicht wird man dir deine Bitte nicht gleich beim ersten Mal gewähren. Aber du wirst bekommen, um was du bittest, wenn du beharrlich bleibst. Eins steht fest: Wenn du nicht darum bittest, wirst du es auf keinen Fall bekommen. Warum also Angst haben!

Vertrau dir selbst. Vertrau dem Kosmos. Sobald sich deine Wünsche oft genug erfüllt haben, wirst du einsehen, daß es nichts gibt, was außerhalb deines Bewußtseins läge. Der ganze Kosmos, alle Welten und Weltsysteme der „Vergangenheit", „Gegenwart" und „Zukunft" sind in dir, vorausgesetzt du identifizierst dich mit deinem Wahrem Wesen und erkennst also, wer du eigentlich bist.

Bis das Wissen um dein Buddha-Wesen unumstößliche Erfahrung geworden ist, hilft es, wenn du deine Bedürfnisse fühlst und auch deine Angst vor der Bitte um ihre Erfüllung. Fühle deine Verletzlichkeit. In ihr äußert sich die Stimme deines Herzens, die deine Lage klar und realistisch sieht und deswegen um Hilfe ruft. Verletzlichkeit verleiht dir menschliche Schönheit. Sie ist, so paradox es klingen mag, auch eine deiner größten Stärken.

Solange ihre Intuition nicht von außen abgetötet wurde, gehen kleine Kinder zum Beispiel unheilvollen Situationen und vor allem Menschen mit negativen Schwingungen ganz natürlich aus dem Weg. Sie sind verletzlich genug, daß sie auf die Stimme ihres Herzens hören können. Das kannst du auch. Wenn du dir eine gesunde Verletzlichkeit einräumst, wirst du um Lügner und Tyrannen automatisch einen großen Bogen machen. Du wirst auf ihre falschen Verheißungen nicht hereinfallen und deine Zeit nicht an sie verschwenden. Gestatte deinem Herzen also, seine wahren Gefühle zu fühlen. Vertrau dich ihrer Führung an, die dich in bessere Umstände geleiten wird. Ja, laß dein Herz sogar die Angst lieben, die du manchmal fühlst.

Kapitel 5

Vergebung für alle!

Mitgefühl

Frei sein heißt, die Prägungen durch Vergangenes loslassen, wie auch alle Hoffnungen auf die Zukunft. Solange wir nicht vergeben können, was einmal geschah, bleiben wir daran gefesselt. Deswegen ist Vergebung eine Geste wahren Mitgefühls. Sie befreit uns aus den Ketten unserer vergangenen Geschichte. Sie durchtrennt den Strick, mit dem unser Groll uns an das Schicksal anderer kettet. Sie nimmt uns und anderen die gemeinsam zu tragende Bürde. Unbedingtes, wahres Mitgefühl kann sich in unserem ungeteilten Einssein entfalten wie mit tausend sehenden Händen.

In der westlichen Kultur ist Schuld verbunden mit
Hoffnungs- und Aussichtslosigkeit; sie bleibt auf die Vergangenheit fixiert.
Echtes Bedauern dagegen ist ein gesunder Ausdruck der Seele.
Echtes Bedauern ist zukunftsorientiert, mit ihm verbindet sich Hoffnung,
und es ist ein Ansporn zu aktiver Gestaltung und Veränderung.

– S. H. Dalai Lama XIV –

Das Thema Vergebung ist mit großem unbewußtem Widerstand besetzt. Ganz gleich, ob es um uns oder um andere geht, die Unfähigkeit zu vergeben kann im Unbewußten ewig vor sich hin köcheln und sich wie ein roter Faden durch viele Leben ziehen. Dabei förderst du Wiederholungszwang und wirst automatisch zum Wiederholungstäter, wenn du dir selbst und anderen nicht vergeben kannst, denn damit klammerst du dich so sehr an das Vergangene, daß es zwangsläufig auch deine Zukunft sein wird.

Im Zeitalter der Massenmedien sind wir heute mehr denn je darauf konditioniert, uns mit Hinweisen auf unsere Schuld und Appellen an unsere Pflicht gegenseitig zu kontrollieren und zu manipulieren. Auf der Ebene der persönlichen Beziehungen machen wir laufend unbewußt Kompromisse, nach dem Motto: „Wenn du mir meine Maske läßt, werde ich dir auch deine nicht abreißen." Oder: „Wenn du meine Lügen stillschweigend hinnimmst, werde ich auch deine Lügen nicht beim Namen nennen." Darüber hinaus nötigen und gängeln wir uns gegenseitig, ohne es auch nur zu merken. Wir bestehen auf bestimmten gesellschaftlichen Spielregeln, selbst wenn sie uns persönlich tief verletzen und wahrscheinlich sogar seelisch zu Krüppeln machen.

Ein simples offensichtliches Beispiel ist die Jugendliche, die in ihrer Lebens- und Karriereplanung dem Wunsch der Eltern folgt und um des lieben Friedens willen gegen ihr besseres Wissen und ihrer eigentlichen Begabung und Neigung zuwider handelt. Viele suchen sich unbewußt auch einen Partner mit diametral entgegengesetzten Wert- und Lebensvorstellungen. Das schafft ein Umfeld, in dem wir dann täglich gegen unsere eigene Natur ankämpfen müssen. Wir gehen Vereinbarungen ein, die unsere Lebensumstände erschweren und uns schließlich zur Last werden. Diese Belastung weckt in uns Widerwillen, und wir fangen an, dem anderen Vorwürfe zu machen.

Darüber vergessen wir, daß wir uns aus freien Stücken einverstanden erklärt haben, auch wenn es im Nachhinein vielleicht so aussehen mag, als ob wir gezwungen worden wären. Tatsache bleibt, wir haben immer die Gelegenheit, unsere Lebensumstände zu verändern oder ihnen zu entkommen, und sei es nur, indem wir uns neu auf sie einstellen. Manchmal mag es zwar so aussehen, als ob uns „die Gesellschaft" diese Freiheit nicht gäbe. Aber das ist eine Einbildung. Vergiß niemals, daß du dich dort befindest, wo deine eigenen Entscheidungen dich hingeführt haben. Das ist die Wahrheit. Wenn du sie anerkennst, bekommst du wieder Entscheidungsgewalt über dein Leben. Schiebst du hingegen anderen die Schuld für deine eigenen Entscheidungen zu, manövrierst du dich selbst in die Rolle des machtlosen Opfers. Und dann bist du tatsächlich machtlos.

Es kann sein, daß du deine Lage eingehend überprüft hast und trotzdem zu dem Schluß gekommen bist, daß du lieber eine einmal eingegangene Verpflichtung erfüllen möchtest, anstatt gegen die Forderung der Gesellschaft aufzubegehren. Manchmal ändert dann schon das einfache Eingeständnis deine Lage, daß du dies eigentlich schon immer so gewollt hast, obwohl man das natürlich nie mit Gewißheit feststellen kann. Aber wenn du dich bewußt für etwas entscheidest, weil du es so willst, fällt damit automatisch der Widerstand gegen die damit verbundenen Umstände weg. Deine Umwelt und Mitmenschen bemerken deine andere Einstellung und reagieren gewöhnlich positiv darauf.

Du vermittelst anderen nicht länger Schuldgefühle, wenn du für die Gegebenheiten deines Lebens selbst die Verantwortung übernimmst aus der Erkenntnis heraus, daß alle Situationen karmisch bedingt sind. Selbst wenn sie unbewußt bleiben, belasten Schuldzuweisungen deine Beziehungen zu anderen Menschen mit einer ungesunden emotionalen Statik, die abstoßend wirkt und Konflikte produziert.

Vielleicht hat man dich auf die eine oder andere Weise sehr mißbraucht. Dies bleibt emotional aufzuarbeiten, bevor du wirklich vergeben kannst. Wenn wir uns aus dem emotionalen Kerker der gegenseitigen Schuldzuweisung befreien möchten, bleibt uns letztlich nur eine Wahl: Wir nehmen uns die Freiheit, alle unsere Emotionen und Gefühle voll zu fühlen. Wir können selbst seit langem verschüttete Gefühle vorurteilsfrei fühlen, mit dem Ergebnis, daß sie sich unter dem Laserstrahl unserer gesammelten Aufmerksamkeit auflösen. Gerade unser offenes Zulassen aller unserer Gefühle gibt der Heilung eine Chance.

Ärger, Wut und Haß sollen verschwinden, denn erst nach ihrer Auflösung können wir die bedingungslose Liebe fühlen, die zum Vergeben gehört. Wenn du unter einer schweren Krankheit oder Depression leidest, ist es für dich wahrscheinlich an der Zeit, einen geeigneten Therapeuten zu finden, der dich durch die verschütteten Gefühle geleiten kann. Krebs zum Beispiel kann viel leichter ausheilen, wenn die hinter der Krankheit verborgenen Gefühle angenommen, gefühlt und losgelassen werden. Dasselbe gilt auch für alle Depressionen (die keine Gefühle sind, sondern eine Unterdrückung von Gefühlen). Auch Depressionen lösen sich auf, sobald die in ihnen gebundenen Emotionen anerkannt und gefühlt wurden. In dieser Hinsicht gibt es viele Möglichkeiten, zum Beispiel emotional orientierte Körperarbeit, Oshos „Dynamische Meditation" und so weiter. Sie alle helfen, im Körper gestaute Emotionen freizusetzen.

Der Schlüssel (und die Herausforderung) ist die Suche nach einem reifen und offenen Therapeuten. Es gibt leider nicht so viele, die wirklich durch das Feuer ihrer eigenen verdrängten und verschütteten Gefühle gegangen sind und dich deswegen durch deine verdrängten und verschütteten Gefühle führen können. Unabhängig von der Technik kann dich ein anderer nämlich nur so weit begleiten, wie er selbst mit sich gegangen ist.

Trotzdem können wir nicht genug hervorheben, wie wichtig es ist, die eigenen Emotionen und Gefühle zu fühlen. Es besteht ein direkt proportionales Verhältnis zwischen der Menge unserer verschütteten Emotionen und dem Grad unserer Unbewußtheit. Je mehr wir unsere Emotionen und Gefühle wirklich wahrnehmen und fühlen, desto bewußter sind wir auch – und desto voller können wir unser Leben tatsächlich leben und genießen.

Oft halten wir auch an Gefühlen der Schuld oder Scham fest. Jeder von uns hat im Leben das eine oder andere getan, für das wir uns schrecklich schämen. Wegen der immer noch überwiegenden gesellschaftlichen Unterdrückung der Sexualität (aller scheinbaren Freizügigkeit zum Trotz) hat Scham häufig mit schemenhaften Erinnerungen an sexuelle Experimente in der Kindheit zu tun. Ganz gleich, was der Anlaß zu diesen Schuldgefühlen war, ist es für uns wichtig, daß wir eines begreifen: Alle Menschen (also auch du) verhalten sich und handeln so gut, wie der Grad ihrer Bewußtheit es zuläßt. Alle tun ihr Bestes – oder was ihnen aus ihrer Sicht als das Beste erscheint.

Mein Meister Papaji sagte oft: „Wir brauchen uns auf nichts etwas einzubilden. Wir müssen uns für nichts schämen." Will sagen: Was immer wir unter dem Einfluß der Identifizierung mit Körper und Geist auch tun, es ist alles nur das Ergebnis der Konditionierung und Programmierung, die Körper und Geist erfahren haben. Alle unsere sogenannten „freien Entscheidungen" sind eigentlich gar keine „freien Entscheidungen". Zum Beispiel hast du dir vor deiner Geburt deine Eltern nicht ausgesucht. Du hast dir deine Geschwister und Spielkameraden nicht ausgesucht. Du hast dir dein soziales Umfeld nicht ausgesucht, nicht deine Lehrer und nicht die

Schule, in die du gegangen bist. Aber alle diese Elemente haben dich zu dem Menschen gemacht, der du heute bist. Sie bestimmen, welche sogenannten „freien Entscheidungen" du heute triffst.

Vielleicht hast du ein paar schlaue esoterische Bücher gelesen und bist jetzt der Überzeugung, daß du dir wirklich deine Eltern ausgesucht hast und deswegen auch die Umstände deines jetzigen Lebens. Aber von freier Wahl kann in diesem Fall keine Rede sein. Wenn du nicht schon einen sehr hohen Grad an Bewußtheit und die Motivation mit auf diese Welt gebracht hast, anderen Wesen auf ihrem Weg aus der Unwissenheit zu helfen, hast du auch nicht die Kraft besessen, dir deine Eltern und Lebensumstände auszusuchen. Vielmehr ist das unbewußt und vielleicht sogar in Panik geschehen. Die Kräfte des Karma haben dich gezogen und gestoßen, bis du gelandet bist, wo sie dich haben wollten.

Mit anderen Worten: Die meisten unserer „freien Entscheidungen" vollziehen sich vollkommen unbewußt. Wir schlafwandeln durch unser Leben wie durch ein Bühnenstück, dessen Dialoge und Szenen wir in und auswendig kennen. Die meisten Menschen leben Tag für Tag vor sich hin, ohne je zu merken, wer sie eigentlich sind. Schau dich an, ganz unvoreingenommen. Öffne die Augen dafür, wie unbewußt und mit wieviel Unwissenheit du als das kleine abgespaltene „Selbst" Tag für Tag agierst. Dann wirst du sehr schnell einsehen, daß du dir auf nichts etwas einzubilden, aber dich auch für nichts wirklich zu schämen brauchst.

Bewußtheit kann sich entfalten, wenn wir die Dinge so sehen, wie sie nun einmal sind. Sobald wir begreifen, wie makellos wir unserem Wesen nach sind und wie sehr wir uns mit unseren eingebildeten Makeln nur fälschlich identifizieren, können wir wirklich Mitgefühl für unsere Menschlichkeit entwickeln. Dann können wir uns selbst und anderen mitfühlend begegnen, denn es geht uns ja allen ähnlich.

Das Paradox ist, daß wir erst dann die Möglichkeit wirklich freier Entscheidung erahnen können, wenn wir schließlich begriffen haben, daß wir im normalen Sinne unseres bisherigen Verständnisses nie wirklich frei entscheiden konnten. Dann ist die

Entscheidung für das Mitgefühl die richtige Entscheidung, wenn Mitgefühl dann überhaupt noch eine Frage der Entscheidung ist. Im Grunde seines Herzens will keiner dem anderen wirklich übel. Selbst die schrecklichsten Schrecken des sogenannten „Bösen" auf dieser Welt (und davon gibt es eine Menge) sind das Ergebnis grundlegender Unwissenheit, absoluter Unbewußtheit – Verbrechen, die sich aus Verbrechen nähren und neue Verbrechen nach sich ziehen. Aber im Grunde endet das alles hier vor unserer Tür. Es endet, wenn wir uns entscheiden zu vergeben. Wenn wir uns selbst und anderen vergeben, schüren wir in uns das Feuer der Bewußtheit. Dann greift es wie von selbst auf andere über.

Mit Bewußtheit kommt die Möglichkeit zu wirklich freier Entscheidung in unser Leben – die Entscheidung zu fühlen, wer wir sind. Wir sind nämlich nicht bloß unbewußte Schauspieler in einem Stück. Als allumfassendes Bewußtsein sind wir der allwissende Verfasser vom Skript der Schöpfung. Das ganze Spiel mit allen seinen zahllosen Rollen und Wirklichkeiten ist eine Schöpfung des Bewußtseins, das wir sind.

Als Bewußtsein sind wir makellos rein und frei von jeder Einbildung und allem falschen Stolz. Wahrscheinlich werden wir jedoch nicht glauben können, daß wir tatsächlich so frei sind. Wir werden vielleicht noch eine scheinbar lange Zeit immer wieder unter Rückfällen leiden und uns mit der Rolle unseres kleinen „Selbst" identifizieren, mit all den damit zusammenhängenden Schuldgefühlen und mit dem Stolz auf unsere eingebildeten Leistungen. Wenn das passiert, kann Vergebung uns an die wahren Verhältnisse erinnern und uns ins Herz des Mitgefühls zurückführen.

Kapitel 6

Tu etwas!

Eigenverantwortung

Eigenverantwortung ist die Kraft, die in uns wohnt und uns beflügelt. Im Grunde gibt es nur einen WEG zu wahrem Menschsein – daß wir für uns und unser Leben selbst die volle Verantwortung übernehmen. Dieser WEG wird uns mit tiefer Befriedigung erfüllen. Sobald wir eigenverantwortlich handeln, beginnen wir unser Leben zu meistern, und wir hören natürlich auf, uns als machtloses Opfer der Umstände zu fühlen. Eigenverantwortung gipfelt in der Einsicht, daß wir als grenzenloses Bewußtsein der Schöpfer oder die Schöpferin unseres eigenen LEBENS und aller unserer Wahrnehmungen sind. Als Schöpfer oder Schöpferin werden wir niemals wieder in die Rolle des hilflosen Opfers fallen. Die Erfahrung der schöpferischen Allgegenwart des Bewußtseins ist gleichzeitig unsere endgültige Befreiung.

Über den vollkommenen Weg nachdenken und darüber reden
ist nicht dasselbe wie ihm folgen.
Wer ist je ein guter Reiter geworden, nur weil er über Pferde theoretisiert hat?
Hör auf zu schwatzen und mach dich ans Praktizieren,
wenn du das Tao wirklich jemals verkörpern willst.

– Hua Hu Ching –

Ganz gleich was dich bedrückt, irgendwann ist der Augenblick da, wenn du etwas tun mußt. Dabei spielt es keine Rolle, ob es sich nur um eine Banalität handelt, um ein schleichendes Unbehagen oder um ein voll ausgewachsenes Leiden, etwa eine schwere Krankheit. An einem gewissen Punkt, und manchmal muß das sehr schnell passieren, kommst du nicht um die angemessene Antwort auf die Herausforderung herum.

Blinde Aktionswut ist jedoch nicht weniger gefährlich als totales und passives Schleifenlassen. Deswegen empfehlen wir erst jetzt, etwas zu unternehmen, nachdem du die Ursache deines Ungleichgewichts oder Leidens bereits aus verschiedenen Blickwinkeln erfahrungsmäßig geprüft hast. Das erfühlte und integrierte volle Verständnis deiner Situation stellt einen großen Gewinn dar und kann dich zu angemessenem Handeln führen. Viele reagieren blind, ohne vorher die ihnen gestellte Herausforderung zu erfühlen. Dann verlieren sie sich in der rein logischen Analyse ihrer Optionen. Sie handeln vorschnell und erschweren dadurch ihre Lage, bis diese nicht mehr zu meistern ist und sie infolgedessen von den Umständen überrollt werden.

Vor über zwanzig Jahren hatten wir einen guten Freund (er ist inzwischen verstorben), bei dem man während einer Routineuntersuchung Prostata- und Nierenkrebs in fortgeschrittenem Stadium diagnostizierte. Natürlich wurde die sofortige Operation empfohlen, gefolgt von der üblichen Serie von Bestrahlungen. Unser Freund war damals Mitte sechzig, glücklich verheiratet und ernsthaft auf dem spirituellen Weg. Die Gewißheit des Todes hatte für ihn bereits einigen Schrecken verloren. Außerdem hatte er sich immer fit gehalten, lief jeden Morgen seine Runde im Park, während er im Winter in die Alpen oder nach Skandinavien zum Langlauf fuhr. Er erkundigte sich also bei seinem Arzt nach den Auswirkungen des Eingriffs auf seine Männlichkeit und fragte, wie lange es wohl dauern würde, bis er wieder auf seinen Skiern stehen könnte (er hatte gerade eine 3wöchige Reise nach Norwegen gebucht).

Das Gesicht des Herrn Doktors nahm angesichts solcher Freizeitgestaltung in der Zukunft ebenso düstere Züge an wie die Prognose auf seinen Lippen. Nachdem der Arzt ihm diese schließlich eröffnet hatte, dankte unser Freund ihm, stand auf und ließ ihn im Gehen wissen, daß er sich noch eine zweite und sogar dritte Meinung einholen wollte. „Aber dafür ist keine Zeit", warnte der Arzt, „wir müssen sofort operieren." „Müssen wir nicht", antwortete unser Freund. „Das ist nämlich mein Körper und mein Leben, und ich werde eine andere Lösung finden, die mir besser gefällt, denn wenn ich Ihrem Rat folge, kann ich mich gleich erschießen. Warum weiterleben, wenn man sein Leben nicht mehr genießen kann?" Er ging also zu zwei weiteren Ärzten, die übereinstimmend dieselbe Prognose gaben. Alle drei regten sich fürchterlich auf. Sie zeigten auf die Testergebnisse und machten mächtig Druck, endlich die Erlaubnis zur Operation zu geben.

Unser Freund verwandte zwei weitere Wochen darauf, sich zu informieren und andere Optionen zu ermitteln. Als er sich schließlich für eine Langzeittherapie in einer Kurklinik entschied, die Ozonbehandlungen, eine radikale Umstellung in der Ernährung und regelmäßiges Fasten empfahl, erklärten ihn seine Ärzte für übergeschnappt. Das kümmerte ihn wenig. Denn er überlebte weitere elf Jahre, zufrieden mit seinem Schicksal und glücklich darüber, daß er noch so manche Langlauftour in Skandinavien und anderswo unternehmen konnte. Die von ihm gewählte Therapie erforderte eine Menge Disziplin. Er mußte seine Ernährung vollkommen umstellen (kein Fleisch mehr, kein Kaffee und keine fetten Soßen), regelmäßig fasten und die Kurklinik zweimal pro Jahr jeweils zwei Wochen zur Ozonbehandlung aufsuchen. Aber diese Disziplin erlaubte ihm, sein Leben in jeder anderen Hinsicht weiterzuleben wie bisher. Er war weder impotent noch in seiner Bewegungsfreiheit eingeschränkt, und als die Uhr schließlich abgelaufen war, starb er als glücklicher Mann. Warum? Weil er dem Druck von außen widerstanden und hinsichtlich der einzuschlagenden Behandlungsmethode seiner eigenen Einsicht vertraut hatte. Er hatte eine gefährliche Krisensituation mit ruhigem Geist und offenem und empfänglichem Herzen gemeistert.

Wir können nicht genug betonen, wie wichtig es ist, daß du in Krisensituationen deiner inneren Stimme folgst (vorausgesetzt, du hast sie entwickelt und gelernt, sie zu verstehen), denn viele Verwandte, Freunde und Bekannte haben uns dies ungewollt vorgeführt. Sie hatten sich nämlich in ähnlicher Situation auch zuerst für ein sinnvolles Vorgehen entschieden, das den Körper unterstützt und das Immunsystem kräftigt. Aber nach den ersten zaghaften Anfängen ließen sie sich dann von aufgeregten Verwandten und Ärzten von ihrem Weg abbringen und zu etwas anderem überreden, was angeblich besser sein sollte. Dies hatte manchmal extrem schlimme Folgen. Wir haben mitansehen müssen, wie Organe verbrannt oder weggeschnitten wurden, die man mit einem lebensfreundlicheren Ansatz hätte retten können. Viele haben Angst deswegen, überhaupt etwas zu unternehmen und schieben eine notwendige therapeutische Intervention auf die lange Bank. Sie vertrauen nicht in die Apparatemedizin, aber sie wissen auch nicht, wohin sonst sie sich wenden können. Sich im Schneckenhaus zu verkriechen, bringt die Krankheit jedoch auch nicht aus der Welt. Letztlich muß man sich ihr stellen. Die Frage ist nur, wie?

Solltest du also ernsthaft krank sein oder seit langem schon unter seelischen und emotionalen Störungen leiden, dann willst du etwas unternehmen. Im Idealfall etwas, was den Körper in dem unterstützt, was der Körper am besten kann – sich selbst heilen. Auch scheinbar emotionale Schwankungen sind manchmal durch ein chemisches Ungleichgewicht im Körper bedingt oder haben ihren Ursprung in falscher Ernährung oder zuviel Streß und deswegen ihre Wurzeln im Körperlichen. Nachdem du also dein Leiden in den vorangegangenen Schritten auf der emotionalen und spirituellen Ebene aufgearbeitet hast, ist jetzt der Augenblick gekommen, daß du ruhig und gelassen deine körperliche Verfassung in Augenschein nimmst.

Widerstand und emotionale Reaktivität

Bevor du wissen kannst, was zu tun ist, brauchst du als erstes ein grundlegendes Verständnis, wie Krankheit in den Körper gelangt und dort schließlich zum Ausbruch kommt. Später werden wir dann die fünf Schlüsselfunktionen zur Wiedererlangung und Aufrechterhaltung einer guten körperlichen und seelischen Gesundheit darlegen.

In unseren Ausführungen zu den vorangegangenen Themen wurde betont, wie wichtig es für dich sein kann, den in deinem Leben sich manifestierenden Umständen offen zu begegnen, ganz gleich wie schwierig oder herausfordernd sie auch erscheinen mögen. Die Fähigkeit zur Offenheit hilft uns enorm, denn unter ihrem Einfluß werden wir den unangenehmen Empfindungen und Gefühlen keinen Widerstand entgegensetzen, die eine Folge von Schmerz und Leiden sind. Indem wir uns ihnen also nicht länger widersetzen, sondern ihre Gegenwart anerkennen, können unsere Gefühle frei durch den Körper/Geist fließen.

Mit anderen Worten: Widerstand unterbricht nicht mehr den Energiestrom unserer emotionalen Reaktionen. Sie verstopfen den Körper nicht mehr, und sie kristallisieren sich auch nicht in ihm.

Die Energie der emotionalen Reaktionen kann frei hindurchströmen und läßt den Körper infolgedessen offen und frei. Paula erklärt deswegen in ihren Reiki-Kursen immer wieder, daß nicht etwa starke Emotionen das Herz schwächen oder einen Infarkt auslösen, sondern daß unser *Widerstand* gegen heftige Emotionen die eigentliche Wurzelursache ist.

Emotionen entstehen im Geist auf der Grundlage unserer Interpretation jeder Erfahrung, die wir machen. Es kommt wirklich ganz darauf an, wie wir unsere Erfahrungen bezeichnen: Je nachdem, ob wir etwas als „wunderbar" oder „schrecklich" einstufen, werden wir emotional auf das „Wunderbare" oder „Schreckliche" reagieren und es als solches erfahren. Wir lösen uns allmählich aus geistiger Verwirrung, je mehr wir erkennen, daß es eigentlich nichts „Gutes" oder „Schlechtes" gibt, daß nichts an sich „phantastisch" oder „elend", „erregend" oder „langweilig" ist. Wir bezeichnen es nur so, und zwar aufgrund der Konditionierung durch unsere eigenen Vorstellungen. Unsere Vorstellungen hören in dem Augenblick auf, uns zu kontrollieren, in dem wir das Leben als ein sich kontinuierlich entfaltendes Geschehen erfahren und wir durchschauen, wie sehr der Geist sich zwischen uns und dieses Geschehen schiebt, indem er alles interpretiert und in eine bestimmte Schublade steckt. Sobald dies einmal wirklich aus der Erfahrung heraus verstanden wurde, werden wir uns immer weniger mit den Emotionen identifizieren, auch wenn der Geist weiterhin emotional reagiert (was er auch weiterhin tun wird, denn er kann ja gar nicht anders). Wir verstehen dann nämlich, daß unsere emotionalen Reaktionen ganz automatisch auftreten, und weil wir ihren Automatismus begreifen, nehmen wir uns selbst und die anderen nicht länger so fürchterlich ernst.

Buddha bezeichnete dieses Phänomen als „bedingtes Entstehen" und stellte fest, daß es grundsätzlich in „Alter, Krankheit und Tod" endet. Er lehrte auch, daß sich die Kette des bedingten Entstehens umkehren und schließlich auflösen läßt. Stell dir einfach nur einmal vor, daß jeder Mensch eine bestimmte Menge reaktiver Energie mit sich herumschleppt (die Buddha „Karma" nannte). Dieses

Karma reibt sich fortwährend an der reaktiven Energie oder dem Karma aller anderen Wesen, mit denen es in Berührung kommt. Manchmal erscheint das Ergebnis dieser Reibung als etwas „Schreckliches", manchmal als etwas „Wunderbares". Im Grunde jedoch passiert weder etwas „Schreckliches" noch etwas „Wunderbares". Es entfalten sich nur alle möglichen Erscheinungen, die letztlich keinen bleibenden Wesenskern, keine Wurzel haben, denn sie selbst sind ausnahmslos an alle möglichen Bedingungen gebunden, ohne die es sie nicht gäbe.

Die Erscheinungen können nur dann Leiden verursachen, wenn wir sie als „gut" oder „schlecht" bezeichnen und uns vorstellen, daß sie auf eine feststehende Ursache zurückgeführt werden können. Sobald wir etwas bezeichnen oder beurteilen, setzen wir uns davon ab. Wir werden das Subjekt, der äußere Umstand oder der andere Mensch zum Objekt. Auf der Ebene von Subjekt und Objekt ist keine bleibende Harmonie und auch keine dauerhafte Lösung möglich, sondern immer nur der Kompromiß. Es bleibt stets ein Rest an Unsicherheit und das Gefühl schleichender Paranoia. Das ändert sich erst, wenn wir die Spaltung von Subjekt und Objekt in der Erfahrung klären. Und dies läßt sich erreichen, indem wir alles direkt fühlen und erfahren, was uns begegnet. Dann fallen alle Urteile von uns ab, denn wir erfahren das Wahre Wesen des Erfahrenden – wie auch das Wahre Wesen seiner Erfahrungen.

Aus dieser höheren Warte begreifen wir allmählich, daß es „Karma" oder unumstößlich festgelegte reaktive Energie eigentlich gar nicht gibt. Es gibt sie nur auf der relativen Ebene des an Bedingungen gebundenen Körper/Geistes. Als die grenzenlose Weite des Bewußtseins oder Buddha-Geistes, auf deren Grundlage sich das Spiel unseres Lebens entfaltet, haben wir kein Karma. Trotzdem müssen wir uns in unserem unbewußten Spiel in unserem Alltag mit unserem Karma befassen, wann immer wir uns mit dem Körper/Geist identifizieren. Für den einzelnen ist es also wichtig, wie der Prozeß des Karma oder der reaktiven Energie sich auf der physischen Ebene auswirkt.

Wie Krankheit sich im Körper festsetzt

Wir haben inzwischen sehen können, welche entsprechenden Reaktionen im Emotionalkörper entstehen, wenn wir auf der mentalen Ebene gewissen Gedanken oder Erfahrungen mit Widerstand begegnen. Die Reaktionen können unter Umständen heftig sein und sich bei zahllosen Gelegenheiten immer wieder in derselben Weise abspielen. Dann werden sie sich im physischen Körper kristallisieren und als Blockade in der Region oder in den Organen absetzen, die der Qualität des Gedankens und seiner reaktiven Emotion entsprechen. Eifersucht, Niedergeschlagenheit und Trauer sind an Angelegenheiten des Herzens gebunden und setzen sich demnach häufig in der Herzgegend und oberen Brustregion ab. Unter Umständen kommt es in Folge dieser Emotionen dort zur Tumorbildung. Wer in Gedanken, Worten und Taten sexuell mißbraucht wurde, kann mit der Zeit an den Sexualorganen erkranken oder an einer anderen Stelle, die mit diesem Mißbrauch zusammenhängt. Unausgesprochene Gedanken (alle die Dinge, die du den kleinen Tyrannen in deinem Leben gern ins Gesicht sagen würdest, wenn der Mut dich nicht verließe) hingegen setzen sich zumeist in der Kehle ab und bilden dort eine zuerst energetische und dann physische Blockierung.

Von den verschiedenen Ansätzen der Körpertherapie wissen wir, daß sie emotionale Blockaden freisetzen können. Es ist deswegen also eine millionenfach durch die Erfahrung bestätigte Tatsache, daß sich bestimmte Gedankenformen im Körper festsetzen und über die fachgerechte Manipulation des Körpers auch wieder in unmittelbare Gefühle umwandeln und durch direktes Fühlen auflösen lassen. Wir wissen auch, daß der natürliche Fluß der Hirn- und Rückemarksflüssigkeit an genau der Stelle gehemmt wird, wo sich im entsprechenden Abschnitt des feinstofflichen Körpers als Auswirkung einer Verletzung des Naturgesetzes des menschlichen Geistes eine Blockade gebildet hat. Mit anderen Worten: Eine Blockierung entsteht, wann immer das Ego (das nicht der eigentliche und natürliche Geist im Sinne unseres Wahren Wesens ist) sich mit irgend etwas identifiziert und ihm sodann mit Widerstand begegnet. Sobald Widerstand ins Spiel kommt, wird jedes Gedanken-, Sprach- oder emotionale Muster die feinstofflichen Strukturen des Körper/Geistes beeinträchtigen und hemmen. Unsere Identifizierung mit unserem Ego (der konditionierten und von vielen Faktoren abhängigen Persönlichkeit) ruft automatisch einen gewissen Widerstand im psychophysischen Gesamtsystem hervor, der sich irgendwo im System niederschlägt und schließlich seinen Zusammenbruch bewirkt. Das geschieht unabhängig davon, ob unsere Identifizierung „positiv" oder „negativ" ist, denn auch die sogenannten „positiven" Identifikationen sind ein Hindernis für den ungehemmten Fluß der Lebensenergie.

Heilige und Weise haben trotz aller Runzeln und Falten oft ein kindliches Gesicht, weil sie sich nicht im selben Maße mit ihrer Persönlichkeit identifizieren wie der gewöhnliche Mensch. Auch in hohem Alter strahlen sie noch Frische und Jugendlichkeit aus. Und in vielen Fällen werden sie nur deswegen krank, weil sie konfliktvolle Energien aus ihrem Umfeld in sich aufnehmen, um auf diese Weise das Leiden der Menschheit zu lindern.

Ein gutes Beispiel dafür ist der letzte Karmapa XVI, ein tibetischer Lama und vollendeter Yogi, der von Mitte der siebziger Jahre bis zu seinem Tod 1981 um die ganze Welt reiste und großzügig Einweihungen in die höchsten Lehren an alle übermittelte, die sie haben wollten. Er starb schließlich in einem Krankenhaus in Chicago an Krebs. In den letzten Lebenswochen konnten seine Ärzte nicht fassen, warum der Mann noch am Leben war, denn sein Körper war bereits vollständig aufgezehrt. Aber er lebte nicht nur, er war trotz der sichtbaren körperlichen Verwüstung quicklebendig und absolut präsent. Er empfing Gäste und gab vom Bett aus weitere Belehrungen und Einweihungen an seine engeren Schüler, die aus der ganzen Welt einflogen, um ihn noch einmal zu sehen. Wissenschaftlich konnte man sich das nicht erklären. Es war wie ein Wunder. Die Entscheidung Karmapas, sein Leben zu verlängern, war eine bewußte Entscheidung.

Die 9 Stufen der Kristallisierung zur Pathologie

In den meisten Menschen geschieht die Kristallisierung von Gedanken und Emotionen und der daraus folgende Verfall des Körpers jedoch vollkommen unbewußt. Die allmähliche Verminderung der Lebensenergie in den einzelnen Organen und Körperteilen vollzieht sich dabei über den folgenden Prozeß:

1. Mentaler Widerstand gegen eine beliebige Lebenserfahrung stellt eine Blockade im Energiekörper auf.

2. Die Blockade oder Krümmung der energetischen Struktur vermindert proportional die Lebenskraft oder Leitfähigkeit in den entsprechenden Körperregionen. Das heißt: Feinstofflicher und physischer Körper werden in exakt dem gleichen Maße blockiert und beeinträchtigt, in dem der Energiekörper bereits blockiert oder verkrümmt ist.

3. Kristallisierungen sind der Endeffekt unterdrückter Gedanken, Worte und Emotionen. Sie treten in demselben Körperbereich auf, von dem die Unterdrückung ausgeht. Jede Zelle unseres Körpers hat ihre eigene Schwingungsfrequenz, die sich dem Einfluß unseres Widerstandes anpaßt.

4. Die Gedankenkristalle werden aus Melaninproteinen im Zellinnern gebildet. Das Melanin reagiert sehr sensibel auf die Energie mentalen Widerstandes und emotionalen Anhaftens (also auf den Input der Ego-Persönlichkeit). Es funktioniert wie ein organischer Computerchip und hat Erinnerungen an Gedanken-, Sprach- und emotionale Muster in sich gespeichert. Infolgedessen wirkt es wie ein sich fortwährend selbst verstärkender Reiz- und Reaktionsmechanismus.

5. Die Kristallisierung blockiert die Zufuhr von Hirn- und Rückenmarksflüssigkeit zu der entsprechenden Körperregion.

6. Dies stumpft die Nerventätigkeit ab. Jede Blockierung der Hirn- und Rückenmarksflüssigkeit führt zu einer Schwächung im Fluß der Elektrolyte, so daß das Zellgewebe sich infolgedessen nicht schnell und vollkommen genug regenerieren kann.

7. Die verminderte Nerventätigkeit vermindert die Durchblutung in der entsprechenden Körperregion.

8. Dies führt zu einer Stauung der Lymphflüssigkeit, und die Negativspirale setzt sich fort: verminderte Versorgung mit Nährstoffen; unvollkommene Abführung von Ausscheidungsprodukten; schwach ernährte Zellen, die an der Last nicht abgeführter Ausscheidungsprodukte ersticken; ständig zunehmende Anhäufung von Ausscheidungsprodukten; Tumorbildung, und so weiter …

9. Auf diese Weise wird der physische Körper zum genauen Abbild der inneren Gedanken-, Sprach- und emotionalen Muster. Wie sagte man früher einmal so treffend: „Der Mensch ist, was er in der innersten Kammer seines Herzens denkt."

Paula konnte die Genauigkeit dieser Information in eigener Erfahrung prüfen, als sie mit John Rays Hauptschüler Doug Morrison *Bodyelectronics* studierte. Das ist ein System ganzheitlicher Heilung, das tiefe Blockaden und sogar genetisch ererbte pathologische Strukturen auflöst, die sich im Körper festgesetzt haben. Zu diesem Zweck arbeitet Bodyelectronics mit spezifischen Druckpunkten und der gezielten Anwendung von Mineralen.

Punkt 8 der Negativspirale in die Pathologie ist in dieser Hinsicht besonders aufschlußreich. Er umschreibt fast alle chronischen Leiden, von der die Menschheit heute befallen ist, und die physiologischen Ursachen für die meisten Krankheiten.

Die 5 Schlüssel zu guter Gesundheit

Fünf Faktoren in der Negativspirale repräsentieren außerdem den jeweiligen Gegenpol zu den 5 Schlüsselelementen zu guter Gesundheit. Die folgende Tabelle stellt sie einander gegenüber. Sie veranschaulicht demnach den krankmachenden Faktor und den Weg zu seiner Beseitigung.

Krankheitsauslöser	Schlüssel zu guter Gesundheit
1. Chronische Unterernährung	Iß dich gesund! (mindestens 50 % Rohkost)
2. Chronische Dehydrierung	Trinke viel! (Quellwasser, Säfte, Kräutertees, und so weiter)
3. Chronische Ausscheidungsschwäche	Faste regelmäßig! Nimm außerdem gelegentliche Darmspülungen vor, um den Ausscheidungstrakt zu reinigen und der Fäulnis im Dickdarm vorzubeugen.
4. Chronische Unterversorgung mit Sauerstoff	Übe soviel du kannst an der frischen Luft und laß dich gelegentlich mit Ozon behandeln, um den Körper von Schwermetallen und anderen Schadstoffen zu entgiften.
5. Chronischer Widerstand gegen den Strom des Lebens (dagegen, daß du offen und unvoreingenommen fühlst, was sich in dir und in deiner Umwelt wirklich abspielt, und wie es dich beeinflußt).	Staune einfach über alles, was dir begegnet und widerfährt, indem du dir gestattest, es wirklich aus tiefstem Herzen zu fühlen!

Gesunde Ernährung – Der erste Schlüssel

Der erste Schlüssel zu guter Gesundheit ist gesunde Kost von hohem Nährwert. Paula hat sich auf diese Weise selbst von drei Tumoren geheilt, und zwar mit Hilfe der sogenannten *Gerson-Therapie*, einer besonderen Form der Rohkostdiät. Sie funktioniert, weil die lebenden Enzyme in ungekochten Speisen die Basis für ein gesundes Immunsystem abgeben und infolgedessen die Selbstheilungskräfte des Körpers stärken. Bis zu seinem Tod 1959 half Dr. Max Gerson Hunderten von Patienten, so daß sie sich mit seiner besonderen Rohkostdiät selbst von fortgeschrittener Tuberkulose, Herzbeschwerden und Krebs heilen konnten. Sein berühmtester Patient war Albert Schweitzer, den er in dessen 75. Lebensjahr von Altersdiabetes heilte. Schweitzer lebte danach noch über 15 Jahre und wurde älter als neunzig. Diese besondere Form der Rohkostdiät hat über Jahrzehnte ohne Nebenwirkungen und Probleme viele verschiedene chronische und infektiöse Krankheiten heilen können. Der Erfolg dabei ist nur eine Frage der Disziplin.

Auch bei depressiven Zuständen zeigt die Ernährung große Wirkung. Dr. Paavo Airola zum Beispiel bediente sich der Ernährungstherapie mit großem Erfolg in Fällen einfacher und klinischer Depression. Er gilt auch heute noch als einer der Pioniere der Ernährungstherapie und alternativen Medizin. Er selbst folgte stets demselben Protokoll: Zuerst kommt eine gründliche Untersuchung mit besonderer Beachtung der Funktionstüchtigkeit des endokrinen Systems und der Glukoseverträglichkeit. Außerdem ließ er den Mineralspiegel über eine Haarprobe testen. Auf der Basis der Ergebnisse empfahl er die Behandlung mit teilweise hoch dosierten Mineralen und Vitaminen zur Kompensierung individueller Mangelerscheinungen.

Paavo Airola war zudem ein Bewunderer von Dr. Benjamin Feingolds Arbeit mit hyperaktiven Kindern. Feingold hatte entdeckt, daß falsche Ernährung in vielen Fällen der auslösende Faktor für Verhaltensstörungen ist. Haltbar gemachte und industriell verarbeitete Speisen mit vielen Zusatzstoffen wie Farb- und Geschmackszusätzen sind häufig die eigentlichen Schuldigen für Hyperaktivität, besonders bei Kindern und Jugendlichen. Auch weißes Mehl und Zucker, im Zusammenspiel mit schädlichen Medikamenten, Allergieerregern und koffeinhaltigen Getränken und Speisen wie Schokolade, Kaffee und Tee tragen dazu bei.

Colagetränke aller Art sind grundsätzlich gesundheitsschädlich und nicht für den menschlichen Genuß geeignet. Ihr hoher Säuregehalt belastet den menschlichen Körper, der von Natur aus basisch ist. Außerdem zieht der Säuregehalt Magen, Bauchspeicheldrüse und Leber in Mitleidenschaft, was zu Magengeschwüren und Diabetes beiträgt und uns generell schlapp und müde macht. Der Körper benutzt seine eigenen Ressourcen, um die Übersäuerung auszugleichen, vor allem ein besonderes Alkalikalziumhydroxid in den Knochen. Dieses kann einen zu hohen Säurespiegel neutralisieren und damit Organschäden vorbeugen. Allerdings um einen Preis: Eine fortwährende Übersäuerung entzieht den Knochen so viel Alkalikalziumhydroxid, daß es zu Osteoporose und Osteomalzie kommt. Nicht von ungefähr sind diese Krankheiten weit verbreitet. Der Körper kann die vielen Geschmacks-, Farb- und Konservierungsstoffe in unserer Nahrung nicht restlos ausscheiden. Was nicht ausgeschieden wird, sammelt sich mit der Zeit und trägt häufig zu verschiedenen Krebserkrankungen bei.

Der hohe Zuckergehalt in Cola- und anderen Brausegetränken überreizt die an der Kohlenwasserstoffverarbeitung beteiligten Drüsen. Dies führt zuerst zu einem kurzfristigen Energieschub, wenn die Kohlenwasserstoffe in den Stoffwechsel gelangen. Dann jedoch erfolgt der Absturz und die Erschöpfung, denn dem Stoffwechsel fehlen plötzlich die körpereigenen Chemikalien, die bei der Zuckerverarbeitung verbraucht wurden. Der Zyklus von kurzfristiger Stimulierung und dem folgenden Stimmungstief führt bei regelmäßigem Colakonsum zu Gemütsschwankungen, Schizophrenie, Konzentrations- und Antriebsschwäche und bei Kindern vor allem auch zu Hyperaktivität.

Jetzt macht man den Eltern von mehr als 7 % der Kinder im schulpflichtigen Alter in Amerika weis, daß sich diese Hyperaktivität mit *Ritalin* behandeln lasse. Ritalin ist eine gefährliche verschreibungspflichtige Droge mit vielen Nebenwirkungen. Wäre es nicht einfacher und gesundheitsfördernder, statt dessen eine Umstellung in den Eß- und Trinkgewohnheiten zu empfehlen? Oder den Kindern die Liebe und Aufmerksamkeit zu schenken, die sie brauchen? In vielen Fällen ließe Hyperaktivität sich darüber hinaus durch eine individuellere Gestaltung und Anpassung des Lehrplans ändern, mit einer Erziehung zu selbständigem und unabhängigem Denken, was in den heutigen Schulen nicht mehr gelehrt wird. Der Wissenschaftsjournalist Jon Rappoport schreibt zum Ritalinproblem: „Heute verschreibt man 800.000 amerikanischen Kindern regelmäßig ein billiges *Speed* namens Ritalin zum Ausgleich einer angeblichen Konzentrationsschwäche. Dabei verursacht Ritalin selbst sowohl Hyperaktivität als auch Depressionen. Bei der Abstellung kann es zu heftigen Entzugserscheinungen kommen, bei der Weiterbehandlung zu Psychosen, wie sie bei Amphetamingenuß häufig auftreten. Ritalin macht unsere Kinder zu Drogenabhängigen." Es ist wirklich traurig, wenn man bedenkt, daß sich all dies sehr einfach durch eine Umstellung auf eine zuckerarme und von chemischen Zusätzen freie Kost vermeiden ließe.

Nährstoffarme Ernährung ist eine der Hauptursachen degenerativer Krankheiten. Schon 1945 warnte das amerikanische Amt für Bodennutzung und -erhaltung: „Die Vereinigten Staaten produzieren mehr Lebensmittel als jedes andere Land in der Welt, und trotzdem leiden laut Dr. Thomas Parren Jr. mehr als 40 % der Bevölkerung an Mangelerscheinungen." In seiner Untersuchung wies Dr. Parren die Ursache dieser Mangelerscheinungen in der Erschöpfung des Mineralspiegels in den landwirtschaftlich genutzten Böden nach. Man kann nur ahnen, wie schlimm die Misere heute ist, über fünfzig Jahre später.

Alle Untersuchungen zum Thema Ernährung deuten darauf hin, daß ein bestimmter Rohkostanteil am täglichen Speiseplan entscheidend ist. Einige Untersuchungen kommen sogar zu dem Schluß, daß sich der Mensch im Idealfall mit 75 % Rohkost und 25 % gekochten Speisen ernähren sollte. Das tun zum Beispiel die *Hunzas* in den Bergen im Norden Pakistans, und sie werden häufig über 100 Jahre alt. Was bei uns heutzutage im allgemeinen auf den Tisch kommt, ist jedoch um vieles schlimmer als eine Umkehrung dieser Proportion. Die meisten Menschen essen mehr als 95 % gekochte und zusätzlich verarbeitete Speisen und nur etwa 5 % Rohkost. Wir dürfen uns deswegen nicht über die weite Verbreitung degenerativer Krankheiten wundern.

Um es auf den Punkt zu bringen: Gekochte und verarbeitete Nahrung ist tote Nahrung – auch wenn es sich um vegetarische Speisen mit Zutaten vom Biohof handelt, die von allen chemischen Dünge- und Schädlingsbekämpfungsmitteln frei sind. Gekochten Speisen fehlen eben grundsätzlich die lebenden Enzyme, die der Körper zur Wahrung der Gesundheit unbedingt benötigt. Wenn du dich wirklich gesund ernähren willst, legst du dir am besten deinen eigenen Garten an und düngst ihn mit Mineralstaub, so daß deine Pflanzen genug Mineralstoffe aus dem Boden ziehen können. Die Ergebnisse werden dich angenehm überraschen. Wo das nicht möglich ist – genieße deine Salate vom Biohof und achte darauf, daß du den Rohkostanteil an deiner täglichen Ernährung erhöhst.

Viel trinken – Der zweite Schlüssel

In unserem hektischen Alltag vergessen wir sehr oft, genug zu trinken. Und was wir trinken, geht uns an die Nieren. Koffein ist ein Gift. Es ist in den meisten Getränken enthalten, die wir zu uns nehmen: in Kaffee, Tee, heißer Schokolade – und natürlich in Colagetränken. Verbunden mit den anderen darin enthaltenen gesundheitsschädlichen Chemikalien und weißem Zucker wird das Gift noch giftiger.

Die angemessene Flüssigkeitszufuhr hat eine simple und einfache Aufgabe: Sie hilft den Zellen, die in ihnen gespeicherten Giftstoffe freizusetzen, spült die Nieren und sorgt dafür, daß alle Systeme des Körpers für ihre reibungslose Funktion stets genug Wasser zur Verfügung haben.

Wir selbst leben in den Tropen. Wir müssen deswegen regelmäßig trinken, denn man schwitzt ja schon, wenn man nur untätig in der Mittagshitze döst. In unserer jetzigen Heimat in Südindien hält die Natur zu diesem Zweck ein schmackhaftes und nährstoffreiches Getränk bereit – den Saft aus der Kokosnuß, der dem Körper zudem viele Elektrolyte zuführt. Wir trinken ihn jeden Tag. Häufig ersetzt er uns die Mittagsmahlzeit, denn wer will in dieser Hitze schon essen? Zu schade, daß heute selbst in südindischen Dörfern die Leute auf die Fernsehreklame hereinfallen und statt Kokoswasser die einschlägig bekannten Brausen trinken, die keine Giftstoffe aus dem Körper spülen, sondern ihn zusätzlich damit abfüllen.

Ganz nebenbei: Wir dürfen unsere chronische Dehydrierung als ein Spiegelbild verstehen, das uns zeigt, was sich im großen auf dem ganzen Planeten abspielt. Alle Wüsten der Erde dehnen sich aus. Riesige Landstriche werden kahl gerodet, etwa die Regenwälder entlang des Amazonas und seiner Nebenflüsse. Es gibt immer weniger gutes Trinkwasser. Die noch vorhandenen Wasserreserven werden systematisch verschmutzt. Dies alles sind Zeichen im planetaren Maßstab dafür, was wir im kleinen unserem eigenen Körper antun. Wir trinken nicht genug, und was wir trinken – ist Gift für uns. Wir verschmutzen und verstopfen unsere Körperzellen, wie wir im großen mit unseren Abfällen und Giften die Erde verschmutzen und zustopfen. Das kann am Ende nur zum Zusammenbruch der Funktionssysteme des Körpers und der Erde führen.

Viele Störungen und Beschwerden lassen sich im voraus vermeiden, wenn du über den Tag verteilt drei Liter reines Quellwasser trinkst und damit sehr viel mehr Gifte als gewöhnlich aus dem Körper spülst. Achte dabei darauf, daß du das Wasser entweder eine halbe Stunde vor dem Essen oder $1^1/_2$ bis zwei Stunden nach der letzten Mahlzeit zu dir nimmst. Probiere es für einige Monate aus, und du wirst erstaunt feststellen, daß reines Quellwasser (frei von Kohlensäure) dich gesünder macht. Du wirst dich außerdem frischer, wacher und lebendiger fühlen. Reichliches Wassertrinken ist den Versuch wert, auch wenn es sich in den ersten Tagen wegen der ungewohnten Flüssigkeitsmenge ein wenig seltsam anfühlt. Bedenke außerdem, daß es sich hierbei nicht um eine befristete Kur handelt, sondern um eine Maßnahme, die du dir für den Rest deines Lebens zur guten Gewohnheit machen kannst.

Ein sauberer Darm – Der dritte Schlüssel

Der dritte Schlüssel zu guter Gesundheit ist ein sauberer Ausscheidungstrakt. Auch wenn du regelmäßigen Stuhlgang hast, wird der Darm verstopft und sich an einigen Stellen weiten und infolgedessen Nistplätze bilden, wo sich Fäulnis festsetzen kann, vor allem wenn du, wie heute üblich, viele ölige und gebratene Speisen verzehrst und reichlich weißen Zucker konsumierst.

Das beste Gegenmittel ist periodisches Fasten, wie Paula und ich es regelmäßig zweimal im Jahr 10 bis 12 Tage tun. Dies löst die Ablagerungen von Speiseresten im Darm auf und beugt krankhaften Veränderungen vor. Zum Thema Fasten gibt es viele gute Bücher. Wir halten uns an die Tips von Stanley Burroughs in *Healing for the Age of Enlightenment*, wo er das Fasten mit einer Mischung aus Zitronensaft, Cayennepfeffer und entweder Ahornsirup oder dem Saft aus roh gepreßtem Rohrzucker beschreibt (weißer Zucker und Honig sind dabei absolut zu vermeiden). Paavo Airola ist ein anderer guter Autor. Drei seiner zahlreichen Bücher geben viele nützliche Hinweise zum Fasten, und zwar: *How to Keep Slim, Healthy, and Young with Juice Fasting; Are You Confused?* und *There Is a Cure for Arthritis*. Der letzte Titel beschäftigt sich speziell mit dem Heilfasten bei rheumatischer Arthritis.

Viele Überlieferungen und Kulturen arbeiten seit vielen Jahrtausenden mit Heilfasten zur spirituellen, seelischen und physischen Revitalisierung und Entgiftung des Körper/Geistes. Im Griechenland und Rom des Altertums war Fasten weitverbreitet, wie auch bei den Druiden Nord- und Westeuropas. Die amerikanischen Indianer kennen zahlreiche verschiedene Fastenzeremonien, und aus den vorhandenen Aufzeichnungen wissen wir, daß man im Nahen Osten, in Ägypten, Babylonien, China und Indien zu verschiedenen Zwecken fastete. Hippokrates, der Urvater der westlichen Medizin, empfahl Fastenperioden bis zu sieben Tagen.

Der deutsche Arzt Dr. Otto Buchinger heilte sich selbst durch ein 28tägiges Wasserfasten von einer schweren Arthritis in beiden Knien, welche ihn in seiner Jugend stark behindert hatte. Fasten wirkt nach einem einfachen Prinzip: Sobald man dem Körper die Nahrungszufuhr entzieht, beginnt er seine eigenen Reserven aufzuzehren. Zuerst ernährt er sich von den in den Muskeln gespeicherten Zuckern. Sind diese aufgebraucht, lösen bestimmte Enzyme im Blut alle Reststoffe auf, die sich im Körper abgelagert haben. Die vermehrte Flüssigkeitszufuhr aus körpereigenen Quellen durchspült alle Zellen und trägt zur Verflüssigung vorhandener Verhärtungen bei. Cholesterin und andere Ablagerungen wie Chlor, Kalziumkarbonat und Harnsäure werden eingeschmolzen und vom Körper als Nährstoffe verbrannt. Es dauert gewöhnlich drei Tage, bis der Stuhlgang aufhört, und erst dann beginnt das eigentliche Fasten und entfaltet seine tiefgreifende Heilwirkung.

Fasten heißt nicht hungern. Der Körper hat viele Nährstoffe in Reserve, die für eine ganze Weile reichen; bei Fettleibigkeit sogar noch länger. Wir haben Freunde, die mit gutem Ergebnis bis zu 40 Tagen gefastet haben! Nach unserer eigenen Erfahrung reicht eine einmalige Fastenperiode von sieben bis zehn Tagen pro Jahr. Zwei Fastenperioden von derselben Dauer in Frühjahr und Herbst sind allerdings noch gesünder. Nach Einstellung der peristaltischen Bewegung am dritten Fastentag empfehlen wir zur Reinigung die maschinelle Spülung des Dickdarms (eine Weiterentwicklung des altbewährten Klistiers). Es hilft aber auch, wenn du selbst während deiner Fastenperiode an jedem zweiten Tag einen Einlauf vornimmst.

Die Sättigung der Zellen mit Sauerstoff – Der vierte Schlüssel

Der vierte Schlüssel zu guter Gesundheit ist die Sättigung des Körpers mit Sauerstoff. 1931 erhielt Dr. Otto Warburg den Nobelpreis für Medizin für seine bahnbrechende Entdeckung, daß Sauerstoffmangel in den Zellen der Hauptverursacher aller Krebsformen ist. 1944 erhielt er als bisher einziger Mediziner einen weiteren Nobelpreis für zusätzliche Forschungen auf demselben Gebiet. Ist es dann nicht seltsam, daß Ozontherapie (die den Körper ja mit zusätzlichem Sauerstoff sättigt) trotz solcher ehrwürdigen Forschungsergebnisse von den Medien und in der heutigen medizinischen Forschung totgeschwiegen wird? Und dies trotz ihrer nachweislichen Erfolge in der Krebsbehandlung seit über siebzig Jahren?

Einen Hinweis auf die Gründe finden wir in der Rezeption der statistischen Untersuchungen des deutschen Bio-Statistikers Ulrich

Abel. Abel publizierte 1990 ein Buch mit dem Titel *The Chemotherapy of Advanced Epithelial Cancer*. Zu diesem Zweck überprüfte er die Ergebnisse in den Berichten aller orthodoxer Krebsstudien in Deutschland und durchkämmte die wissenschaftliche Literatur auf die gelieferten Erfolgszahlen. Danach kam er zu einem niederschmetternden Ergebnis: „Für die große Mehrzahl aller Krebsformen läßt sich nicht nachweisen, daß die chemotherapeutische Behandlung für Patienten im fortgeschrittenen Stadium der Krankheit die Überlebenschancen oder die Lebensqualität steigert." Laut Abels Studie trifft dies auf 70 % – 80 % der tödlichen Krebsformen zu! Das Nachrichtenmagazin *Der Spiegel* widmete dem Buch damals einen ausführlichen Artikel. Die amerikanische Presse unterdrückte jede Meldung, und sein Buch wurde in den Vereinigten Staaten vollkommen totgeschwiegen. Folge der Geldspur, und du weißt, warum! Aus ähnlichen Gründen hört man so gut wie nichts von Ozontherapie. Es liegt wohl daran, daß Ozon nicht patentierbar ist. Infolgedessen läßt sich damit auch nicht so unvorstellbar viel verdienen wie mit Medikamenten.

Aber was ist eigentlich Ozontherapie, und wie wirkt sie? Ozon (O_3) ist eine lose Verbindung aus O_2 und O_1. Bei seiner therapeutischen Anwendung unterstützt der Sauerstoff des O_2 die gesunden Blutzellen. Das freie Radikal O_1 hingegen wirkt wie ein Staubsauger, der alle toxischen Zellen „auffrißt" – also Krebszellen, krankheitsverursachende Bakterien, Pilzzellen und *ausnahmslos alle* Viren, einschließlich HIV.

In Kuba hat sich die Ozontherapie durchgesetzt, und man behandelt mit ihr sehr viele Krankheiten. Deswegen gibt es in der kubanischen medizinischen Literatur sehr viele Fallstudien und ausgezeichnete Behandlungsprotokolle für die verschiedensten pathologischen Zustände. In dieser Hinsicht hat sich sogar das von den Vereinigten Staaten gegen Kuba verhängte Handelsembargo als ein Segen erwiesen, denn es hat ja auch viele krankmachende Medikamente von der Insel ferngehalten. Viele an HIV und Krebs erkrankte Amerikaner und Kanadier fliegen deshalb jetzt jedes Jahr nach Kuba, um sich dort einer Ozontherapie zu unterziehen, die ihnen vielleicht nicht nur das Leben verlängert, sondern obendrein ihre Lebensqualität steigert. Tatsache ist, daß der Durchschnittskubaner wesentlich gesünder ist als der Durchschnittsamerikaner. Selbst die Sterblichkeitsrate bei Neugeborenen ist dort niedriger als in den Vereinigten Staaten!

Überraschen wird außerdem, daß laut Statistik der Durchschnittsamerikaner heute weniger gesund ist als der Durchschnittsamerikaner vor 70 Jahren – und dies bei Ausgaben für das Gesundheitswesen, die bereits 1994 die Grenze von 1 Billion Dollar (oder 1000 Milliarden Dollar!) überschritten und laut Statistik 1999 bei über $1^{1}/_{2}$ Billionen Dollar im Jahr lagen! Trotzdem waren die Menschen 1930 gesünder als heute. Vielleicht sollten wir es umgekehrt formulieren: Die Menschen waren früher gesünder, weil es weniger Medikamente gab und folglich auch weniger Medikamente eingenommen wurden.

Es ist wirklich schade, daß das moderne Gesundheitswesen nur wenig zur Gesundheit der Menschen beiträgt. Aber das hat auch eine gute Seite, denn immer mehr Menschen hören zum Beispiel von Ansätzen wie Ozontherapie – mit dem Ergebnis, daß sechs weitere Bundesstaaten in den USA die Ozonbehandlung als Therapieform offiziell anerkannt haben, auch wenn diese Nachricht nicht in die Medien gelangte. Ozontherapie ist demnach jetzt in insgesamt elf Bundesstaaten akzeptiert. Wenn wir davon nichts hören, brauchen wir uns nicht zu wundern, denn wir wissen ja, wem die Print- und anderen Medien gehören. Folge der Geldspur, und du wirst sehen, warum in Talkshows und Dokumentarbeiträgen so wenig von alternativen Ansätzen im Gesundheitswesen die Rede ist und warum vor allem die wirksamsten Methoden stillschweigend übergangen werden.

Ozon ist eine Naturerscheinung. Sie tritt zum Beispiel nach Gewittern auf. Ozon macht sich auch im frischen Duft nach einem Blitzschlag bemerkbar, oder man kann ihn an Wäschestücken riechen, die im Freien zum Trocknen aufgehängt waren. Seine Herstellung zu therapeutischen Zwecken ist im Prinzip denkbar simpel. Man verbindet eine Flasche mit Sauerstoff von medizinischer Qualität mit einem Ozongenerator. Der besteht aus zwei Metallplatten. Eine ist positiv, die andere negativ elektrisch geladen. Sobald der Sauerstoff zwischen ihnen hindurchfließt, produziert die Ladung ein zusätzliches Sauerstoffmolekül, und aus O_2 wird O_3.

Die Anwendung ist jedoch eine Kunst, denn jeder pathologische Zustand erfordert eine andere Dosierung und Behandlungsdauer. Eine durchschnittliche Behandlung dauert 3 bis 20 Minuten. Ed McCabe gibt in seinem Buch *O2Xygen Therapies* die Obergrenze für die Dosierung mit 5 Teilen Ozon auf 95 Teile Sauerstoff an. Hohe Konzentrationen kommen zur Desinfektion und Reinigung zur Anwendung. Niedrige Konzentrationen werden eingesetzt, wenn das Hautwachstum und andere Heilprozesse gefördert werden sollen.

Ozon ist indiziert bei: Staphylokokken, Verbrennungen, Pilzbefall, durch Bestrahlung verursachte Verbrennungen, Herpes, Gangrän und einer Vielzahl anderer Beschwerden. Es kann in verschiedener Form zur Anwendung kommen, zum Beispiel: die kleine und große Blutreinigung; die direkte Injektion in die Muskeln; das Trinken von ozonhaltigem Wasser; die rektale Insufflation; Ozonbäder und ozonhaltige Salben. In Deutschland arbeiten zur Zeit etwa 7.000 Ärzte mit Ozontherapie und zusätzlich an die 15.000 Heilpraktiker. Aufgrund ihrer langen Tradition und Geschichte sind außerdem die meisten wissenschaftlichen Arbeiten zum Thema Ozontherapie in deutscher Sprache erschienen. Millionen von Menschen sind im Laufe der letzten sieben Jahrzehnte mit Erfolg behandelt worden. Trotzdem erfährt man in den Medien und in der Öffentlichkeit so gut wie nichts darüber. Wenn man mehr lernen will, muß man ins Internet gehen.

Aber es gibt auch einen uns allen offenen Zugang zu den Heileigenschaften von mehr Sauerstoff im Blut, nämlich körperliche Übung. Im gesunden Menschen versorgt körperliche Übung die Zellen des Körpers mit zusätzlichem Sauerstoff, und wenn du darüber hinaus ordentlich ins Schwitzen kommst, wirst du auch eine Menge Giftstoffe ausscheiden. Frische Luft ist ein Grundbedürfnis und daher für die Gesundheit wesentlich. Über den langen Zeitraum der Evolution des menschlichen Körpers auf unserem Planeten betrug der Sauerstoffanteil in der Atmosphäre bis vor kurzem um die 38 %. Jetzt beträgt er in Wäldern und in der freien Natur gerade einmal 13 % – 14 % und in Großstädten nur 11 %. Wir alle leiden an Sauerstoffmangel. Wir bekommen einfach nicht genug von diesem Stoff, den wir zur Ernährung unserer Zellen und zur Freisetzung von Giftstoffen unbedingt brauchen. Deswegen ist eine Reihe von drei bis fünf Ozonbehandlungen zweimal im Jahr zur prophylaktischen Gesundheitsfürsorge sehr zu empfehlen.

Kindliches Staunen – Der fünfte Schlüssel

Der fünfte Schlüssel zu guter Gesundheit ist die Entwicklung unserer Fähigkeit zum Staunen. Das Gefühl der Ehrfurcht aus der Tiefe unseres Herzens für alles Geschehen und alle Erscheinungen setzt einen Impuls, der die Gefühle fließen läßt, welche wir zumeist unbemerkt mit uns herumschleppen. Staunen verhilft uns zu kindlicher Offenheit, und durch sie können wir uns die dem Leben innewohnende wahre Freude erschließen. Jeder Augenblick ist ein guter Augenblick, um damit zu beginnen. Wenn du zum Beispiel feststellst, daß du nach allen möglichen neuen Reizen und Formen der Zerstreuung suchst, die dich vom Leeregefühl und der Verwirrung ablenken sollen, die von der heutigen Gesellschaft ausgehen, dann kannst du dir einen Schubs geben und selbst diese Verwirrung noch mit Staunen in dir fühlen.

Überall hat sich heute die Einstellung breitgemacht und macht uns zunehmend konfuser, daß man „das alles ja schon gesehen, getan und erlebt hat" – daß es also nichts Neues gibt unter der Sonne. Die vorhandene Informationsschwemme zu allen Themen und Belangen unseres Lebens verleitet uns zu der irrigen Annahme, daß wir bereits alles wissen und erfahren haben. Das ist natürlich ein Trugschluß, denn in Wahrheit sind unsere Erkenntnisse und die Reichweite unserer Erfahrungen äußerst begrenzt. Sie halten sich im Bereich einer strengen gesellschaftlich sanktionierten Norm.

Selbst die leichte Zugänglichkeit tiefgründiger spiritueller Schriften und Wahrheiten ist ein zweischneidiges Schwert. Einerseits bekommt man jetzt ohne Schwierigkeit Einblick in Informationen, die früher denen vorbehalten waren, die bei einer Meisterin oder einem Meister eine langjährige Schulung durchliefen. Man kann also relativ leicht finden, was früher nur unter Schwierigkeiten zugänglich war. In diesem Sinne können solche tiefgründigen Schriften und ihre Wahrheiten ein Wegweiser für uns sein, der uns in die richtige Richtung verweist. Liest man sie hingegen aus simpler Neugier ohne innere Sehnsucht und ohne die innere Motivation, ihre Inhalte im eigenen Leben zu verwirklichen, dann verleiten sie uns zu der falschen Annahme, daß wir bereits alles verstanden haben. Das Gegenteil ist der Fall. Wir haben nichts oder nur wenig verstanden. Gewisse Lehren lassen sich nämlich nur dann wirklich ins eigene Sein integrieren und mit Leben erfüllen, wenn wir uns die Mühe machen, den damit verbundenen Übungsweg zu durchlaufen. Dafür ist die Unterstützung einer selbstlosen Meisterin oder eines selbstlosen Meisters häufig unerläßlich. Ohne sie bekommen wir nicht einmal eine Ahnung, worum es eigentlich geht, denn wir werden nie in der Lage sein, über den Schatten unserer Konditionierung zu springen.

Darüber hinaus ist vieles zu spirituellen Themen Geschriebene und Veröffentlichte reine Schaumschlägerei. Es kommt geradewegs aus dem Ego der Autoren und wird die Leser deswegen zusätzlich verwirren. Was aus dem Ego kommt, muß verwirrend sein, weil es nur das Ego ansprechen und fett machen kann. Das Ego aber ist schlechthin die personifizierte Verwirrung – was man im Buddhismus als „Unwissenheit" bezeichnet: die Wurzel allen Leidens. Wenn wir nämlich nicht erkennen, wer wir im Grunde unseres Wesens eigentlich sind, können wir nur in die Irre gehen. Alle unsere Schritte und Versuche beruhen dann auf einem fehlgeleiteten Selbstverständnis. Falsche Annahmen aber führen stets zu falschen Schlüssen.

Hingabe ist ein notwendiger Faktor für jede spirituelle Übung. Das Wort wird jedoch leider zumeist mißverstanden, und zwar im Sinne einer Hingabe an eine äußere Autorität. Das ist nicht Hingabe, sondern Selbstaufgabe. Wir wollen uns aber nicht aufgeben.

Vielmehr wollen wir uns finden. Wenn es etwas aufzugeben gilt, dann höchstens unsere falschen Vorstellungen von uns selbst und der Welt, die uns künstlich begrenzen. Unter diesem Aspekt macht Hingabe an eine äußere Autorität also nur dann Sinn, wenn diese äußere Autorität uns in unserem wahren Sein zu spiegeln vermag. Nur wenige Menschen werden dies für uns leisten können.

In Zusammenhang unserer Ausführungen verstehen wir Hingabe deswegen besser in dem Sinn, daß wir uns unserem eigenen kindlichen Staunen hingeben – der unbedingten Freude am Dasein. Für den westlich geschulten Geist ist das schwer zu begreifen, aber keineswegs unmöglich. Wir brauchen nur unsere Einstellung ein wenig zu verschieben. Anstatt uns einzubilden, daß wir alles schon wissen und erfahren haben, begegnen wir jedem Augenblick unseres Lebens mit kindlichem Staunen. Nichts ist wirklich so, wie es schon immer angeblich gewesen sein soll – nur unsere eigenen festgefahrenen Vorstellungen. Jeder Augenblick ist neu und jede Erfahrung die erste Erfahrung. Hingabe an unser eigenes Leben und Wahres Wesen heißt also, daß wir uns nur mit authentischem Fühlen und unmittelbar Erfahrenem zufriedengeben – und nicht mit schalen sekundären und abgeleiteten Gedanken und Meinungen.

Wenn du dich das nächste Mal in einem Gefühl der Verwirrung und schleichenden Unzufriedenheit ertappst, entscheide dich einfach, dein Heil nicht in äußerer Ablenkung zu suchen, sondern in der direkten Erkundung des grenzenlosen Raumes, der in dir liegt. Erkunde das Glück in dir, das nur darauf wartet, daß du es endlich bemerkst. Der erste Schritt in diesem Prozeß ist die Fähigkeit, wieder wie ein Kind zu staunen. Okay, wie gesagt, nehmen wir einmal an, du bist verwirrt oder unzufrieden. Anstatt der äußeren Situation oder deinem inneren Seelenzustand nun wie gewöhnlich mit Angst oder Widerstand zu begegnen, betrachte sie einmal ehrfürchtig staunend. Laß ein Lächeln um deinen Mund spielen, auch wenn dies zuerst ein bißchen gekünstelt anmutet. *Und dann fühle dich lächeln!* Dein ganzer Körper und alle deine Zellen werden zu diesem Lächeln, das du fühlst! Dann öffne deinen Mund ganz weit und sage laut und vernehmlich, aus der Tiefe deines Herzens: „Ahhhh!", wobei du außerdem beide Arme weit öffnest und zu beiden Seiten ausstreckst, so daß auch deine Brust sich weitet.

Unvoreingenommen und freudig erregt schaust du dir nun an, was im Augenblick abläuft, als ob du dich an einen Traum erinnertest. „Wirklich unglaublich, was ich hier kreiert habe!" Die veränderte Perspektive wird überraschende Gefühle und Einsichten hervorrufen. Was genau du erfahren wirst, läßt sich nur schwer in Worte fassen. Es reicht, wenn du feststellst, daß Dumpfheit und Verschwommenheit verschwinden werden und etwas anderes an ihre Stelle treten wird. Das wird unweigerlich immer dann geschehen, sobald du dich aus der Rolle des Opfers und Spielballs äußerer Umstände freimachst und statt dessen anerkennst, daß du ja eigentlich der Schöpfer deiner Lebensumstände bist – und zwar durch die Einstellung, mit der du ihnen begegnest.

An diesem Punkt willst du besonders wachsam bleiben. Sofort wird sich nämlich wieder der Verstand zu Wort melden, und alle deine alten Reaktionsmuster tauchen auf. Mit ihren Interpretationen und Erklärungen wollen sie dich geschwind nach „Dumpfstadt" zurückverfrachten, damit auch ja alles beim alten bleibt und du nicht aus ihrem Gefängnis entkommst. Sobald du diese Tendenz der Zuflucht in alte Denk- und Verhaltensschablonen bemerkst, konzentriere dich locker auf die höhere Intelligenz deines Herzens und beobachte die Manipulationsversuche deines Verstandes urteilslos und mit Staunen. Wache Bewußtheit kann die Spiele des Geistes mühelos durchschauen. Sie wird sich nicht zum Narren halten lassen.

Diese klare unvoreingenommene Bewußtheit trägst du stets in dir. Du brauchst sie nur aufzurufen. Du brauchst nur zu fühlen, was Augenblick für Augenblick geschieht. Mit ein wenig Wachsamkeit kannst du dich dann zu einer radikal anderen Seinsweise erziehen, für die jeder Augenblick ein neuer Augenblick ist.

Unabhängig von deinen momentanen Lebensumständen beschließt du, von heute an jedem neuen Tag mit Staunen zu begegnen. Staune über deine eigene Freude; staune über deine Niedergeschlagenheit, deine Trauer, deine Wut und über alle die anderen Tricks und Zustände, mit denen dein Geist sich selbst unterhält. Nimm alles wahr, fühle alles, aber bleibe nicht daran hängen. Du kannst dich auf diese Weise im wahrsten Sinne des Wortes frei *fühlen!* Du kannst dich durch Fühlen aus Festgefahrenheit und Verworrenheit befreien! Es eröffnet sich dir infolgedessen eine ungeteilte Daseinsfreude, und diese wiederum vertieft dein Mitgefühl – für dich selbst und für alle anderen Wesen und Erscheinungen. Auf der Grundlage des Mitgefühls wirst du dich in jeder Lage befreit und ausgeglichen fühlen.

Wahrhaft Verantwortung wahrnehmen

Sobald du dich für dein Leben verantwortlich fühlst, die Dinge selbst in die Hand nimmst und dich im Krankheitsfall für eine Form der Behandlung entscheidest, welche die fünf Schlüssel zu guter Gesundheit beachtet, wirst du dich sehr bald sehr viel wohler in deiner eigenen Haut fühlen. Wir haben auf dem gedrängten Raum dieses kurzen Kapitels nur wenige Methoden gestreift. Die Palette der vorhandenen Behandlungsmöglichkeiten ist sehr viel größer. Unter anderem gehören dazu: westliche allopathische Medizin; Ayurveda; traditionelle chinesische Medizin; Körpertherapie; Chiropraktik; Chelat-Therapie (besonders hilfreich bei Diabetes und Gefäßkrankheiten); Homöopathie; Hydrotherapie; Kräutermedizin; und sogar Urintherapie, die erstaunliche Ergebnisse zeitigen kann, denn sie führt deinem System körpereigene antibiotische Stoffe zu.

Die von uns unterbreiteten Vorschläge sollen deine Wahl keinesfalls begrenzen. Sie sind im Gegenteil dafür gedacht, dich zu eigener Informationssuche anzuregen. Solltest du dazu mehr Tips und Hinweise brauchen, schau unter der Rubrik „Quellen" am Ende des Buches nach.

Kapitel 7

Umfange,
was dir Schwierigkeiten bereitet!

Liebe

Liebe ist Zuneigung. Liebe ist Zärtlichkeit. Liebe ist Leidenschaft. Unsere Sorgen sind nicht länger ein Problem, wenn wir sie zärtlich ans Herz drücken wie eine Mutter ihr Kind. Sie sind uns dann lieb wie unsere Kinder, deren Fehler wir ohne Urteil hinnehmen. Wir geben ihnen den nötigen Spielraum, daß sie über sich selbst hinauswachsen können, bis ihre Widerborstigkeit dahinschmilzt. Mit etwas Übung und Bewußtheit können wir sogar lernen, uns selbst in den größten Schwierigkeiten noch mit Leidenschaft in den Tanz der erleuchteten Energien zu werfen. Von den Flammen der Liebe umfangen, kommt alles in Fluß und wird frei. Denn alles ist dann der befreite und immer weiter befreiende Tanz des Selbst.

Laß die Phänomene sich austoben.
Laß die Phänomene sich selbst zum Narren halten.
Das ist unser Ansatz.

– CHÖGYAM TRUNGPA –

Wir haben angesprochen, wie sehr unser Widerstand zum Fortbestand unserer Krankheit oder unseres Unbehagens beiträgt. Einer der schnellsten Wege aus dem Kreislauf dieses Widerstandes besteht darin, daß wir offen umfangen, wogegen wir uns bisher gewehrt haben.

Das heißt, wir umfangen unseren Widerstand wie eine Mutter, die ihr Baby in die Arme nimmt, das laut aufschreiend gegen seine neue und ungewohnte Umgebung protestiert. Wir wollen uns der Ursache unserer Schwierigkeiten annehmen – Krankheit, Depression oder die normalen Enttäuschungen eines unbewußt dahingelebten Lebens bewußt wahrnehmen, denn sie alle brauchen zu ihrer Auflösung unsere Zuneigung und Liebe. Die Erscheinungen dieser Welt sind ausnahmslos vergänglich. Nichts dauert ewig, keine Krankheit und keine negative seelische Verfassung.

Wir können den natürlichen Heilprozeß unterstützen: indem wir uns bemuttern und uns die Liebe gewähren, die wir brauchen; indem wir weinen, wenn uns nach Weinen zumute ist; indem wir unserer Freude Ausdruck verleihen; und indem wir uns gelegentlich einen ganzen Tag für uns selbst Zeit nehmen. Zeit für uns selbst wird vor allem in herausfordernden Übergangsmomenten gebraucht, wenn wir uns aktiv an notwendige Veränderungen in unserem Leben heranwagen.

Wenn du einmal vollkommen verstehst, daß deine Lebensumstände irgendwie mit deinem eigenen Verhalten und deinen vergangenen Handlungen zu tun haben, kannst du sogar dankbar dafür sein, daß sich der Kreis jetzt schließt. Du weißt ja: Jede Handlung verursacht eine entsprechende Reaktion. Diese Kette kann sich über viele Leben fortsetzen, wie das Beispiel der Kopfschmerzen von Buddha in einem früheren Kapitel treffend veranschaulicht hat. Wenn wir uns gegen die jetzt auf uns zukommenden Wirkungen früherer Taten wehren und uns mit Widerstand dagegen stemmen, dann werden sie nur um so übermächtiger und sich obendrein vermehren. Am Ende werden wir wie ein Magnet dieselben Konsequenzen in neuer Verkleidung und unter etwas anderen Umständen auf uns ziehen. Unangenehm bleiben sie jedoch allemal.

Wir tun uns deswegen selbst den größten Gefallen, wenn wir die widrigen Umstände in unserem Leben nehmen, wie sie kommen. Erstens sind sie ein Weckruf zu größerer Bewußtheit, und zweitens unterbrechen wir damit den Teufelskreis von Ursache und Wirkung. Es befreit uns, und wir erweitern unseren Handlungsspielraum, wenn wir auf widrige Umstände zugehen und sagen: „Liebes Universum, vielen Dank, daß du mich jetzt vor diese Herausforderung stellst, damit ich die Lektion endlich begreife."

Du wirst nie unter einer Wirkung leiden müssen, die du nicht in irgend einer Weise mitverursacht hast. Mit anderen Worten: Alle deine Erfahrungen sind ein Spiegel deiner eigenen vergangenen Handlungen. Wir alle haben „Gutes" und „Böses" getan, auch wenn es letztlich kein „Gut" und „Böse" gibt. Anstelle von „guten" und „bösen" sprechen wir von nun an deswegen besser von bewußten und unbewußten Handlungen.

Handlungen, begangen in vollkommener Bewußtheit, hinterlassen kein Karma und erzeugen keine Wirkung. Wenn du fühlst, wer du wirklich bist, gibt es keine Grenzen mehr. Wahres Wesen ist nie geboren und wird nie sterben. Wie sollte es Karma geben in dieser grenzenlosen offenen Weite?

Karma, also „Gut" und „Böse", „positiv" und „negativ" ist begrenzt und kann sich nur im Wirkungsfeld des Begrenzten entfalten. Alle unbewußten Handlungen sind karmische Handlungen, begangen im Schlaf der fehlgeleiteten Identifizierung mit einem vom übrigen Sein abgespaltenen „Selbst". Wenn immer wir uns als ein solches begrenztes handelndes Subjekt verstehen, sind unsere Handlungen die Ursache für eine spätere Wirkung. Da wir in diesem Sinne im Verlauf vieler Wiedergeburten sowohl „positiv" als auch „negativ" gehandelt haben, werden uns die Wirkungen dieser Handlungen irgendwann ereilen. Wir wissen aber nicht, wann. Auch liegt die Ursache häufig so weit zurück, daß wir sie längst vergessen haben.

Wir können uns auf diese zyklisch wiederkehrenden widrigen Umstände vorbereiten, indem wir sie als Lernerfahrungen willkommen heißen, die uns am Ende seelisch stärker machen. In einem Satsang mit meinem Meister Papaji ging mir einmal schlagartig ein Licht auf, und ich sagte ihm: „Die vielen Herausforderungen in meinem Leben waren wirklich ein Segen. Sie haben mir immerhin geholfen, soweit aufzuwachen, daß ich dich finden konnte." Natürlich antwortete er darauf nicht, sondern blinzelte mich nur verschmitzt lächelnd an.

Heute ist mir klar, daß mir auf meinem Weg weniger die Herausforderungen an sich geholfen haben, sondern die innere Einstellung, mit der ich ihnen begegnet bin. Im Hintergrund schwang immer das Wissen mit, daß auf der Welt schon alles gut ist und seine Richtigkeit hat und jede Schwierigkeit gemeistert werden kann, auch wenn es manchmal nicht so aussehen mag. Aber dazu gehört die unbezähmbare Entschlossenheit einer Tigerin. Wenn auch nicht direkt und offensichtlich, weiß ich doch immer, „daß ich für ausnahmslos alle Umstände und ihre Wirkungen verantwortlich bin, die ich in meinem Leben magnetisiere".

Mit der Einstellung der Eigenverantwortung für unsere Erfahrungen fällt uns das bereitwillige Annehmen sehr viel leichter, und wir können alles wie mit offenen Armen umfangen. Widrige Umstände verwandeln sich dann in eine Gelegenheit zur Läuterung unheilsamer Handlungen aus der Vergangenheit. Altes Karma löst sich vollkommen auf, so daß es sich niemals mehr wiederholen wird. Vielleicht vergessen wir dann auch nicht mehr, daß jede Handlung ihre unweigerlichen Konsequenzen schon in sich birgt. Dieses Gewahrsein steigert unsere Achtsamkeit, so daß wir uns von nun an vorher überlegen, was wir tun.

Die Frage ist, wie hast du deine Verantwortung bisher wahrgenommen? Zum Beispiel: Hast du zumeist andere für dich entscheiden lassen und bist ihren Vorschlägen gefolgt? Oder hast du dich zuerst sachkundig gemacht und aufgrund deiner Feststellungen deine eigenen Entscheidungen getroffen? Glaubst du deinem Arzt alles, was er dir sagt? Oder den sogenannten Experten, die es ja wissen müssen? Oder hörst du manchmal auf deine innere Stimme? Hast du das Herz einer Löwin und wirst dich dem Kampf stellen? Willst du wirklich leben, auch wenn du todkrank bist? Wirklich? Und warum? Welchen Sinn soll dein Leben haben? Was willst du damit erreichen? – Deine Entscheidungen jetzt werden dein Handeln bestimmen, dein Handeln schafft Karma, „gutes" wie „schlechtes", je nachdem. Nur du kannst über die Folgen entscheiden.

Letztlich ist deine Einstellung grundsätzlich wichtiger, als es deine Lebensumstände sind. Stell dir zwei Kinder vor. Beide wachsen unter den gleichen unglücklichen Bedingungen auf. Das eine meistert später sein Leben, findet Glück und Erfolg. Das andere versinkt in Wut und Haß und will sich immer nur für das vermeintliche Unrecht rächen. Eine Ursache, zwei ganz verschiedene Wirkungen. Der entscheidende Unterschied liegt in der Einstellung.

Eine positive, eigenverantwortliche Einstellung weiß aus allem das Beste zu machen. Für sie ist das Feuer widriger Umstände nur ein Test, eine Möglichkeit zur weiteren Vertiefung und Verfeinerung. Wer eine Gefahr meistert, hat wahrscheinlich schon in einem früheren Leben gelernt, daß eine negative Einstellung nichts bringt und deswegen gar nicht erst in Frage kommt. Im Grunde hast du nur eine Wahl: das Geschenk der Bewußtheit zu akzeptieren, die dich aus dem gefährlichen Ozean der Täuschung von Negativität und Leiden herausführt.

Tatsache bleibt: Dieses Geschenk ist immer in uns präsent. Es wartet nur darauf, daß wir es bemerken. Bewußtheit ist allen Menschen in gleichem Maße zugänglich, aber nicht alle folgen ihrer stummen Einladung. Vielleicht bist du jetzt an diesem Punkt. Vielleicht kann die folgende Anekdote dich inspirieren, auf deine innere Stimme zu hören und dein Leben mit allen seinen Umständen wie mit offenen Armen zu umfangen.

Als ich 13 war, ging es mir wie vielen Mädchen und Jungen in diesem Alter. Ich war todunglücklich und von meinem Leben enttäuscht. Vor allem in der Schule fühlte ich mich fehl am Platz. Von wenigen Ausnahmen abgesehen, kamen mir alle meine Lehrer abgestumpft und gefühllos vor. Von Vorbild oder Inspiration keine Rede. Auch viele meiner Mitschülerinnen schienen mir im Stumpfsinn geistiger Hohlheit verloren. Sie interessierten sich nur für ihre Klamotten. Sie verhielten sich entweder total angepaßt oder stellten irgendwelchen Blödsinn an. Ich schien keine echten Freunde, keine wirklichen Kontakte zu finden, aber danach sehnte ich mich so sehr. Das ging viele Monate so weiter, bis ich zutiefst verzweifelt war. Ich fiel in die schwärzeste Depression und fragte mich, warum ich überhaupt lebte. Was war der Sinn meines Lebens? Ich war so unglücklich, daß ich schließlich mit meiner Mutter redete (ich hatte lange gezögert, weil meine vier jüngeren Geschwister sie fast ganz in Beschlag nahmen). Ich sprach von meiner Verzweiflung, sagte ihr, daß ich Hilfe brauchte, weil ich dem Selbstmord nahe war. Sie verstand den Ernst der Lage. Vielleicht hatte sie sich auch schon ihre Gedanken gemacht. Sie erkundigte sich im großen Freundeskreis unserer Familie und fand einen Psychologen, der ihr sehr empfohlen wurde.

Wie sich bald herausstellte, konnte der Mann mir tatsächlich helfen. Ich werde ihn nie vergessen, denn er hat mir das Leben gerettet. Er hat mich nicht nur vor einem dummen Selbstmordversuch bewahrt, sondern auch vor dem seelischen Selbstmord, den viele Kinder in diesem Alter unter dem Anpassungszwang der Gesellschaft unbewußt begehen. Seine Behandlungsmethode war so einfach und effektiv, daß ich ihn, glaube ich, nur zweimal sah.

Er sagte mir nämlich auf den Kopf zu, daß mit mir alles in Ordnung wäre und daß meine Erfahrung der Wirklichkeit entspräche. Die meisten Menschen wären nun einmal völlig unbewußt und unfähig zu fühlen, und deswegen käme es nur selten zu einer wirklichen Begegnung. Daran könnte man nichts ändern. Er fuhr fort, daß ich mir das nicht allzusehr zu Herzen nehmen sollte, daß ich in einigen Jahren mit der Schule fertig wäre und dann selbst über mein Leben bestimmen könnte. Er versicherte mir, keine Angst, es gäbe ohne Zweifel ein paar unverbogene Menschen. Ich würde sie schon irgendwie finden. Das wäre immer so. Sein Rat für die Zwischenzeit: Konzentriere dich auf die Dinge, die dir wichtig sind, und verschwende keine Minute an anderer Leute Dummheit. Damit war die Therapie beendet.

Ich habe mir seinen Rat zu Herzen genommen, und auch diesen lieben Mann werde ich immer in meinem Herzen tragen. Ja, ich bin der Weisheit seiner Worte mein ganzes Leben lang gefolgt, und zwar mit wunderbarem Erfolg. Traurig ist nur, daß mir schaudert, wenn ich daran denke, was mir heute in der gleichen Lage passieren könnte, wo jeder Arzt gedankenlos und ohne Ahnung von der Seele Pillen zum Ruhigstellen verschreibt. Für die Depressiven gibt es das eine Wundermittel (in den USA wird sogar im Fernsehen dafür geworben), und für die Hyperaktiven das andere. Alle sind angepaßt und „kommen in der Schule und im Leben zurecht". Oder auch nicht. So waren die jugendlichen Mörder des größten Highschool-Massakers in der Geschichte der USA regelmäßige Konsumenten eines bekannten Anti-Depressivums, als sie durchdrehten und ihre MitschülerInnen über den Haufen schossen. Was in den Zeitungen selbstverständlich mit keiner Zeile erwähnt wurde. Doch zurück zu meiner eigenen Geschichte. Ich bin überzeugt, daß ich mich nicht zu dem Menschen hätte entwickeln können, der ich heute bin, wenn man mir im zarten Alter von 13 Jahren anstelle einer vernünftigen und realistischen Lebensperspektive einen Haufen Psychopillen gegeben hätte.

Kommt überhaupt noch jemand auf den Gedanken, daß es vielleicht ein Zeichen seelischer Gesundheit ist, wenn man sich heutzutage gelegentlich schlecht und elend fühlt, in Anbetracht der vielen Scheußlichkeiten, die sich überall auf der Welt und auch in unserem unmittelbaren Umfeld abspielen? Wir stehen kurz vor dem Beginn der dunkelsten Phase des „dunklen Zeitalters" des Kali-Yuga, wie es in der indischen Kosmologie heißt. Es ist eine Zeit des Wahnsinns und Irrwitzes. Die Fernsehnachrichten zeigen ihn täglich mehrmals in bunten Bildern, aber wenige scheinen zu merken, was eigentlich vor den Augen vorbeiflimmert und welche weiteren Konsequenzen es nach sich ziehen wird. Gleichzeitig ist die „dunkle Zeit" eine der besten Gelegenheiten, aus dem Tiefschlaf der Illusion aufzuwachen – vorausgesetzt, du weißt, wie du die mächtigen, in der allgemeinen Dumpfheit eingefrorenen Energien sinnvoll zu deinem Vorteil nutzen kannst. Dazu gehört vor allem die Fähigkeit zu fühlen und das Vertrauen in deine eigenen Gefühle.

Mit anderen Worten: *Wahrscheinlich gibt es einen guten Grund dafür*, daß du dich schlecht fühlst. Was tun? – Verdrängen? Bringt nichts und macht alles noch schlimmer. Psychopillen? Ist Verdrängung mit anderen Mitteln, und was diesbezüglich die Risiken und Nebenwirkungen anbelangt, da fragt man besser gar nicht erst, denn man wird belogen werden.

Deswegen führt der einzige Ausweg durch die Gefühle hindurch. Die Technik ist denkbar einfach: Richte deine Aufmerksamkeit *voll und ganz*, deine gesammelte Konzentration *voll und ganz* auf das Gefühl, das du gerade fühlst, ohne es wegschieben zu wollen. Nutze deine Fähigkeit zu bewußter Aufmerksamkeit, wann immer du dich mulmig fühlst und ein unangenehmes Gefühl in dir aufsteigt. Prüfe deine Motive: Warum tust du das? Wir können es nicht genug hervorheben. Wenn du deine Aufmerksamkeit mit der unbewußten Absicht des Wegschiebens auf dein Gefühl konzentrierst, wirst du nie wirklich durch die Gefühle hindurchgehen und auf der anderen Seite des unbedingten Glücks ankommen. Etwas wegschieben bedeutet Widerstand. Widerstand verstärkt, wogegen er sich stemmt. Die unbehaglichen Gefühle werden dadurch nicht schwächer, sondern stärker, auch wenn wir es vielleicht nicht merken.

Das Geheimnis liegt darin, daß wir die Einstellung des freudigen Annehmens kultivieren – daß wir unsere Gefühle im Augenblick ihres Auftauchens wie mit offenen Armen und staunend umfangen. Wir tauchen entschlossen in sie ein und betrachten sie neugierig wie ein Wissenschaftler, der mit Begeisterung seinen inneren Raum erforscht. Wir achten einfach darauf, was geschieht. Fühlen, was geschieht. Das wird uns zu überraschenden Einsichten und Ergebnissen führen.

Die Lösung unserer Schwierigkeiten ist denkbar einfach. Wir brauchen nur zu tun, was wie von selbst geschieht, indem wir es zulassen – indem wir fühlen. Und doch sabotiert die Gesellschaft diese natürliche Fähigkeit. Sie ist ihr suspekt, weil die Kraft des unmittelbaren Fühlens uns in einer Weise befreien könnte, daß wir uns nicht mehr für die Interessen anderer einspannen und mißbrauchen lassen. Aller scheinbaren Freizügigkeit zum Trotz unterminieren wir auch heute noch gegenseitig die Kraft unserer echten Gefühle. Einmal in den Speicher unseres Bewußtseins aufgenommen, geben wir die „Tugend" der Unterdrückung des Fühlens dann an andere weiter, ohne es auch nur zu merken. Diese Unterdrückung ist ein Zeichen für den Widerstand gegen das Aufwachen aus der Täuschung unserer künstlichen Wertvorstellungen und Weltanschauungen, die uns vom direkten Erleben der Welt und unserer wahren Gefühle abhalten.

Mir waren diese Zusammenhänge schon als Teenager klar, obwohl ich sie nicht hätte formulieren können, weil mir damals noch die nötige Lebenserfahrung fehlte. Sie waren mehr eine Ahnung, eben ein *Gefühl*. Mein weiser psychologischer Mentor aber hat mir die Augen für die realen Verhältnisse geöffnet. Er hat mir das Leben ungeschminkt gezeigt. Das Geschenk seiner Einsicht hat mir geholfen, dem Dasein trotz seines Auf und Ab und seiner Härte unvoreingenommen zu begegnen. Ich habe es wie mit offenen Armen umfangen können, weil ich es durchschaut hatte. Es war mir nicht länger fern und fremd. Auch heute gibt mir jeder neue Tag wieder die Chance, neu zu erkennen, daß mein ganzes Leben ein Teil von mir ist. Das ist eine bedeutsame Verschiebung: Nicht ich bin ein Teil des Lebens, das Leben ist ein Teil von mir. Wie „ich" eben *nicht* in meinem Körper stecke, sondern mein Körper in mir ist – im Bewußtsein, das ich bin.

Es tut mir leid, daß ich mich nicht mehr an den Namen meines Mentors erinnern kann. Er war klein und sah aus wie Vincent van Gogh mit roten Haaren und rotem Bart. Wo immer du jetzt auch sein magst, mein teurer Engel, ich umarme dich tausendmal in meinem Herzen und danke dir für deine Ehrlichkeit! Deine Herausforderung war mir der größte Trost. Ich danke dir für deine Einsicht, daß meine Selbstmordgedanken nicht krankhaft waren, sondern der Aufschrei meines Herzens, das sich nur nach Echtheit, Wahrheit und Liebe sehnte. Damit hast du mir auch geholfen, meine Grenzen zu definieren, so daß ich nie in meinem Leben etwas getan habe, was ich nicht tun wollte. Ich habe mich immer aufrichtig bemüht, meine Verpflichtungen einzuhalten, aber ich bin niemals Verpflichtungen eingegangen, die mir suspekt waren oder meine Wertvorstellungen kompromittiert hätten. Ich konnte mich einfach nicht mit etwas zufriedengeben, was mir im Grunde zuwider war. Ich hatte erkannt, daß nur ich für mich entdecken kann, was für mich stimmt. Glücklicherweise bin ich durch die Umstände meines Lebens bisher nicht gezwungen gewesen, gegen den ursprünglichen Rat meines damaligen Mentors zu handeln. Das ist ein großes Privileg.

Die kurze Begegnung mit meinem damaligen Mentor half mir zwei Jahre später auch bei der Bewältigung des Selbstmords meines jüngeren Bruders. Für den waren zweifellos die Steroide mitverantwortlich, die ein Arzt ihm nach einem Sportunfall verschrieben hatte. Es ist ja bekannt, daß Steroide depressiv machen. Mein Bruder hatte übrigens ebenfalls Rat bei einem Schulpsychologen gesucht, aber nicht mit demselben Glück wie ich. Mir kam es immer so vor, als hätte der Mann mit seiner Gefühllosigkeit und Uneinsichtigkeit die Misere noch verschlimmert. Das gewaltsame Ende meines Bruders zeigte mir, wie kurz das Leben ist und daß wir wirklich keine Zeit haben, auf den Rat von Narren zu hören. Mein Bruder hatte mir sehr nahegestanden. Deswegen zwang sein

Selbstmord mich, meiner tiefen Verzweiflung zu begegnen und sie anzunehmen. Schon mit 16 waren mir alle Illusionen über das Leben genommen, aber diese Desillusionierung gab mir die Kraft, mein eigenes Glück in mir selbst und auf eigenen Wegen zu finden.

Ich habe früh gelernt, daß man auf alles im Leben zugehen kann, wenn es sein muß, auch den Tod. Man kann der Wirklichkeit ohnehin nicht entkommen. Mir wurde auch sehr bald klar, daß mein armer Bruder ziemlich rasch wieder in den Kreislauf des Lebens eintauchen würde, um abzuschließen, was er damals nicht hatte bewältigen können. So lernte ich, alles zu umfangen: das Leben, den Tod – und schließlich auch die Freude.

Das Leben ist da, damit wir es leben und erfahren können. Anders ausgedrückt: Es ist nicht dazu da, daß wir es vermeiden und in Unbewußtheit verschlafen. Schwierigkeiten sind nur der polare Gegensatz des Glücks. Sie sind zwei Seiten ein und derselben Münze. Wenn du begreifst, daß es im Leben sowohl schwierige als auch unbeschwerte und glückliche Zeiten gibt, wird es dir leichter fallen, sie beide gleichermaßen offen zu umfangen. Schwierigkeiten sind immer unangenehm und unbequem. Das läßt sich weder beschönigen noch ändern. Aber wir müssen am Unangenehmen und Unbequemen nicht unbedingt leiden.

Gewöhnlich wollen wir uns sofort aus unseren Schwierigkeiten stehlen, wenn sie auftauchen. Aber wir können zur Abwechslung etwas anderes versuchen: Wir können uns ein wenig Zeit nehmen, unsere Reaktionen verlangsamen, uns ruhig hinsetzen und alle die Emotionen, Empfindungen und Gedanken spüren, die dann auftauchen. Wenn wir unseren Schwierigkeiten nicht länger mit innerem Widerstand begegnen, wird sich wahrscheinlich auch ein Weg zu ihrer Lösung finden. Wir wollen nur darauf achten, daß die „Suche nach der Lösung" uns nicht von der Erfahrung unserer Gefühle ablenkt, bevor sie ganz natürlich ausläuft. Ungeduld, Kampf und vorschnelle Reaktionen verkomplizieren zumeist unsere Schwierigkeiten. Wir werden leichter eine Lösung finden, wenn wir locker an die Sache herangehen, etwa mit der Einstellung:

„Hmmm, was für eine interessante Herausforderung ..." Oder indem wir uns fragen: „... was kann ich daraus lernen?"

Wenn wir alle unsere Lebensumstände mit Offenheit und Liebe umfangen, befreien wir uns von dem Leidensdruck, der von unserem Ungleichgewicht oder unserer Krankheit ausgeht Das Leben verwandelt sich in einen Tanz, der sich selbst befreit. Wir lösen unsere Identifizierung auf, beteiligen uns jedoch weiterhin begeistert am Spiel der Phänomene – an den Erscheinungen und Ereignissen unseres Daseins. Sobald wir aufhören, uns mit den Phänomenen, einschließlich unseres Körpers und Geistes, zu identifizieren, können die Phänomene gar nicht anders, als sich selbst zum Narren zu halten. In der allumfassenden Bewußtheit, die wir immer sind, werden wir immer vollkommen frei sein.

Kapitel 8

Erbitte,
was dein Herz sich ersehnt!

Hingabe

Unsere wahren Bedürfnisse sind unsere eigentliche Berufung. Sie haben uns in unser Dasein gerufen. Sie sind unser Leitstern. Wir wollen sie achten, damit wir Erfüllung finden können. Sobald wir für uns entdecken, was wir wirklich brauchen und darum bitten, können wir den Sinn unseres Lebens einlösen. Es gehört Mut dazu, zu bitten. Bitten öffnet uns das Herz. Es macht uns für unseren eigenen Sinn empfänglich. Hingabe ist der Schlüssel, der uns die Pforte zum Sinn unseres Daseins öffnet. Phantasiewünsche und Launen jedoch wecken keine Hingabe. Nur unsere Herzenswünsche können das. Trotzdem wollen wir auch lernen, uns unsere kleinen Wünsche zu erfüllen, denn durch die Erfüllung unserer kleinen Wünsche werden wir allmählich entdecken, was wir wirklich brauchen, was wir uns aus tiefstem Herzen wünschen. Kleine Wünsche, wenn weise erfüllt, leiten unsere Schritte zu der Hingabe an unsere Herzenwünsche.

Der Liebende ist der Geliebte.
Das Subjekt deiner Suche ist in Wahrheit ihr Objekt.
Deswegen findest du auch niemals, was du suchst.
Es gibt nur einen Weg, wahres Selbst zu lieben:
Es zu sein!

– PAPAJI –

Auch wenn es wie passive Hilflosigkeit aussehen mag, ist das Bitten um die Erfüllung deiner Herzenswünsche ein direkter Weg zur Verwirklichung der wahren Bestimmung deines Lebens. Deswegen solltest du klar erkennen, worum du bittest. Manchmal rennen wir nämlich belanglosen Verlangen hinterher, die uns nur von unserer Bestimmung abbringen. Wir enden in einer Sackgasse. Wir können merken, daß wir uns auf dem Weg dorthin befinden, wenn wir uns für längere Zeit zunehmend unzufrieden und irritiert fühlen. Ignorieren wir dieses Gefühl der Frustration zu lange, wächst es zur Verzweiflung. Verzweiflung aber ist nichts anderes als der Ruf unseres Herzens, der uns aus der Dunkelheit ins Licht führen möchte.

Wenn du dich schon seit langem unzufrieden fühlst, ist es höchste Zeit, daß du der einzigen Instanz deine Aufmerksamkeit schenkst, die den Sinn und Weg deines Lebens kennt – das höhere Wissen deines Herzens. Das Herz kann deine wahre Sehnsucht fühlen, denn es hat sich niemals von der Totalität deines Seins abgespalten. Es ist bereits angekommen, wo dein Körper/Geist noch hingelangen möchten. Deswegen kann es auch den Schleier der Unwissenheit durchschauen, der deine göttliche Sehnsucht für deine wahre Liebe hinter deiner Verzweiflung verbirgt. Du selbst bist ja nicht wirklich verzweifelt. Du denkst nur, daß du verzweifelt bist, weil du dich von fehlgeleiteten Handlungen hast verwirren lassen, genasführt vom Verlangen der Projektionen deines Geistes.

Anders als die Sehnsucht des Herzens sind die Objekte des Verlangens der geistigen Projektionen nur eingebildet, nur Produkte der Vorstellung. Die künstlichen Vorstellungen, der Bildschirm des Samsara gaukeln sie dir vor. Solches Verlangen bindet dich an körperliches und seelisches Leiden – wie auch an den ununterbrochenen Kreislauf von Leben, Tod und Wiedergeburt. Nicht weil es „schlecht" oder „sündhaft" ist, hält es dich gefangen, sondern weil es zu wenig und zu klein für dich ist. Dein Herz will mehr, dein Herz will die Fülle und Unendlichkeit, die in ihm schon immer beschlossen liegt.

Wenn du den Projektionen des Geistes, dem künstlich eingepflanzten Verlangen nach Kleinigkeiten nachrennst, wirst du im Zustand permanenter Unbewußtheit bleiben. Aber es stehen dir andere Möglichkeiten offen. Du kannst das Leiden an der künstlichen Beschränkung deines Wahren Wesens hinter dir lassen und auch dein Karma und die Wirkungen der Handlungen, mit denen du dich identifiziert hast. Dies ist sogar leichter, als du vielleicht denkst. Du brauchst nämlich nur die polaren Gegensätze von Wunsch und Widerstand aufzulösen. Du lernst, nichts mehr zu wünschen und nichts mehr abzulehnen. Aber trotzdem nimmst du alles wahr und fühlst alles. Nur die Identifizierung läßt nach und schwindet schließlich ganz.

Tief aus dir heraus läßt du dem Leben seinen natürlichen Lauf. Du brauchst dir nicht die Erfüllung deiner Grundbedürfnisse zu verweigern wie ein fanatischer Asket, der gegen alles etwas einzuwenden hat. Ebensowenig brauchst du jedem kleinen Verlangen nachzugeben, als ob dein Heil davon abhinge. Asket und Hedonist sind nur zwei Seiten von ein und derselben Münze. Sie sind nicht frei, weil sie jeweils die entgegengesetzte Polarität des anderen als Rechtfertigung für ihr eigenes Dasein brauchen. Statt dessen kannst du in dir selbst ein echter Bodhisattva sein, ein wahrhaft Erleuchteter. Ein echter Bodhisattva wünscht nichts und lehnt nichts ab; haftet nicht, auch nicht am Nicht-Haften. Er IST, so wie er ist. Als Bodhisattva erlebst du alles voll Staunen: Du siehst dein Haften und deinen Widerstand entstehen und vergehen. Du siehst, daß alles einfach nur geschieht, alles sich wandelt und geschieht. Ohne besondere Ursache; ohne Wirkung; ohne Ziel – ein sich fortwährend veränderndes Geschehen.

Dein Körper, deine Sinne und dein Verstand wissen instinktiv, was sie in jeder Situation zu tun haben, und sei es, daß sie sich Rat einholen. Vertraue ihnen. Sie werden dich um so klarer informieren und um so besser führen, je weniger du dich an sie klammerst. Wenn du dich als alleserfassende Bewußtheit verstehst, Körper, Sinne und Verstand darin eingeschlossen, kannst du am Leben ohne Vorbehalte teilnehmen. Du wirst am Leben dann auch nicht leiden. Wenn du aufhörst, dich als das abgespaltene kleine Ego-Wesen kleiner zu machen, als du in Wahrheit bist, wirst du direkt erfahren können, daß du nicht in deinem Körper gefangen und eingesperrt bist. Du bist nicht in deinem Körper, vielmehr ist dein Körper (und mit ihm alle anderen „Körper") in dir. Als Bewußtheit, die alles wahrnimmt, erfährt und fühlt, ohne sich mit einem Einzelaspekt zu identifizieren – bist du alles und doch gleichzeitig nichts.

In der direkten Erfahrung unbegrenzter Wirklichkeit können Kleinigkeiten dich nicht mehr aufregen. Dein Leben findet das ihm eigene Gleichgewicht. Du kümmerst dich wie von selbst um die wichtigen Belange und gewährst dir die kleinen Freuden, die du ebenfalls brauchst.

Das erinnert uns an eine Papaji-Geschichte aus unseren *Satsang*-Tagen. *Satsang* mit Papaji war gewöhnlich eine kurze Periode des Schweigens, gefolgt von Fragen an ihn, die er auf seine unnachahmliche Weise beantwortete, manchmal direkt, manchmal indirekt, manchmal ernst und manchmal so komisch, daß wir uns alle vor Lachen am Boden kugelten. *Satsang* mit Papaji war immer sehr spannend, weil man eben nie im voraus wußte, was geschehen würde. Deswegen haben wir uns jedes Mal darauf gefreut.

An einem Morgen nach der Periode des stillen Sitzens waren wir überrascht, als Papaji einen seiner Helfer zu sich winkte und ihm etwas ins Ohr flüsterte. Vier Leute standen auf und verließen den Raum. Ein paar Minuten später kamen sie den Fernseher tragend zurück. Der wurde in die Ecke gestellt, angeknipst und Papaji wandte sich, ohne ein weiteres Wort zu verlieren, mit ungeteilter Aufmerksamkeit dem Bildschirm zu. Da ging es dann nicht mehr um das „wahre Selbst" oder die „Täuschungen der Projektionen des Geistes", sondern um Schläger, Läufe und Dreistäbe. Es fand nämlich ein Cricket-Match statt. In seinem hohen Alter, von Diabetes in seiner physischen Bewegungsfreiheit eingeschränkt (er war damals schon Ende achtzig), war Cricket Papajis Leidenschaft geworden. Er verpaßte nur selten ein wichtiges Match. Häufig lud er einige von uns zu sich nach Hause ein, um mit ihm fernzusehen. Aber noch nie hatte er die Glotze in die „geheiligten Hallen" von *Satsang Bhavan* geholt. Wir beobachteten die Gesichter einer Gruppe von Neuankömmlingen, die von weit her eingeflogen waren, um einem echten Guru zu begegnen, der auch alle die esoterischen Dinge tut, die zum Gurusein nun einmal dazugehören. Und dann das! Der Mund klappte auf, das Kinn fiel herab, und aus den Augen sprach der pure Unglaube. Wir konnten nicht anders, wir mußten lachen. Wir hatten ja schon mitbekommen, daß Papaji die wichtigsten Dinge nie in Worte faßte, sondern immer nur indirekt darauf anspielte. Außerdem hatten wir uns an seine Unberechenbarkeit gewöhnt. Heute war er wohl nicht aufgelegt, sich mit anderer Leute Fragen zu befassen. Er brauchte eine kleine Verschnaufpause.

Wir alle brauchen die kleinen Freuden des Lebens. Was uns am meisten Spaß macht. Das kann ein langer Spaziergang in freier Natur sein oder ein Kinobesuch oder eine Sportveranstaltung. Vielleicht treiben wir ja auch selbst Sport oder haben ein künstlerisches Hobby, machen Musik, malen. Der Dalai Lama zum Beispiel repariert in der Freizeit gern Uhren. Du brauchst das. Du brauchst etwas, bei dem du dich vom Alltagsstreß und auch von deinem „spirituellen Pfad" erholen kannst. Du brauchst den Spaß und auch den Freiraum solcher Momente. Wir leben aus einem besonderen Grund in Südindien in Strandnähe. Wir schwimmen nämlich gern und lassen uns vor allem kurz vor und nach der Regenzeit von den hohen Wellen tragen. Unsere anderen Hobbys sind Massieren und Musikhören.

Der unproduktive Freiraum, die Muße, sie stehen heute nicht sehr hoch im Kurs. Die Leute sind so beschäftigt und auf ihren Job und aufs Geldverdienen fixiert, daß sie kaum noch Zeit zum Ausspannen haben. Selbst die Freizeit ist verplant. Da müssen Kalorien abgebaut und Muskeln aufgebaut werden, anstatt einfach nur einmal die Seele baumeln zu lassen. Erschwerend kommt hinzu, daß viele über ihre Verhältnisse Geld ausgeben und der Versuchung der Kreditkarte erliegen (mancher hat ja eine ganze Sammlung davon). Nach dem Motto: heute kaufen und im nächsten Quartal die erste Rate bezahlen. Das Problem ist, daß irgendwann einmal bezahlt werden muß. Deswegen muß mehr gearbeitet werden, man muß sich mehr abhetzen, und es bleibt nicht die Zeit für das unproduktive Nichtstun, ohne das es keine wirklich produktive Arbeit geben kann. Nur leerlaufende und sich selbst wiederholende Geschäftigkeit, die ist ohne Pause möglich, wie das Dauergeschwätz in den Medien. Mancher mag sich auch nur deswegen so sehr abstrampeln, weil er Angst hat, allein zu Hause zu sitzen, oder weil in der Familie leblose Leere alles zudeckt und erstickt.

Irgendwann kommen wir nicht um eine Bestandsaufnahme herum. Wir müssen herausfinden, was uns wichtig ist. Stell dir einfach vor, du hättest nur noch eine Woche zu leben. Was würdest du während dieser Woche tun? Dann stell dir vor, dir blieben nur noch 24 Stunden? Wie würdest du sie verbringen? Es ist gut, das herauszufinden. Und wenn du es herausgefunden hast, dann tu, was du herausgefunden hast.. In dem Augenblick, in dem du die Zeit als *den* bestimmenden Faktor deines Daseins wahrnimmst, kennst du plötzlich deine Prioritäten. Du brauchst sie nur noch zu verwirklichen, und so wirst du selbst das Zentrum deiner Kraft. Von dort kommend, wirst du keine falschen Hemmungen mehr haben, um die Erfüllung deiner Herzenswünsche zu bitten.

Der Kosmos ist reich. Er birgt grenzenlose Möglichkeiten. Laß dich also nicht entmutigen, wenn das eine oder andere nicht auf Anhieb klappt. Du wirst den Weg schon finden, wenn dein bestimmtes Ziel wirklich eine Herzensangelegenheit ist. Wahrscheinlich sind es ohnehin sehr grundlegende Ziele, denn du hast ja nur noch 24 Stunden zu leben. Und trotzdem gibst du dir wahrscheinlich gerade diese Dinge nicht, weil sie immer zu einfach und zu naheliegend erscheinen. Etwa nett mit deiner Partnerin oder deinem Partner oder mit den Kindern zusammenzusein. Das tut eigentlich jeden Tag gut, auch wenn es viel anderes zu erledigen gibt. Zeit zum Meditieren finden. Einfach still und ruhig ein paar Momente allein sein. Solche sogenannten Kleinigkeiten machen unser seelisches Glück und Gleichgewicht aus. Sie geben uns die nötige Ruhe und Orientierung in einer Welt, die sich oft genug orientierungslos im Kreise dreht.

Der Weg zu einem gesunden, harmonischen Leben ist gleichzeitig auch der Weg der Erleuchtung. Erleuchtet sein heißt wach sein und wahrzunehmen, wer du wirklich bist. Bewußt alle Eigenheiten deiner Persönlichkeit zu kennen, zu fühlen, zu umfangen, ohne daß du dich mit ihnen identifizierst. Statt dessen weißt du, daß du die unbegrenzte Bewußtheit bist, die alles wahrnimmt. Um wirklich aus dem Schlaf der falschen Identität aufzuwachen, brauchst du die Hilfe anderer, die dich auf dem Pfad der Bewußtwerdung begleiten.

Wir haben Bodhisattva an anderer Stelle als „erleuchtetes Wesen" übersetzt. Unter Bodhisattva versteht man aber auch ein Wesen, das sich noch auf dem Weg zur Erleuchtung befindet. Weil wir uns alle auf dem Weg zu größerer Bewußtwerdung befinden, sind wir auch alle in gewisser Hinsicht Bodhisattvas. Wir haben das Ende dieses Weges noch nicht erreicht. Deswegen wollen wir auf die Fallstricke und Hindernisse auf dem Weg aufpassen: Umstände, die uns krank machen, deprimieren oder zwangsläufig in

Enttäuschung enden. Sie nehmen dir die Kraft, um das zu bitten, was du wahrhaft brauchst. Sie lassen sich mit einem Wort zusammenfassen, und das ist Zweifel.

Wenn du an dir selbst zweifelst, zweifelst du automatisch an der Wahrheit, die du bist. Du kannst das grenzenlose Glück, ja die Seligkeit deiner inneren Wahrheit nicht fühlen, wenn du den Erfolg nur suchst, um der Welt zu beweisen, daß du „etwas wert bist". Wo auch immer wir auf der Welt Teachings und Retreats geleitet haben, haben wir dasselbe Grundmuster des Gefühls des eigenen Unwerts und der inneren Unwürdigkeit vorgefunden. Jeder scheint im Grunde seines Herzens zu meinen, daß er „nichts wert ist", auch wenn nach außen hin und häufig sogar aggressiv das Gegenteil dargestellt wird.

Gefühle innerer Wertlosigkeit können in zwei polar entgegengesetzten Formen in Erscheinung treten – als Größenwahn und als Minderwertigkeitskomplex. Der Größenwahnsinnige kompensiert seine innere Unsicherheit durch Aggressivität nach außen. Sein Gegenüber spielt den Part des Hilflosen, auf dem jeder herumtrampelt. Beide Extreme und alle ihre Spielarten dazwischen sind eine Lüge. Denn es gibt keinen einzigen Menschen auf der Welt, der seinem Wesen nach entweder „wichtig" oder „unbedeutend" wäre. Gemeinsam repräsentieren wir die Menschheit, und jeder Körper/Geist spielt dabei seine sinnvolle Rolle. Wir sind alle etwas wert, und wir alle haben ein Anrecht auf Leben, Freiheit und unseren eigenen Weg zum Glück. Wohlgemerkt: Ein Anrecht auf Glück gibt es nicht. Aber wir haben das Recht, unser Glück auf unsere Weise zu suchen und zu finden – vorausgesetzt, wir schaden durch seine Verwirklichung nicht anderen. Der Fehler liegt also nicht bei unserem Recht auf Leben, Freiheit und Streben nach Glück. Der Fehler ist, daß wir erwarten, wir müßten das alles wie auf dem Teller fix und fertig von anderen serviert bekommen. Das führt zu ungesunder Abhängigkeit von äußeren Vorstellungen und Institutionen und raubt uns die uns angeborene Eigenständigkeit und Vollkommenheit. Von den wirklich wichtigen Dingen haben wir nämlich im Grunde alles, was wir brauchen. Wir müssen es nur entdecken, wahrnehmen und fühlen. Als die Quelle der Bewußtheit ist unser eigenes Herz die Schöpferin des Kosmos. Denn wo wäre die Welt ohne die Bewußtheit, sie wahrzunehmen?

Was wir auch brauchen, es ist schon da. Wir können uns deshalb auf uns selbst besinnen und von Herzen darum bitten. Das ist übrigens kein sentimentales Bild. „Von Herzen bitten" heißt, daß wir die Quelle der Bewußtheit um die Manifestation dessen bitten, was in ihr bereits vorhanden ist. Nur du selbst kannst spüren, was du wirklich brauchst. Niemand sonst kann es dir sagen, zum Beispiel, daß du nur mit einer bestimmten Art von Haus oder Auto glücklich sein kannst, oder wenn du 1,4 Kinder und ein gewisses Monatseinkommen hast. Wenn dein Herz sich nach diesen Dingen sehnt, dann bemühe dich darum, daß du sie bekommst. Wunder können geschehen, wenn wir unserem Herzen folgen und uns ihm mit der Hingabe anvertrauen, die es verdient.

Wenn die Bitte um Erfüllung unserer Wünsche aus dem Kopf kommt, reagiert der Kosmos nicht mit derselben Verläßlichkeit. Herz ist Einssein. Dein Herz und Wahres Wesen weiß, was es braucht. Kopf ist Zweiheit, Polarität. Kopf meint zu wissen, was du brauchst. Deswegen ist Kopf auch gleich Zweifel. Zweifelnd läßt sich alles viel schwerer verwirklichen als im Einssein, in dem alles bereits angelegt ist. Wenn wir unsere Kopfgedanken fühlend ausdehnen, lassen wir uns nicht mehr durch das von außen an uns herangetragene Verlangen tyrannisieren. Das unersättliche Wünschen nach immer mehr Dingen treibt uns nicht mehr unerbittlich vor sich her. Der Kopf kann schließlich unser kluger Helfer werden. Wenn der Verstand dem Herzen dient und unsere Intelligenz sich in Bewußtheit entfaltet, können wir im Kleinen wie im Großen wahrhaft glücklich sein.

Wenn du einem anderen von Herzen ruhig sagen kannst: „Ich brauche dich!", habt ihr beide Freude daran. Das ist etwas ganz anderes, als sich an den anderen zu klammern, was abstoßend wirkt. Deine Aufgabe hier in diesem Leben ist eine Herzenssache. Würdige sie mit Hingabe, und sie wird dich befreien.

Kapitel 9

Sei offen und empfänglich!

Erleuchtung

Wie die Erleuchtung nicht ein Ziel, sondern zeitlose, unwandelbare Wirklichkeit ist, sind auch Gesundheit und Gleichgewicht unser eigentlicher und natürlicher Zustand und nicht etwas, was wir uns erkämpfen müssen. Nur wenn wir unserem eigenen Wesen untreu werden, entsteht der Anschein, daß wir um Gesundheit und Gleichgewicht kämpfen müssen. Erleuchtung durchdringt alles Dasein. Wir können sie nicht draußen, von uns selbst entfernt finden. Wir können sie auch nicht auf die Zukunft verschieben, denn Erleuchtung findet jetzt statt. Wir können sie nur wie ein Geschenk empfangen – das wir selbst sind. Gleichermaßen können wir auch Gesundheit und Gleichgewicht in ihrem tiefsten Sinn nicht wirklich draußen und entfernt von uns suchen und finden, denn in unserem Wahren Wesen sind sie uns bereits mitgegeben. Deswegen wollen wir offen und empfänglich bleiben, damit sich unser natürliches Gleichgewicht ganz natürlich finden kann. Das ist wahre Gesundheit und das Ende allen krampfhaften Bemühens.

Nicht wissend, wie nah die Wahrheit liegt,
suchen wir sie in weiter Ferne – wie dumm von uns!
Wir gleichen einem, der mitten im Wasser steht
und doch verzweifelt nach Wasser schreit.
Wir gleichen dem Sohn aus reichem Hause,
der unter Bettlern wandelt ...

– ZEN-MEISTER HAKUIN –

Ein aus der Erfahrung gewachsenes Verständnis des Einsseins unseres Wesens und der Natur ist unerläßlich, wenn wir wirklich körperlich und seelisch gesund und ausgeglichen sein wollen. Alles unterliegt einem Zyklus wie Ebbe und Flut: die Gezeiten, die Jahreszeiten, Wachstum und Verfall im menschlichen Körper. In allen diesen Zyklen wirken dem Anschein nach grundsätzlich zwei Kräfte gegeneinander. In Wahrheit sind die beiden *ein* Ganzes, wie etwa das Diener- und Lenkergefäß, nach Vorstellung der traditionellen chinesischen Medizin die Hauptmeridiane des menschlichen Körpers, die den Körper umkreisen. Der eine Hauptmeridian beginnt im Perineum und steigt entlang der Wirbelsäule zum Kopf empor, um sich von dort zum Gaumen zu senken. Der andere beginnt an der Zungenspitze und verläuft entlang der Vorderseite des Körpers bis ins Perineum herab. Zwei verschiedene Kräfte also, mit unterschiedlichen Funktionen. Aber sie bilden eine Einheit, ja können sogar zur direkten Erfahrung des Einsseins führen, wenn man sie zu einem Energiekreislauf verbindet. Dieser entsteht, in-

dem du mit der Zungenspitze den Gaumen berührst: ein Energie-
kreis in ununterbrochenem Fluß – ohne Anfang und ohne Ende.
Die innerste Kammer deines Herzens kann die Vollendung dieses
Einsseins erfahren. Ist sie einmal wirklich geworden, schließt das
Einssein alles ein, nicht nur deinen Körper/Geist, sondern alle Erscheinungen in allen Welten. Man nennt diesen Zustand vollkommene Befreiung oder Erleuchtung. Sie ist von der Anlage her grundsätzlich jedem Menschen möglich.

Verwirrung entsteht nur, sobald wir das Einssein mit dem Verstand begreifen und definieren wollen. Geist und Verstand können die Dinge ausschließlich über den Vergleich zueinander begreifen. „Heiß" ist nur im Vergleich zu „kalt" zu verstehen. Um
die Vorstellung von „Licht" zu erfassen, greift der Geist auf das
Gegenteil, nämlich die Vorstellung der „Dunkelheit" zurück. Der
Geist kann sich nur vorstellen, daß zwei Dinge aus ihrer Gegen-
überstellung in einer „Vereinigung" zusammenkommen. Einssein
an sich geht im wahrsten Sinne des Wortes über sein „Begriffsver-
mögen", denn der Geist kann ausschließlich mit Hilfe von Begriffen arbeiten.

Da der menschliche Geist sich als abgespaltenes, für sich exi-
stierendes „Selbst" oder Ego versteht, geht er bei sich automatisch
von einem Subjekt aus, dem alles andere als Objekt gegenüber-
steht. Dieses für sich existierende „Selbst" ist die falsche Grundvoraussetzung, aus der sich alle weiteren falschen Schlußfolgerun-
gen ergeben. In Wahrheit sind alle diese kleinen Egos rollende
Wellen auf dem Meer des Bewußtseins. Sie erscheinen nur voneinander getrennt, weil die fünf Sinne von Körper und Geist uns
in diesem Sinne überzeugen. Aber die Wellen *sind* das Meer – in
beständigem Fluß.

Die Quantenphysik bestätigt dieses uralte Bild vom Meer des
Bewußtseins: daß wir nicht abgespaltene und für sich existierende
Wesenheiten sind, wie es auch feste und vollkommen undurchläs-
sige Materie nicht gibt. Aus ihrer Sicht ist die Schöpfung ein To-
sen verschiedener Schwingungsfrequenzen, welche die Erscheinung
einer Vielzahl von Formen und Gestalten annehmen. Als ob eine

unvorstellbar einfallsreiche Bühnenautorin sich gleichzeitig in eine Vielzahl von Rollen geteilt und ein riesiges mißtönendes und doch gleichzeitig harmonisches Spektakel geschaffen hätte – das wir Leben nennen.

Nur das Herz kann solch eine wunderliche Mixtur von Elementen begreifen, die einerseits in vollem Einklang existieren und sich gleichzeitig doch widersprechen, manchmal sogar vehement. Erst wenn der Menschengeist sich rückhaltlos seiner eigenen Quelle anvertraut, kann er die Sinfonie des Seins vernehmen – die Dreieinheit von Dasein, Bewußtsein, Glückseligkeit in allen Erscheinungen. Sie ertönt in ihrer unermeßlichen Fülle, sobald wir zur Ruhe kommen und die Stille unseres eigenen Wesens erfahren und uns der Mutter der Vielfalt aller Klänge öffnen. Erst wenn das scheinbar abgespaltene „Ich" sich wirklich vor seiner Quelle verneigt, ist echte Hingabe möglich.

Für die meisten von uns ist diese „Quelle" nur eine Vorstellung, ein weiterer mentaler Begriff, und deswegen läuft alles Gerede zu diesem Thema auf esoterisches Geschwafel hinaus. Irgendwie erahnen wir die Gegenwart dieser Quelle. Wir sehnen uns danach, sie in ihrer Fülle zu erleben. Trotzdem entzieht sie sich uns fortwährend. Was ist diese große Freude? Was die Glückseligkeit des Daseins, von der die heiligen Schriften sprechen? Warum fühle ich sie nicht? Warum muß ich statt dessen leiden? Die Quelle ist so nah. Aber wir verhalten uns wie ein Fisch, der im Meer nach Wasser schreit. Oder wir gleichen einer jungen Tigerin, die unter Eseln aufgewachsen ist: Wenn sie zum ersten Mal ihr eigenes Antlitz im Wasser eines stillen Teichs gespiegelt sieht, wird sie erschreckt aufbrüllen, von ihrer eigenen Majestät verwirrt.

Eine Geschichte berichtet von einem Mann, der in Afrika eine Goldmine besaß. Er grub sehr lange und ausgiebig, bis er auf Gold stieß. Sein Unternehmen florierte zwei Jahre lang; dann hatte die Ader sich erschöpft, auf die er gestoßen war. Danach grub er hier und da, bis er enttäuscht aufgab und die Mine verkaufte. Der neue Besitzer stellte als erstes einen guten Geologen ein, der das Gelände genau prüfte. Auf der Basis seiner Kenntnisse sagte dieser treffend voraus, daß man an einer Stelle in bestimmter Tiefe aller Wahrscheinlichkeit nach auf eine weitere Ader stoßen würde. Der neue Besitzer folgte seinem Rat und fand ... die Hauptader.

Wir lernen daraus, wie wichtig Geduld und Beharrlichkeit sind. Was wir für unser tägliches Glück brauchen oder suchen, wie oft ist es direkt vor unserer Nase! Wir bemerken es nur häufig nicht, weil wir uns entweder nicht die Zeit nehmen oder uns nicht ein wenig mehr bemühen, daß die Waagschale sich zu unseren Gunsten senkt. Soviel unnötiges Unglück und Enttäuschung entstehen in Folge unserer mangelnden Bereitschaft zu größerer Wachsamkeit und Anstrengung. Dies verhindert, daß wir empfangen, was uns bereits gehört – was beweist, wie geschickt wir uns selbst im Wege stehen und unsere Anstrengungen untergraben.

Zu unserem eigenen Nutzen erkennen wir am besten so schnell wie möglich, wie oberflächlich wir mit den in unserem Körper/ Geist bereits angelegten Möglichkeiten umgehen. Viele Menschen bedienen sich ihrer überhaupt nicht, und die wenigen, die es tun, wissen nicht, wie sie sie zu voller Blüte entfalten können. Selbst die Erfindungsreichsten kratzen meist nur an der Oberfläche und geben sich mit dem Offensichtlichen zufrieden, während sie die tieferen Segnungen ungenutzt verkommen lassen.

Es ist die Aufgabe des spirituellen Meisters, uns beim Heben unseres kostbarsten Schatzes beizustehen. Bis auf wenige haben die meisten nicht einmal von diesem Schatz gehört, geschweige denn ihn erfahren und in ihr Dasein integriert. Die meisten Menschen können sich nicht vorstellen, daß in unserem Menschenkörper die Möglichkeit beschlossen liegt, endgültig aus dem Traum des Gespaltenseins zu erwachen. In jedem Augenblick unseres Daseins haben wir Zugang zu der Wahrheit, die wir sind – und damit zu der vollkommenen Gesundheit und dem unvorstellbaren Wohlbefinden endgültigen Friedens, die mit der Befreiung einhergehen. Wer solche Möglichkeiten erahnt und klar unterscheiden kann, wird Expertenhilfe suchen. Er oder sie wird eine Meisterin oder einen Meister suchen, die in die richtige Richtung verweisen. Wenn sie dann in sich forschen, werden sie auf das innere

Gold echten Wiedererkennens stoßen – ihr eigenes Buddha-Wesen oder Wahres Selbst.

Sobald die Forderungen und Befehle des Ego aufgegeben wurden, liegen die Zügel wieder fest in der Hand der Quelle (die sie im Grunde niemals wirklich hat schleifen lassen). Es dämmert die Erkenntnis, daß das Herz, die große Mutter, schon immer gegenwärtig war, Strahlen der Gnade aussendend und ihr himmlisches Lied summend. Sie hat nur darauf gewartet, daß das störrische Kind sie endlich erhört. Indem wir uns ihrer liebevollen, von unserem eigenen Herzen untrennbaren Umarmung anheimgeben, lösen sich all unsere Zweifel in Luft auf.

Wahre Heilung beginnt, wenn wir die falschen Vorstellungen unserer eingebildeten Unwürdigkeit loslassen. Dann ist es nicht mehr so furchtbar wichtig, ob der Körper weiter lebt oder stirbt, denn die Heilung von unserer Selbstentfremdung betrifft den Körper nicht eigentlich. Sobald wir uns der uns innewohnenden Kraft anvertrauen, lassen wir damit gleichzeitig von vielen Leben des Gefesseltseins ab, so daß wir endlich nur *sein* dürfen. Nicht mehr in die schweren Ketten des Ego-Geistes geschmiedet, heilt dann häufig der Körper auch sehr viel schneller. Da wir jedoch das Karma des Körper/Geistes nicht voll durchschauen können, lassen sich die endgültigen Folgen des Erwachens zur Gegenwart unseres Wahren Wesens auf der physischen Ebene niemals voraussagen.

Wir wissen nur eines: Sobald das Ego sich energetisch dem ihm innewohnenden Herzen hingibt, kommt es zu einer tiefen Heilung. Wir beginnen uns leichter zu fühlen. Von einer schweren Last entbunden, kann die gesamte Schöpfung durch uns strömen. Wir entdecken, daß der Gegenstand unserer Suche die dem Suchenden innewohnende Quelle war – unser eigenes Herz. Ist der Suchende in der Umarmung mit sich selbst schließlich gestorben, wird eine neue Schwingungsfrequenz freigesetzt – die der Freiheit und Liebe. Jetzt dürfen wir einfach *sein*, offen und im Einklang mit dem Universum in unserem Herzen.

Kapitel 10

Einleitung
zum 40-Tage-Satsang
der Selbstbefreiung

Da unsere Beobachtungsgabe im allgemeinen nicht voll entwickelt ist,
bleiben wir für unser eigenes Leiden häufig blind.

– TARTHANG TULKU –

Die optimale Motivation für die tägliche Praxis

Was könnte uns besser für die tägliche Praxis motivieren als der Wunsch, das vollendete Wohlbefinden wiederzuentdecken, das unbemerkt bereits jetzt in uns schlummert! Und welche Motivation könnte den Wunsch übertreffen, alle unsere Lieben und schließlich alle Lebewesen in unser Streben nach Gesundheit, Glück und Freiheit von unnötiger Beschränkung und sinnlosem Leiden einzuschließen!

Die 40 Tage der Selbstbefreiung geben dir eine Struktur zur Verfeinerung deiner Gabe der Selbstbeobachtung, bis du dich schließlich selbst von innen heraus tief fühlen und verstehen kannst. Die Struktur hilft dir bei der Wiederentdeckung und Erhaltung eines besonderen Wissens, ähnlich der Einsicht, die wir gewöhnlich als Intuition bezeichnen. Diese Form des Wissens oder intuitiven Erfassens ist nicht nur einigen wenigen Menschen gegeben. Wir alle haben in der einen oder anderen Weise daran teil. Sie läßt sich verfeinern und praktisch nutzen. Wenn du 40 Tage lang dem Satsang der Selbstbefreiung folgst, wirst du dich selbst klarer und unvoreingenommener wahrnehmen, und du wirst nicht mehr für dein eigenes Leiden blind sein. Statt dessen wird es dir möglich, daraus zu lernen. Ja, du wirst es schließlich in das darunter liegende grenzenlose Glücksgefühl verwandeln können, das im Kern allen Leidens und aller Schmerzen verkapselt ist.

Deine eigene Erfahrung ist sowohl der Ausgangspunkt als auch der Fokus deiner Aufmerksamkeit. Sobald du dich dann darauf einläßt, dich selbst und die unbewußten Triebkräfte zu fühlen, die dein Leben fortwährend formen und gestalten, wirst du automatisch in neuem Licht zu sehen beginnen, was sich in deinen Lieben und den Menschen in deinem Umfeld abspielt. Mit anderen Worten: Wenn du dich auf deine eigenen Gefühle konzentrierst, wirst du auch für die Gefühle anderer offener. Wenn du deine Fähigkeit der Selbstwahrnehmung erweiterst, nimmst du automatisch auch andere klarer und deutlicher wahr. Du wirst das natürliche Wissen und Mitfühlen entdecken, die in deinem Herzen wohnen.

Überlaß dich einfach dem Fluß deiner Selbstbefreiung. Dann wird sich dies alles ganz natürlich und spontan ergeben, wie eine Blüte, die sich in der Morgensonne öffnet. Deswegen mußt du dir auch nicht den Kopf über ein bestimmtes vorgegebenes Ziel zerbrechen. Du darfst darauf vertrauen, daß sich alles wie von selbst klärt, solange du bei deiner eigenen Wahrheitsfindung bleibst.

Dabei ist wesentlich, daß du dir jeden Tag die tiefere Verbundenheit, ja Unteilbarkeit von Selbst und anderen vergegenwärtigst. Aus diesem Grund enthalten die von dir täglich laut zu lesenden Texte Hinweise auf diese Wahrheit. Verstehe sie als einen Wink, der dich an das Netz des Lebens erinnert, das wir mit allen Wesen teilen – und als Gegengewicht gegen eingefleischte egoistische Gewohnheiten.

Der 40-Tage-Satsang der Selbstbefreiung

Für optimale Ergebnisse wirst du die neun Grundthemen viermal wiederholen, also 36 Tage darauf verwenden, und sie mit 4 Tagen der stillen Meditation ausklingen lassen. Diese 40-Tage-Struktur gewährt dir das seltene Privileg, dich selbst besser kennenzulernen.

Für die vier Wiederholungen der neun Themen gibt es gute Gründe. Die erste Runde von neun Tagen wird dich mit dem Rahmen für dein Vorgehen und mit dem Inhalt der Themen vertraut machen. Sie bringt dich auf den Weg und wird die ersten inneren Reaktionen hervorrufen, die aber wahrscheinlich unbemerkt bleiben, weil du dich darauf konzentrierst, dich im neuen und ungewohnten Raum dieser Form der Selbstwahrnehmung zurechtzufinden. Die zweite Runde wird wahrscheinlich dein Selbstverständnis vertiefen. Sie wird auch unweigerlich Widerstand in dir wecken gegen die neuen Einsichten und Gefühle, die in dir aufwallen. Runde drei ist in dem Sinne entscheidend, als sie dir die Gelegenheit gewährt, deinen Widerstand loszulassen. In Runde vier hast du dann endlich tief genug gegraben, so daß du dich dem Fluß des inneren Prozesses anvertrauen und seinem beträchtlichen Zugewinn an neuen Erfahrungen und Lebensperspektiven überlassen kannst. Die vier Tage der stillen Kontemplation am Ende sind insofern grundlegend, als sie die Ergebnisse in Körper und Geist verankern. Sie erden dich in deiner erweiterten Erfahrung.

Deswegen wird empfohlen, daß du dich an den 40-Tage-Zeitplan hältst, wenn du dich zum erstenmal mit dem hier präsentierten Material beschäftigst. Solltest du dann den inneren Impuls verspüren, zur Vertiefung später nochmals darauf zurückzugreifen, dann kannst du den Zeitplan deinen besonderen Wünschen und Bedürfnissen anpassen. Du kannst zu diesem Zweck jedes Vielfache der Zahl Neun wählen, etwa 18, 27 oder sogar 108 Tage – oder auch nur 9 Tage zum Auffrischen. Unabhängig davon, welche Dauer deinen Bedürfnissen entspricht, fügst du in jedem Fall einige Tage stiller Kontemplation an. Je mehr Zeit du auf die Satsangs der Selbstbefreiung verwendest, desto länger sollte die Periode stiller Meditation am Ende währen.

In der Wiederholung einer Praxis liegt große Weisheit, denn jede Wiederholung wird dir automatisch neue Facetten deiner Persönlichkeit offenbaren. Gleichzeitig läuterst und reinigst du dich innerlich um so tiefer und intensiver, je mehr du die Praxis wiederholst – und zwar mit Begeisterung und innerer Beteiligung, nicht mechanisch. Bedenke nur einmal, wie viele Jahre du schon durch dein Leben wie im Schlaf gewandelt bist. Du kommst nicht um einige Tage disziplinierter Bemühung herum, wenn du dieser Tendenz entgegenwirken willst. Die Entscheidung liegt allein bei dir. Höchstwahrscheinlich wirst du jedoch nicht umhin können, dich besser fühlen zu lernen, bevor du das Leben rückhaltlos mit der Liebe umfangen kannst, die dein eigenes Wesen ist.

Andererseits hilft es dir nicht, wenn du aus dem 40-Tage-Satsang eine Pflicht machst. Selbstbefreiung aus dem Gefühl der Schuld oder des Zwangs bringt nichts. Satsang ist keine Religion mit Geboten oder Verboten. Satsang kann sich nur entfalten, weil du dich dazu hingezogen oder zu größerer Bewußtheit, Gesundheit und Lebensfreude aufgerufen fühlst. Laß dich nur darauf ein, wenn du das Gefühl hast, daß du Freude daran haben wirst.

Die Struktur der täglichen Praxis

Jede einem der neun Themen gewidmete Satsang-Sitzung zeichnet sich durch fünf klar unterscheidbare Übungsschritte aus. Du willst sie zum Zwecke des gewünschten Ergebnisses sorgfältig befolgen. Die anschließenden Erklärungen beschreiben die Funktion jedes einzelnen Schrittes, und sie erläutern außerdem, in welcher Weise seine Umsetzung zum Erfolg deiner Bemühungen beiträgt. Mit der Zeit werden diese Schritte als ein abgestimmtes Ganzes dazu beitragen, daß du dich klarer fühlst und unvoreingenommen wahrnehmen kannst. Außerdem werden sie deine Intuition schärfen, und dann kannst du ohne viel nachzudenken besser beurteilen, welches Verhalten für dich je nach Situation angemessen ist.

Du wirst dich vielleicht fragen, warum so viel Struktur und Präzision, um dich einfach nur zu fühlen? Ist es nicht so, daß zu viel Struktur dich eher am Fühlen hindert? Die Antwort ist nein, weil die vorgegebene Struktur dir hilft, mit deinem Fühlen an jene Bereiche zu rühren, die dir im allgemeinen verschlossen und unbewußt bleiben. Sie wird dir demnach helfen, dein Fühlen zu vertiefen, damit du alles wahrnehmen kannst und nicht oberflächlich über wichtige Aspekte hinweggehst, die dich an der vollen Entfaltung deiner Möglichkeiten hindern. Auch wenn es dir anfänglich etwas mühsam vorkommen und schwerfallen mag und du die Struktur als Hemmnis für deine Spontaneität empfindest, wird sie sich später gerade als das Gegenteil erweisen. Sie wird dir helfen, zu echter Spontaneität zu finden, die alle Aspekte und Bereiche deiner Persönlichkeit und deines Lebens einbezieht und nichts mehr ausklammert oder verdrängt.

Sinn und Zweck von Übungsschritt 1

Im ersten Schritt sammelst du dich einige Augenblicke lang in Stille, weil es sich empfiehlt, daß du zuerst die Einwirkung deines geschäftigen Geistes abmilderst, bevor du dich auf das zu erfühlende Thema konzentrierst. Wesentlich dafür ist, daß du wirklich bei dir selbst bleiben und dich spüren kannst. Dann kannst du den Kopf beiseite lassen und dich deinem Herzen anvertrauen.

Welchen Ansatz du für diese gelöste Form der Konzentration wählst, liegt ganz bei dir. Vielleicht ziehst du es vor, eine besondere Haltung einzunehmen wie beim Meditieren. Es kann auch sein, daß du dich lieber in deinen Lieblingssessel setzt oder auf den Schaukelstuhl auf der Veranda oder auf dem Balkon. Vielleicht hörst du gern fünf Minuten lang sanfte, meditative Musik als Hintergrund, die zu deiner inneren Sammlung beiträgt und mentale Unruhe besänftigt. Wenn du keine Musik brauchst, lausche den Geräuschen in deinem Umfeld. Dies wird dir helfen, deine Sinne zu öffnen: der gedämpfte Verkehrslärm in der Ferne, die Vögel im Vorgarten, der Regen auf dem Dach oder am Fenster, der Wind in den Bäumen. Du brauchst dich nicht angestrengt darauf zu konzentrieren. Du brauchst sie nur im Hintergrund bewußt zu bemerken.

Nur eines willst du nicht tun: die Glotze anschalten oder ein Morgenmagazin im Radio anhören. Auf diese Weise würdest du dich von dir selbst ablenken und damit den Zweck der Übung vereiteln.

Um es nochmals zu wiederholen: Du gewährst dir zu Beginn einige Augenblicke der Stille, damit du dich besser fühlen und wahrnehmen kannst – die Empfindungen und Eindrücke im Körper/Geist, alle deine Emotionen und Gefühle und generell die Dinge, die dich gerade beschäftigen. Wenn wir still sitzen und bei uns selbst bleiben, steigen häufig gerade jene Gedanken und Gefühle in uns auf, die wir bisher geflissentlich ignoriert haben.

Dabei kann es passieren, daß der Geist sich in Erinnerungen, Gedankenketten und Assoziationen verliert, so daß du den gegenwärtigen Augenblick nicht mehr fühlst. Wenn du bemerkst, wie du dich darin verlierst, dann stelle diese Tatsache einfach fest. Laß den Geist seine Tollheiten treiben und beobachte sie mit Gleichmut. Je mehr du dich gerade auf solche Gedanken konzentrierst, sie zuläßt und *bewußt wahrnimmst*, desto ruhiger wird dein Geist werden. Begegnest du den Gedanken hingegen mit Widerstand und versuchst sie zu verscheuchen, werden sie dir nur um so mehr anhängen. Sie werden sich vermehren, und du kommst nie zur Erfahrung stiller Empfänglichkeit.

Still sein und zulassen, was sich wie von selbst offenbaren möchte, ist der logische Einstieg, wenn du wirklich in dich hinein lauschen möchtest, um zu erkunden, was vielleicht in deinem Leben nicht ganz stimmig ist. Der erste Schritt beinhaltet also, daß du still wirst und dich einigen Momenten ruhiger Sammlung überläßt.

Sinn und Zweck von Übungsschritt 2

Hier gehst du zur eigentlichen Selbstbefreiung über. Du bekommst Hinweise und sogar Befehle, die dir helfen, jene unbewußten Inhalte an die Oberfläche treiben zu lassen, die du jetzt bewußt wahrnehmen möchtest, so daß sie aufhören, dich weiterhin unbewußt zu kontrollieren. Die konkreten Anweisungen sind aus einem bestimmten Grund in Befehlsform formuliert: Wenn du deinem Geist einen Befehl erteilst, reagiert er ohne viel nachzudenken und gibt dir die Antwort, die spontan aus ihm hervorbricht. Wenn du deinem Geist hingegen eine Frage stellst, verliert er sich im Nachsinnen und forscht nach der Antwort, die ihm stimmig, angenehm und am wenigsten bedrohlich erscheint. Wiedergekäute Antworten taugen nichts. Du hast es auf die unerwarteten Anworten abgesehen, die sich impulsiv und ungefiltert Luft verschaffen. Nur diese ungefilterten und unzensierten Gedanken helfen dir weiter und vertiefen deine Bewußtheit, denn sie nennen die Dinge unbeschönigt beim Namen. Selbstverständlich mußt du für Übungsschritt 2 auch die Musik abstellen, so daß du dich ohne Ablenkung auf die in die aufwallenden Emotionen einstellen kannst.

Damit sich etwas bewegen und deine Situation sich zu deinem Vorteil ändern kann, kommst du nicht umhin, dir die verursachenden Faktoren ins Bewußtsein zu rufen, die zu deiner jetzigen Lebenslage beigetragen haben. Auf der Grundlage der sich entfaltenden Bewußtheit wirst du intuitiv erfassen, was du unternehmen mußt, um die Situation zu deinem Vorteil zu wenden. Dies ist der Zweck deiner Selbstbefreiung. Sie läßt sich am besten im Zustand entspannter Empfänglichkeit verwirklichen, denn diese läßt dein Herz sich öffnen. Ein offenes Herz macht es dir leichter zu fühlen.

Sinn und Zweck von Übungsschritt 3

Hier verankerst du die in Schritt 2 gewonnenen Einsichten. Du bist aufgefordert, dreimal laut und deutlich die kurze Aussage zu lesen, die deine Untersuchung und Selbstbefreiung zum jeweiligen Thema zusammenfaßt. Dies wird dir helfen, deine Einsichten in dir zu festigen. Außerdem wird es deinen Geist neu konditionieren und ihn auf ein gesünderes und weniger selbstzerstörerisches Verhaltensmuster einstimmen.

Es ist sehr wichtig, daß du die Aussage dreimal nacheinander laut liest. Du bedienst dich damit der Kraft eines alten esoterischen Gesetzes, daß wahr wird, was du dreimal sagst oder rituell ausführst. Durch die dreimalige Wiederholung der Aussage läßt du in deinem Geist keinen Raum für Zweifel an deinen Absichten. Du wirst also für diesen besonderen Augenblick von allen

Zweifeln und Sorgen frei sein. Später wird sich daraus die Fähigkeit ergeben, die dir erlaubt, für mehr als nur einen flüchtigen Augenblick alle Zweifel und Sorgen fallenzulassen.

Sinn und Zweck von Übungsschritt 4

Es ist wichtig, daß du deine Sitzung auch mit einigen Momenten stiller Betrachtung ausklingen läßt. Du wirst deine neue Einsicht und Bewußtheit auf diese Weise in dir festigen. Setze dich einfach ein paar Augenblicke still hin und empfange bereitwillig das Geschenk, das du dir soeben selbst gegeben hast. Du brauchst diesen vierten Übungsschritt nicht unnötig in die Länge zu ziehen, bis die Stille vielleicht bedrückend wirkt. Wenn du das Gefühl hast, daß es für heute reicht, stehe auf und widme dich deinen Aufgaben.

Sinn und Zweck von Übungsschritt 5

Halte deine heutigen Einsichten in einem speziellen Tagebuch fest, das du zu diesem Zweck für den 40-Tage-Satsang der Selbstbefreiung angelegt hast. Auf diese Weise wirst du deine Einsichten und Erkenntnisse immer wieder nachlesen können, die du andernfalls wahrscheinlich schnell vergißt.

Die schrittweise Entwicklung durch die neun Themen

Die neun Themen folgen einer logischen Ordnung. Verstehst du ihre Abfolge, weißt du sofort, warum du ihnen folgst. Das ist sehr nützlich. Ein Vorausverständnis der ihr innewohnenden Logik wird dir die tägliche Praxis des 40-Tage-Satsangs der Selbstbefreiung erleichtern.

Die ersten vier Themen wollen deine Gabe der Selbstbeobachtung schärfen. Wenn du dich auf sie konzentrierst, wirst du empfänglicher und beginnst, die Dinge klarer zu sehen. Das ist wesentlich. Wenn wir uns selbst heilen möchten, müssen wir zuerst in der Lage sein und bemerken, was in unserem Körper/Geist vorgeht. Wir benötigen darüber hinaus ein feines Gespür für die Herausforderungen und Tendenzen unter der Oberfläche unseres Lebens, mit denen wir uns gewöhnlich lieber nicht auseinandersetzen und sie statt dessen unter den Teppich kehren. Ihre Erforschung wird uns unser unbewußtes Leiden vor Augen führen und fühlbar machen – und die Wurzeln dieses Leidens für uns offenlegen.

Dies dient als Grundlage für die Themen 5 bis 8, mit denen wir neue Verhaltens- und Handlungsweisen einüben. Sie zielen auf die Entwicklung gesünderer Gewohnheiten und Einstellungen ab, denn sie führen Körper und Geist behutsam an ein neues und realistischeres Dasein in der Welt heran.

Schließlich die letzte und endgültige Herausforderung: Thema 9. In ihm verbinden wir die in den Schritten 1 bis 4 gewonnene Sensibilität mit unserem neuen Umgang mit der Welt, den wir über die Schritte 5 bis 8 gelernt haben. Die Integration von Sensibilität und Handlungsfreiheit bereitet den Boden für eine alles einbegreifende Empfänglichkeit. Sie erlaubt unsere vorbehaltlose Teilnahme am Leben, was uns wiederum dazu befähigt, von ganzem Herzen zuzulassen, was wir in jedem Augenblick brauchen.

Der Sinn der Kommentare

Du willst dir deine neue Lebenshaltung immer wieder vergegenwärtigen, sobald du begonnen hast, deinen Geist zu „entkonditionieren", und neue und gesündere Vorstellungen einführst, welche die alten und eingefleischten Muster ersetzen. Unser Bewußtsein ist selten wirklich einsgerichtet. Gewöhnlich rasen Tausende von Gedanken ganz willkürlich durch unseren Geist. Das sind keine frischen und kreativen Gedanken. Sie beruhen vielmehr auf unseren Erinnerungen und Zukunftsprojektionen. Solange du an diesen Gedanken haftest und dich aus alter Gewohnheit mit ihnen identifizierst, werden sie deine Aufmerksamkeit fesseln und deine Energie aufzehren. Sie werden die alte Konditionierung immer weiter verfestigen. Wenn du die Mühle alter, abgestandener Gedanken also stoppen willst, kommst du nicht umhin, dich bewußt auf neue Gedankenstrukturen einzustimmen.

Deswegen wird es dir helfen, den jeweiligen Begleitkommentar zu lesen, der den Sinn erläutert, bevor du den Tag mit dem ersten Übungsschritt der stillen Kontemplation beginnst. Die Kommentare können dich zusätzlich inspirieren und führen die Themen weiter aus, die in den neun Kapiteln behandelt sind und mit denen du dich dann in Übungsschritt 2 jeden Tag praktisch auseinandersetzt. Nach dem dritten 9-Tage-Zyklus (also ab Tag 27 deiner Selbstbefreiung) wirst du vielleicht nicht mehr das Bedürfnis haben, die Kommentare vor dem ersten Übungsschritt zu lesen. Wenn du das Gefühl hast zu wissen, warum du übst, kannst du sie weglassen. Vertraue in dieser Hinsicht einfach deiner Intuition. Sie wird dir sagen, ob du die Kommentare nochmals lesen möchtest oder nicht.

Allmählicher Wandel durch regelmäßige Praxis

Der 40-Tage-Satsang der Selbstbefreiung bedient sich einer Reihe von Grundsätzen, die sich in vielen Traditionen spiritueller Heilung bewährt haben. Aber selbst wenn sie potentiell sehr wirksam sein können, manifestiert sich ihre Wirksamkeit in den meisten Fällen nicht automatisch und augenblicklich. Wunder sind zwar immer möglich, aber statistisch bleiben sie unwahrscheinlich, und deswegen sollten wir sie nicht erwarten. Gib dir also ausreichend Zeit und bleibe bei der Sache, damit sich die Dynamik deiner Selbstbefreiung nach deinen eigenen Gesetzen und in deinem eigenen Tempo entfalten kann.

Dein Zweifel an der Wirksamkeit der Übungen bestimmt den Grad deiner Anstrengung. Mit anderen Worten: Je mehr du an der Möglichkeit der Selbstbefreiung durch deine Gabe der Selbstbeobachtung zweifelst, desto mehr mußt du dich mit fester Absicht um die Umsetzung der Übungsschritte bemühen – desto mehr mußt du dich konzentrieren und bei der Sache bleiben. Und je mehr du bereits jetzt auf die Kraft deiner Bewußtheit vertrauen kannst, desto lockerer kannst du das Spiel der Selbstbefreiung angehen. Das heißt: Dein Fokus gilt niemals einem äußerlichen Programm, sondern immer dir selbst. Der äußere Rahmen des 40-Tage-Satsangs der Selbstbefreiung ist nur ein Werkzeug, das dir erlaubt, die Wirkkräfte deines eigenen Lebens zu verstehen. Ein Selbstzweck oder eine pseudo-religiöse Praxis ist er nicht. Also ist es empfehlenswert, daß du zuerst die verborgenen Faktoren deines Daseins erkundest, die den Zustand des geistig-seelischen Ungleichgewichts oder sogar der physischen Krankheit verursachen. Dann fühlst du deinen Weg durch sie hindurch, bis sie sich verflüchtigen. Schließlich läßt du deine Lebensgewohnheiten und Einstellungen sich verändern, ohne dabei unnatürlichen Zwang auszuüben.

Dies wird wahrscheinlich nicht über Nacht geschehen. Schließlich hat es ja auch viele Jahre gedauert, bis Konditionierung und gewohnheitsmäßige Wiederholung die gegenwärtige Situation herbeiführen konnten. Infolgedessen wirst du etwas Zeit brauchen, um deine konditionierten Vorstellungen und Gewohnheiten umzukehren oder abzuwandeln. Zwar wirkt Bewußtheit immer augenblicklich. Sie kann nur im gegenwärtigen Augenblick existieren, *denn sie ist alles durchdringende Vergegenwärtigung*. Aber eine gewisse Zeit wird vergehen, bis Bewußtheit durch den Körper/Geist sickern kann, um geistig-seelische und physische Veränderungen zu bewirken. Gleichzeitig übersieh bitte nicht die immer gegebene Möglichkeit einer augenblicklichen Veränderung. Du darfst dich also nicht darauf programmieren, daß die gewünschte Veränderung immer lange auf sich warten lassen wird. In einigen Fällen kann sie nämlich überraschend schnell eintreten. Mit anderen Worten: Erwarte keine Wunder, aber sei offen genug, sie zuzulassen, wenn sie tatsächlich eintreffen – was manchmal durchaus geschehen mag.

Der 40-Tage-Satsang der Selbstbefreiung fordert von dir, daß du dich mit neun Grundthemen beschäftigst. Du setzt dich jeden Tag mit einem von ihnen auseinander, so daß du zur Vollendung eines Zyklus neun Tage benötigst. Neun Tage sind keine lange Zeit. Ideal ist, wenn du ununterbrochen insgesamt vier dieser Zyklen durchläufst und sie mit vier Tagen stiller Kontemplation abschließt, was insgesamt 40 Tage dauern wird. Wir legen dir diesen Zeitplan ans Herz.

Die Zahl 40 ist für viele spirituelle Traditionen der Welt wichtig. Die Weisen der Vorzeit haben übereinstimmend gelehrt, daß ein Quantensprung des Bewußtseins sich zumeist erst nach 40 Tagen ununterbrochener Praxis einstellen kann. Zum Beispiel dauert ein traditionelles Sufi-Retreat 40 Tage. Jesus weilte 40 Tage in der Wüste und Moses 40 Tage lang auf dem Berg. In Südindien gibt es eine Schule des Hinduismus, die ebenfalls ein 40-Tage-Retreat empfiehlt.

Nach Abschluß der vier 9-Tage-Zyklen und den vier Extratagen empfiehlt es sich, den Satsang zu unterbrechen. Es ist dann an der Zeit, deine Situation neu zu bewerten. Frage dich einfach: „Wie fühle ich mich jetzt?" „Was habe ich gelernt?" „Welche Veränderungen haben sich bereits eingestellt?" „Stehen weitere Veränderungen an?" „Habe ich mich wirklich voll und ganz auf den Prozeß eingelassen?" „Kann ich durch diese Übungsschritte noch zusätzlich etwas lernen?" Wenn du die letzte Frage mit „Ja" beantwortest, kannst du den Prozeß später wieder aufgreifen. Sollte es dir sinnvoll erscheinen, brauchst du auch nur eine Pause von einer Woche einzulegen. Oder du wartest länger damit. Gehe ganz nach deinem Belieben vor und folge dem Rat deiner inneren Stimme.

Beim Entwurf des Buches und der Struktur für die 40 Tage der Selbstbefreiung ließen wir uns vor allem von den zahllosen positiven Reaktionen unserer Leser auf das 42-Tage-Programm zur Erfüllung in Paulas Buch *Reiki – der Weg zur Erfüllung**leiten. Obwohl dieses Buch inzwischen mehr als sieben Jahre auf dem Markt ist, bekommen wir immer noch Leserzuschriften und hören, wie das 42-Tage-Programm unseren Lesern geholfen hat, zu innerem Wachstum und einer radikal veränderten Lebenseinstellung zu finden. Viele beschreiben, daß sie ein bisher unbekanntes inneres Gleichgewicht entdeckt haben und daß sie sich nicht

---

* Windpferd, Aitrang 1995

mehr durch ihre Emotionen und Gefühle aus der Bahn werfen lassen, obwohl sie diese jetzt direkter und intensiver wahrnehmen als zuvor. Die meisten Briefe berichten von diesem wunderbaren Gefühl des Gleichgewichts und der Gelassenheit.

Ein langjähriger Schüler von Paula hat das 42-Tage-Programm vielfach wiederholt, einmal sogar ununterbrochen für die Dauer von 84 Tagen. Infolgedessen hat er sich inzwischen selbst zu einem erfolgreichen Seminarleiter entwickelt. Bei seinem Entwicklungsprozeß hat ihm *Reiki – Der Weg zur Erfüllung* als Hauptfokus seiner spirituellen Entdeckungsreise gedient und darüber hinaus als Quelle der Inspiration für seine eigene Arbeit mit seinen KlientInnen und SeminarteilnehmerInnen. Für ihn war das 42-Tage-Programm der Einstieg in die erfahrungsmäßige Erforschung und Integration des ungeteilten, nicht-dualen Wesens der Wirklichkeit. Diese hat ihn mit tiefer und dauerhafter Zufriedenheit beschenkt und hilft ihm nun bei der Erfüllung seiner Aufgaben.

Die 40 Tage der Selbstbefreiung wurden im selben Geist zusammengestellt. Auch sie geben unseren LeserInnen eine Grundlage für ihre individuelle Entdeckungsreise durch die Persönlichkeitsstrukturen ins wahre Selbst. Nur der Schwerpunkt ist ein anderer. Der Gegenstand hier ist eine tiefe und umfassende Selbstheilung – das Annehmen und Transzendieren aller Faktoren unseres Daseins, die uns und anderen vielleicht Leid verursachen.

Im Laufe einer solchen Selbstbefreiung kann es manchmal zu dramatischen Veränderungen und Entwicklungsschritten kommen, aber manchmal kommt die Wandlung auch auf leisen Sohlen daher und macht sich auf den ersten Blick kaum bemerkbar. Sie fällt dir vielleicht nur rückblickend auf, wenn du über deine veränderte Lebenseinstellung nachdenkst. Deswegen ist es wichtig, daß du achtsam bleibst und das Licht deiner inneren Bewußtheit scheinen läßt. Es kann auch sein, daß du den Prozeß in einigen Jahren nochmals durchlaufen möchtest, wenn neue Herausforderungen es erforderlich machen und du deine Reaktion auf sie überprüfen willst.

Der Tiefe deiner bewußten Beschäftigung mit dem unfaßlichen Sein sind keine Grenzen gesetzt. Es ist in dir verkörpert und seit anfangslosen Zeiten untrennbar von dir. Das heißt, das Ende des Prozesses der Selbstbefreiung bleibt immer offen. Sein Geheimnis sind nicht die einzelnen Übungsschritte oder sein Aufbau. Das Geheimnis bist du selbst. Es ist in deiner Bereitschaft angelegt, dich selbst zu erforschen, dein Wesen zu ergründen. Strukturen wie der 40-Tage-Satsang der Selbstbefreiung können nur ein Schlüssel sein. Du selbst bist das Schloß, das dieser Schlüssel öffnen kann – und sogar die Schatztruhe deines eigenen inneren Reichtums, die du öffnen möchtest.

Kernpunkte für den Erfolg
des 40-Tage-Satsangs der Selbstbefreiung

Der Erfolg unserer LeserInnen mit dem 42-Tage-Programm in *Reiki – Der Weg zur Erfüllung* beruht auf vier Kernpunkten, die sich auch auf den 40-Tage-Satsang der Selbstbefreiung anwenden lassen. Obwohl von Aufbau und Ausrichtung verschieden, sind beide Ansätze darauf angelegt, deine Bewußtheit zu erweitern und zu vertiefen. Bewußtheit bietet ein breites Fundament für positive Veränderungen. Damit Bewußtheit sich entwickeln, entfalten und wachsen kann, brauchst du Anhaltspunkte für dein Vorgehen. Die folgenden vier Kernpunkte geben dir diese Orientierung. Wenn du ihnen folgst, darf ein Durchbruch zu einer verfeinerten Form deines Bewußtseins vorausgesetzt werden.

VERLANGEN: Der erste Kernpunkt zu einem erfolgreichen Satsang ist das *Verlangen deines Herzens*. Du willst von Herzen fühlen, wer du bist. Dieses Verlangen deines Herzens hat nichts mit Wunschphantasien und eingebildeten Bedürfnissen gemein, die dich in eine Sackgasse führen, weil sie dir niemals die Erfüllung gewähren, welche sie zuerst verheißen. Das Verlangen deines Herzens wird dich hingegen befreien. Wenn du dir von Herzen die Befreiung von deinem Leiden wünschst, wird dieses Verlangen dich am Ende auch zur Befreiung führen. Wir alle tragen dieses Verlangen in uns. Wir alle wünschen uns die Wahrheit, die wir eigentlich *sind*. Manchmal zeigt sich dieser zuerst unbewußte Wunsch als tiefe Sehnsucht, die durch die Risse in unserer alltäglichen Existenz sickert und ein starkes Gefühl des Unbefriedigtseins hervorruft, wenn wir uns selbst nicht treu sind. Sobald wir diesen Wunsch nicht länger ignorieren, sondern ihn nähren und das Feuer mit dem Verlangen nach einem wahrhaftigen Leben schüren, wird das Leben schließlich die Umstände zu seiner Verwirklichung an uns herantragen. Freiheit von körperlichem und geistig-seelischem Leiden ist nur in einem erwachten und befreiten Bewußtsein möglich. Du willst dich mit großer Begeisterung und Intensität darauf konzentrieren, so daß alle übrigen Ablenkungen im heiligen Feuer deines Verlangens verbrennen und du die dir innewohnende Freiheit deines Bewußtseins tatsächlich empfangen und ausleben kannst. Ohne solches Verlangen ist Befreiung so gut wie unmöglich. Sei dir deswegen deines Verlangens bewußt. Pflege es sorgfältig, und es wird dich hundertfach belohnen.

ENGAGEMENT: Du willst dich wirklich engagieren und den Anleitungen zur Praxis folgen, wenn du die Früchte des 40-Tage-Satsangs der Selbstbefreiung ernten möchtest. Sobald wir uns entschlossen auf etwas einlassen, räumen wir damit wirkungsvoll alle Zweifel und Zweideutigkeiten aus. Mit einem halbherzigen „Na-ich-kann-es-ja-mal-damit-versuchen" kommst du nicht weit. Das Wort „versuchen" trägt in sich alle Entschuldigungen und Ausreden des Ego, mit denen es deine Bemühungen um den erfolgreichen Abschluß deines Vorgehens sabotiert. Solche Unterfangen führen zumeist zu dem Ergebnis, daß du dir sagst: „Na ja, zumindest habe ich es ja versucht." Das ist eine lahme Ausflucht, welche die Tatsache verschleiern soll, daß du deine Energie nicht voll eingesetzt hast. Deswegen hüte dich vor dem Wort „versuchen". Der 40-Tage-Satsang der Selbstbefreiung will dir helfen, dich selbst und dein Leben zu fühlen und damit deinen Widerstand gegen den freien Fluß deiner Lebenskraft aufzulösen. Das spült zwangsläufig eine Menge Widerstand an die Oberfläche. Ohne das unzweideutige Engagement, dich auf den Prozeß voll einzulassen, darfst du auch keine greifbaren Ergebnisse erwarten. Zu diesem Zweck willst du wirklich *fühlen*, was in dir abläuft, und nicht bloß oberflächlich über die einzelnen Themen nachdenken. Deine Konditionierung fesselt dich an dein Leiden. Sie möchte deswegen um jeden Preis am Status quo festhalten. Nur ein starkes Engagement von Beginn an, das du jeden Tag durch deine Praxis vergrößerst, wird dir gestatten, jene Muster zu fühlen und loszulassen, die dich in dein gegenwärtiges Unbefriedigtsein hineingeführt oder sogar krank gemacht haben.

BEHARRLICHKEIT: Der Prozeß des Satsangs der Selbstbefreiung ist auf 40 Tage angelegt, weil du zur Erfahrung eines qualitativen Bewußtseinssprungs wahrscheinlich mindestens 40 Tage brauchen wirst. Darüber hinaus ist dir empfohlen, 40 Tage lang ununterbrochen bei der Sache zu bleiben, damit du am Ende entweder eine Veränderung deines Zustands feststellen kannst oder einen Wandel in deiner Einstellung. Entscheidend ist also, daß du den Prozeß ohne Unterbrechung abschließt *und keinen einzigen Tag versäumst*! Die Ergebnisse werden kompromittiert, wenn du auch nur einen Tag unterbrichst, denn damit wird ja auch der Impuls zum Durchbrechen der Macht der Gewohnheit und Konditionierung unterbrochen. Solltest du aus irgendeinem Grund an einem Tag zu üben vergessen, beginnst du noch einmal ganz von vorn, selbst wenn du bereits bei Tag 38 angelangt sein solltest. In diesem Falle darfst du deine Vergeßlichkeit als einen Hinweis deines Bewußtseins verstehen, daß du dich augenblicklich eben noch etwas länger mit dem Prozeß der Selbstbefreiung auseinandersetzen möchtest. Bedenke stets, daß deine gegenwärtigen Verhaltensweisen und deine Lebenshaltung sich über viele Jahre, ja wahrscheinlich sogar über viele verschiedene Leben herangebildet haben. Die Erwartung einer Wandlung ohne nachhaltige und disziplinierte Bemühung ist unrealistisch. Der Prozeß verlangt von dir, daß du dich beharrlich auf die ausgewiesenen Themen konzentrierst und die dadurch ausgelösten Gefühle spürst. Er will dir zu natürlicher Wachsamkeit in allen Belangen und allen Lebensumständen verhelfen, die Augenblick für Augenblick an dich herangetragen werden. Du selbst bist dabei dein eigenes Erfolgsgeheimnis. Wenn du 40 Tage lang ununterbrochen bei der Sache bleibst, wirst du diese beständige Wachsamkeit in dir hervorrufen.

LOSLASSEN: Der Witz dabei ist, daß du erst dann bleibenden Nutzen aus deiner Selbstbefreiung ziehen wirst, wenn du alle Gedanken an diesen Nutzen losläßt. Paula erklärt in ihren Reiki-Seminaren immer wieder, wie wichtig es für die Heilerin oder den Heiler ist, auf die Klienten ohne Haften an einem bestimmten Behandlungsergebnis zuzugehen. Natürlich will man immer nur das Beste, und man wird selbstverständlich das Vertrauen bestärken, daß eine Heilung grundsätzlich immer möglich ist (auch wenn sie in einigen Fällen statistisch eher unwahrscheinlich sein wird). Eine ganz andere Sache ist, sich im voraus an ein bestimmtes Ergebnis zu klammern. Dieses Haften ruft im Klienten nur unbewußten Widerstand wach. Widerstand meldet sich immer dann, wenn wir an einer bestimmten Vorstellung festhalten. Haften ist beengend und besitzergreifend. Es deutet auf einen Mangel an Vertrauen in die positiven Kräfte des Kosmos. Wenn wir an etwas haften, stoßen wir es pradoxerweise von uns ab.

Loslassen beinhaltet ein weiteres Paradox. Zum Beispiel darfst du mit deinem Prozeß der Selbstbefreiung durchaus konkrete und spezifische Wünsche in bezug auf das Endergebnis verbinden. Gleichzeitig legst du dich jedoch nicht darauf fest, wie und auf welchen Wegen sich diese Ergebnisse einstellen sollen. Du bleibst in dieser Hinsicht vollkommen offen und für Überraschungen bereit. Mit anderen Worten: Du klammerst dich nicht an feste Vorstellungen hinsichtlich des „Pakets", in dem dir bessere Gesundheit und größeres Wohlbefinden zugestellt werden. Statt dessen vertraust du den kosmischen Kräften und bleibst dafür offen, daß sie das für dich Beste und Höchste bereithalten. Du behältst dir also die Möglichkeit vor, daß das Ergebnis deine Erwartungen noch übertreffen kann.

Klarheit in bezug auf deine Intention ist wichtig. Sie manifestiert ein bestimmtes Energiefeld, welches die zur Verwirklichung deiner Intention entscheidenden Elemente wie magnetisch anzieht. Indem du diese Intention durch dein Loslassen offenläßt, sorgst du dafür, daß du offen genug bleibst, den Gegenstand deiner Intention auch tatsächlich zu bekommen. Zum Loslassen gehört Vertrauen, das dich ebenfalls offen und empfänglich macht. Du wirst am Ende das Verlangen deines Herzens stillen können, sobald du klar weißt, was du willst, dich jedoch nicht auf einen einzig möglichen Weg zu diesem Ziel versteifst.

Betrachte diese vier Kernpunkte als Verbündete und Helfer auf deinem Weg, sowohl im Verlauf des 40-Tage-Satsangs der Selbstbefreiung als auch später in der Bewältigung der Herausforderungen deines Alltags. *Verlangen, Engagement, Beharrlichkeit* und *Loslassen* tragen gemeinsam dazu bei, daß alle deine Unternehmen zu einem für dich befriedigenden Abschluß kommen.

Kapitel 11

Der 40-Tage-Satsang der Selbstbefreiung

Fragen stellen und gewahr sein, das sind unsere wertvollsten Lehrer.
Sie wohnen im Herzen aller Menschen, die erkannt haben,
welche Verödung und welche Gefahren
ein unbewußt dahin gelebtes Leben nach sich zieht.

– Tarthang Tulku –

Du bist jetzt im Begriff, dich auf eine Entdeckungsreise in das äußere Erscheinungsbild und die innere Quelle deines Ungleichgewichts oder deiner Beschwerden einzulassen. Das *unmittelbare* Ziel dieser Entdeckungsreise ist jedoch *keineswegs* die gewaltsame Beseitigung dieses Ungleichgewichts oder der Beschwerden. Eine auf Beseitigung des Problems ausgerichtete Motivation verweist auf unbewußten inneren Widerstand, und der sorgt bekanntlich für den Fortbestand des Problems. Natürlich ist der Wunsch nach Befreiung von einer wahrgenommenen Bedrückung der Anstoß, überhaupt zu beginnen. Und wenn du dich auf die erfahrungsmäßige Erforschung aller Facetten deines Problem konzentrierst, wird die ersehnte Befreiung von deinen Beschwerden sich häufig *indirekt* aus deinen Bemühungen ergeben. Aber diese Befreiung kann nicht unser eigentliches Motiv sein. In dieser Hinsicht kann uns nur eines helfen: direkt zu erspüren und erfühlen, was mit uns los ist.

Deswegen ist es wichtig, daß du nie das unmittelbare Ziel aus den Augen verlierst: *dein eigenes Leben und die sich darin auswirkenden dynamischen Kräfte bewußt zu erfahren.* Diese Bereitschaft erlaubt dir, daß du mit dir und deinem eigentlichen Wesen inniger vertraut wirst. Die tiefe Erfahrung deines eigenen Seins wird schließlich zu körperlicher und seelischer Heilung beitragen. Auch wenn sie zur Heilung einer tödlichen Krankheit vielleicht nicht reicht, wird sie dir in jedem Fall helfen, die Bürde zu erleichtern; darüber hinaus transzendiert sie die hartnäckig während Identifikation mit deinem Leiden.

Die Aufhebung dieser Identifikation ist an sich bereits einer der größten Heilungsprozesse, die wir uns selbst schenken können: die direkte Erkenntnis, daß wir selbst im Leiden *nicht* unser Leiden sind. Ohne Zweifel gibt es Leiden. Leiden geschieht. Es befällt uns und fließt durch uns hindurch. Mit der Bereitschaft zu seiner bewußten Wahrnehmung kann es uns sogar etwas lehren und Dinge über uns enthüllen, die zu verstehen und integrieren uns aufgegeben ist.

Aber wir sind auch aufgefordert zu begreifen, *daß wir dieses Leiden an sich eben nicht sind.* Es ist *nicht* unser eigentliches Wesen. Es ist *nicht*, wer wir im Grunde sind. Wir sind sein Herr und Meister, denn schließlich sind wir es, die das Leiden wahrnehmen. Ohne uns als Wahrnehmende gäbe es kein Leiden. Deswegen sind wir die Meister. Das Leiden hingegen ist der Bote eines Ungleichgewichts, das wir klar wahrnehmen und gegebenenfalls korrigieren wollen.

Als unser eigentliches Wesen sind wir Bewußtsein. Bewußtsein ist total offen und immateriell. Es kann jedoch materielle Erscheinungen zulassen und beherbergen. Es kann jede Form reflektieren und jedes notwendige Drama inszenieren, das sich nach den Gesetzen des Karma entfalten soll. Da es von definierenden Eigenschaften frei ist, kann Bewußtsein sich beliebig verkleiden, um den Erfordernissen des Augenblicks gerecht zu werden.

Am besten können wir Bewußtsein mit einem Kristall vergleichen. Legt man einen Kristall auf eine farbige Unterlage, bleibt die Klarheit seines Wesens verborgen, denn er nimmt ja die Farbe seines Unter- und Hintergrundes an. Erst wenn wir den Kristall dann von der Unterlage wegnehmen, kann seine Reinheit sich zeigen. Erst dann können wir sein klares Wesen auch erkennen.

In den nun folgenden 40 Tagen werden wir uns darauf einlassen, all jene Manifestationen des Bewußtseins zu erkennen, erforschen und fühlen, die uns gewisse Schwierigkeiten bereiten. Diese Schwierigkeiten wollen uns darauf hinweisen, daß Bewußtsein und Wirklichkeit nicht übereinstimmen. Irgend etwas wurde, wenn auch unbeabsichtigt, nicht beachtet. In einer bestimmten Hinsicht haben wir unsere Gefühle nicht zugelassen.

Nun werden wir durch ein Ungleichgewicht oder gar eine Krankheit dazu gezwungen, uns unseren unterdrückten Gefühlen zu stellen. Das ist das Geschenk, das uns das Ungleichgewicht oder die Krankheit machen; die Gelegenheit, die sie uns geben. Sie zeigen uns, daß wir aus unserer natürlichen Vollkommenheit und aus unserem natürlichen Wohlsein gefallen sind. Zugleich fordern sie uns auf, den Zustand natürlicher Vollkommenheit auf einer tieferen Ebene der Integration wiederzuentdecken – mit tieferem Verstehen und größerem Mitgefühl für uns selbst und alle fühlenden Wesen.

Mit anderen Worten: Im Laufe der nächsten 40 Tage leiten die Übungsanweisungen des Satsangs dich an, die unterschiedlichsten Manifestationen deines Bewußtseins unmittelbar zu fühlen und sein ursprüngliches Leuchten als das Licht deiner eigenen Bewußtheit zu erfahren. Solcher Bewußtheit wohnen ganz außergewöhnliche Heilkräfte inne, und sie kann dir helfen, dein Dasein in seiner ganzen Tiefe auszuloten.

Rahmenbedingungen für den Erfolg beim Satsang

Wenn du den nun anstehenden 40 Tage währenden Prozeß der Selbstbefreiung in der vorgeschlagenen intensiven Form erfolgreich abschließen möchtest, brauchst du als erstes die Bereitschaft, 40 Tage lang *jeden Tag* mindestens 30 Minuten früher aus dem Bett zu kommen als gewöhnlich. Außerdem willst du innerlich motiviert sein, die dynamischen Daseinsstrukturen unter die Lupe zu nehmen und unmittelbar zu fühlen, die deine momentane Lebenssituation bestimmend gestalten. Du kannst von vornherein alle Unklarheiten und Zweifel ausräumen, wenn du dich jetzt vor dir selbst verpflichtest, alle Anweisungen genau zu befolgen.

Damit bist du selbst der beste Garant für den erfolgreichen Abschluß deiner Bemühungen. Der Wille zur Kontinuität für die Dauer von 40 Tagen bis zum Schluß öffnet dir auf der fein-stofflichen Ebene den Zugang zu ebenjenen Umständen, die du für das bestmögliche Resultat deiner Anstrengungen benötigst. Er wirkt wie ein Magnet, der die für deine Entwicklung erforderlichen Einsichten und Erlebnisse in deinen Gesichtskreis zieht. Dein fester Entschluß wird dich überdies klar erkennen lassen, was es in deinem Leben zu fördern und was es loszulassen gilt. Er löst Selbstzweifel und Verwirrung und gibt dir die notwendige Kraft, vom Prozeß der nächsten 40 Tage zu profitieren. Beginne mit dem Satsang deswegen nur, wenn du die nun folgenden Rahmenbedingungen vorbehaltlos für dich akzeptieren kannst.

- Fange nur dann mit den 40 Tagen der Entdeckungsreise in deine Verhaltensmuster und Persönlichkeitsstrukturen an, wenn du auch tatsächlich damit anfangen willst – also nur, wenn du dich von Herzen darauf einlassen kannst und weißt, daß du den Weg zu Ende gehen wirst.

- Du hast nicht den geringsten Zweifel, daß du 40 Tage lang jeden Tag gemäß den gegebenen Anweisungen übst.

- Aus dir heraus übernimmst du die Verantwortung, daß du sofort wieder ganz von vorn mit Tag 1 des Gesamtablaufs beginnen wirst, solltest du den Prozeß auch nur für einen Tag unterbrochen haben, ganz gleich, ob dies aus einem Moment des inneren Widerstandes halb bewußt oder aus purer Vergeßlichkeit und unbewußt geschah. Du hast die innere Gewißheit: Ich mache so lange weiter, bis ich mich 40 Tage ununterbrochen dem vorgegebenen Satsang gewidmet habe.

- Du versprichst, 40 Tage jeden Tag mindestens 30 Minuten darauf zu verwenden. Dabei wirst du dich etwa die Hälfte der Zeit, also ungefähr 15 Minuten, auf die Ausdehnung deiner Gedanken, Empfindungen und Gefühle in Schritt 2 konzentrieren und die restlichen 15 Minuten auf die übrigen Schritte verteilen.

- Du erklärst dich einverstanden, täglich alle 5 Schritte einzubeziehen und niemals einen Schritt auszulassen. Das ist für den Synergie-Effekt entscheidend.

- Du beschließt, über dein Tun und deine Erfahrungen im Verlauf der 40 Tage vollkommenes Stillschweigen zu wahren. Mit anderen Worten: Gehe deinen einmal begonnenen Weg zu Ende, bevor du darüber sprichst. Der Grund dafür ist sehr einfach: Freunde, Familie oder Bekannte könnten dich aus Unkenntnis und Unverständnis entmutigen und dich von deinem Ziel abbringen, zum Beispiel dadurch, daß sie sich über deine Bemühungen um innere Klarheit lustig machen (weil sie nämlich ein gewisses Unbehagen oder sogar Angst vor ihrer eigenen inneren Klarheit haben).

- Solltest du die 40 Tage in einer Selbsthilfegruppe üben, liegt der Fall natürlich umgekehrt. Dann nämlich ist es sogar empfehlenswert, daß du deine Erfahrungen bei Gruppentreffen mit den anderen TeilnehmerInnen austauschst. Im Rahmen einer Selbsthilfegruppe unterstützt der Erfahrungsaustausch mit Gleichgesinnten deine eigenen Bemühungen und trägt so zur Klärung bei. Das kann jedoch nur geschehen, wenn alle das gleiche Ziel der tieferen Selbsterkenntnis verfolgen.

- Laß los, entspanne dich und bleibe locker! Klar, du willst dich natürlich auf den Satsang einlassen und dich auch bemühen, aber eben entspannt und locker. Du erlernst in den 40 Tagen neue Gewohnheiten und entwickelst vor allem die bisher vielleicht unterentwickelte Fähigkeit, dich selbst von innen heraus zu fühlen und zu verstehen. Sie wird dir später mehr Selbstvertrauen und Gelassenheit schenken. Je lockerer du bei deinen Bemühungen bleibst, desto leichter können sich die Ergebnisse nach ihren eigenen Gesetzen einstellen.

Schließlich siehst du auch ein, daß die hier gegebenen Rahmenbedingungen Spielregeln des Tiefenbewußtseins sind – festgelegt, um dich auf deiner Entdeckungsreise zu dir selbst zu unterstützen. Darum erkennst du sie aus eigenen Stücken uneingeschränkt als Richtlinien für deine Bemühungen in den nächsten 40 Tagen an.

Selbstachtung

Das Thema

Laß alles ein wenig langsamer angehen! Nimm dir die Zeit zu fühlen, was deine Schwierigkeit oder Krankheit dir sagen will.

Der Sinn

Der Erfolg der nun folgenden intimen Begegnung mit uns selbst beruht darauf, daß wir lernen, uns selbst zu fühlen. Nur unter der Voraussetzung, daß wir uns auch wirklich fühlen, können wir die Ereignisse unseres Lebens *bewußt* erfahren und schließlich transzendieren. Das Geschehen des Augenblicks zu fühlen ist der goldene Schlüssel. Durch ihn können wir zunächst ganz konkret und unmittelbar spüren, was uns im Moment belastet oder bedrückt. Später können wir zusätzlich erkennen lernen, was uns das Ungleichgewicht oder die Krankheit eigentlich sagen will. Auf dieser Basis können wir schließlich informiert und voll bewußt über unser weiteres Vorgehen entscheiden.

Es ist wichtig für uns zu begreifen, warum wir alles ein wenig langsamer angehen lassen sollen. Diese Einsicht erweitert unseren Handlungsspielraum bei der Auseinandersetzung mit dem Ungleichgewicht oder der Krankheit, die uns hemmt. Wenn wir nämlich wie gehetzt durch den Tag hasten, werden wir niemals die wahre Tiefe unserer eigenen Erfahrung kennenlernen. Wenn wir also wirklich fühlen und wahrnehmen möchten, was in uns und uns herum geschieht, bleibt uns nichts anderes übrig, als das Tempo zu drosseln. Wir wollen in eine sanftere Gangart wechseln, damit wir uns und unser Leben bewußter spüren können.

Bei Tempo 200 auf der Autobahn können wir nicht auf die Landschaft achten. Das wäre zu gefährlich. Wir sind deswegen zwangsläufig blind für die Flüsse oder Berge oder die sanft sich wellenden Felder. Wir sehen nicht die Wolken sich bauschen und ihre Gestalt verändern. Ähnlich ergeht es uns bei überhöhter „Lebensgeschwindigkeit". Wenn wir durch unser eigenes Leben hetzen, merken wir wahrscheinlich nicht einmal mehr, daß wir lebendig sind. Vielleicht verschließen wir uns auch einfach und hören überhaupt auf zu fühlen. Unaufhörliche Hetzerei erschwert und kompliziert die ganz natürlichen Herausforderungen, die das menschliche Leben nun einmal mit sich bringt. Sie macht sie zu wirklichen Problemen. Deswegen: Öffne dich der Weisheit, die in der Langsamkeit beschlossen liegt.

Übungsschritt 1: „Einstimmung"
Setze dich bequem auf deinen Lieblingsplatz und nimm dir ein paar Augenblicke Zeit, um zur Ruhe zu kommen. Laß deinen Atem natürlich fließen und deinen Körper und Geist sich entspannen. Du kannst auch tief aufseufzen, sozusagen einen Seufzer der Erleichterung ausstoßen: *„Ahhhhh"*. Fühle dieses *Ahhhhh* tief aus deinem Bauch aufsteigen. Spüre dabei, wie du deine Last erleichterst. Wiederhole dies so oft, wie es dir notwendig erscheint. Sollten dir sehr viele Gedanken durch den Kopf gehen, dann laß ihnen einfach ihren Lauf. Du nimmst sie wahr, und du läßt sie ziehen, ohne dich in ihnen zu verstricken.

Fühle deine sich ausbreitende Entspannung; spüre verspannte Muskeln sich lockern. Aber bleibe bei aller Entspannung wach und aufmerksam, und nimm alle Körperempfindungen wahr, die sich bemerkbar machen, und alle Gedanken, die im Raum des Geistes aufsteigen wie Seifenblasen. Du folgst ihnen jedoch nicht und verlierst dich auch nicht in Assoziationen oder Gedankenketten. Statt dessen richte deine bewußte Aufmerksamkeit nun auf das eigentliche Thema des heutigen Satsangs.

Übungsschritt 2: „Fühlen und Ausdehnen"
Betrachte aus der Tiefe deines Herzens unvoreingenommen dein momentanes Befinden und deine Situation im Leben. Wenn wir unruhig oder gar verstört sind, versuchen wir zumeist, uns „eine Lösung auszudenken", und zwar mit einem Geist, der ebenfalls unruhig oder verstört ist. Dieser etwas verzweifelte, weil gehetzte Ansatz kann nicht zu optimalen Lösungen führen. Werden wir jedoch statt dessen bewußt langsamer, atmen tief und sanft, setzen

uns hin und halten für einen Moment einfach inne, um in uns hinein zu fühlen und unsere Aufmerksamkeit nach innen auf uns selbst zu richten – dann schaffen wir einen Raum der Offenheit, in dem die Lösung wie von selbst auftauchen kann.

Der Geist wird sich beruhigen, sobald wir unsere ganze Aufmerksamkeit auf ihn richten und ihm gestatten, sich frei zu äußern, gewissermaßen nach Herzenslust drauflos zu plappern. Wenn du dich offen und aufmerksam auf deine Gedanken konzentrierst, deine ganze Aufmerksamkeit auf sie richtest, dann verschwinden sie wie auf magische Weise (vorausgesetzt, du benutzt dieses Vorgehen nicht als einen Trick, sie zu vermeiden oder zu vertreiben). Sobald dein Geist einmal ein wenig langsamer arbeitet, kannst du viele Dinge gleichzeitig wahrnehmen und sie sogar in dein Sein integrieren – selbst heftige und aufwühlende Emotionen. Das spielt sich ähnlich wie bei einem Autounfall ab, bei dem die Zeit stillzustehen scheint, wenn der Wagen sich mehrfach überschlägt. Alles ist in wenigen Sekunden vorbei, und doch ziehen sie sich hin wie Minuten, weil alles in Zeitlupe geschieht. Es ist besser, nicht auf einen Unfall oder auf eine Lebenskrise zu warten, um diese besondere Sinnesschärfe zu wecken. Du kannst sie auch jetzt in deine entspannte Selbstbeobachtung einbringen und deine momentane Situation mit geschärfter Aufmerksamkeit direkt wahrnehmen und unmittelbar spüren.

Lege eine Hand auf dein Herz und die andere auf deinen Bauch. Atme ganz entspannt und tief, so daß deine Hände sich mit dem Atem heben und senken. Konzentriere dich offen und bewußt fünf Minuten lang auf deinen Atem und laß gleichzeitig alle Gedanken und Gefühle geschehen, ohne dich einzumischen. Dann lege beide Hände aufs Herz und fühle, was dein Herz dir mitteilen möchte.

Verweile mit deiner Aufmerksamkeit bei deinem Herzen und laß es zu Wort kommen. Vielleicht steigt ein bestimmter Gedanke oder ein bestimmtes Gefühl auf. Was auch immer geschieht, laß es geschehen. Atme einfach weiterhin tief und langsam, und gib den Gedanken und Gefühlen den notwendigen Raum, sich zu entfalten.

Während du tief und ruhig atmest, betrachtest du dein gegenwärtiges Befinden, die Situation, in die das Leben dich jetzt stellt. Wenn du unglücklich, unausgeglichen oder unzufrieden bist, gestatte dir zu spüren, was diese Gefühle dir sagen wollen. Wenn es dir schlechtgeht oder du sogar ernsthaft krank bist, erforsche mit offenem Herzen das Gefühl oder die Botschaft, die dein Befinden in dir auslöst. Laß dir Zeit und achte darauf, daß du dich nicht in einer krampfhaften mentalen Suche nach „den Ursachen" verlierst. Ursachen und Gründe gibt es wahrscheinlich viele, und sie sind alle miteinander verknüpft. Vertraue einfach darauf, daß sie sich alle zum richtigen Zeitpunkt offenbaren werden, wenn ihr Verständnis dir weiterhelfen kann.

Für den Augenblick jedoch bleibst du weiterhin offen und empfänglich und läßt die verschiedenen Gefühle und Einsichten sich wie von selbst zeigen. Lausche ganz einfach ihrer Botschaft und folge diesem Prozeß, bis du auf einmal klar und deutlich erkennst, daß es für heute genug ist.

Übungsschritt 3: „Die Verankerung im Bewußtsein"
Sprich nun laut und deutlich dreimal das folgende Wunschgebet, das deiner Sehnsucht nach Bewußtwerdung und Freiheit Ausdruck verleiht. Gib deinem Herzen und deinem Wahren Wesen eine feste Stimme, kraftvoll und in der Überzeugung, daß du eine tiefgefühlte Wahrheit zum Ausdruck bringst:

Zu meinem eigenen Wohl, zum Wohl der Menschen, die ich liebe
und zum Wohl der ganzen Schöpfung
Gebe ich mir von jetzt an,
Bis daß die befreiende Gegenwart der allesdurchdringenden Bewußtheit
unmittelbar erkannt und gefühlt ist,
Alle Zeit und allen Raum, die ich brauche,
Mir selbst wirklich zuzuhören und die Botschaft zu fühlen,
Die mein Zustand mir vermittelt.
Ich lerne die Lektion, die das Leben mir erteilt.

Ich öffne mich der Gegenwart von Gesundheit und Ganzheit,
Eins mit der Allgegenwart des Wahren Wesens in meinem Sein.
Voll und ganz erfühlt,
Möge diese Wahrheit nun nach allen Seiten ausstrahlen,
Alle Wesen berühren und anleiten,
Ihre innere Wahrheit zu fühlen.
Möge meine Wahrheit
Glück, Gesundheit und befreienden Gleichmut schenken
und alles Leiden aufheben.

Übungsschritt 4: „Integration"

Danach sitzt du einige Momente lang in stiller Meditation und absorbierst die Wirkung deines Satsangs und der Worte, die du soeben dreimal laut ausgesprochen hast. Vielleicht kannst du spüren, wie deine eigene Wahrheit ganz sanft und geduldig durch dich hindurch strahlt und im Körper/Geist allmählich eine Grundstruktur von Gesundheit und Ganzheit anlegt.

Übungsschritt 5: „Befreiender Selbstausdruck"

Schließlich nimmst du dir die Zeit, deine Beobachtungen aufzuschreiben. Verwende dazu ein spezielles Tagebuch, das du allein für diesen Zweck angelegt hast.

Bewußtheit

Das Thema

Erkenne, was du ablehnst!

Der Sinn

Sobald wir das Tempo aus unseren Wahrnehmungen sowie aus unseren unbewußten und reflexhaften Gegenreaktionen nehmen, spüren wir schlagartig vor allem jene Emotionen und Gefühle in uns aufsteigen, die wir am liebsten vermeiden würden. Wir bemerken, was wir ablehnen und ins „Unbewußte" abdrängen. Obwohl sich dies zunächst unangenehm anfühlt, ist es doch ein großer Schritt in die richtige Richtung. Zum Weg zu Ausgeglichenheit und Gesundheit gehört Ehrlichkeit. Ausgeglichenheit und Gesundheit können nicht Seite an Seite mit Verleugnung und Verdrängung existieren. Das geht nicht.

Was wir ablehnen und verdrängen, klebt an uns und hängt uns an, erbarmungslos. Beim zweiten Thema unserer 40 Tage der Selbstbefreiung machen wir uns die Wahrheit dieser allgemeingültigen Einsicht dienstbar. Dies erreichen wir, indem wir das strahlende Licht unserer Bewußtheit gerade auf die Dinge und Themen richten, die wir ablehnen und nicht an uns heranlassen möchten. Oder die wir geflissentlich übersehen, weil sie uns weh tun. Wenn wir sie jedoch erkennen und fühlen, entdecken wir auch, daß der damit verbundene Schmerz durch uns hindurchfließen und sich schließlich auflösen kann. Voraussetzung dafür ist, daß wir unseren Widerstand fühlen und aufweichen, bis er wie von selbst abfällt.

Bevor eine Änderung zum Besseren eintreten kann, wollen wir eine Bestandsaufnahme unserer Lebensumstände vornehmen. Eine realistische Betrachtung unserer aktuellen Befindlichkeit ist angesagt. Wir brauchen eine ungeschminkte Diagnose. Kein Arzt kann seinen Patienten helfen, wenn er sich weigert, ihren Gesundheitszustand zu diagnostizieren. Deswegen können auch wir unmöglich erkennen, was uns verwirrt, quält und krank macht, wenn wir es geflissentlich ignorieren oder vortäuschen, nicht zu merken, was eigentlich gespielt wird.

Wege zu Ausgeglichenheit und Wohlbefinden werden sich uns nur über die realistische Einschätzung unserer Lebenssituation eröffnen. Deswegen wollen wir darauf achten und fühlen, was mit und in uns geschieht, ohne negative Bewertung, und auch ohne den Makel, daß wir uns schlicht weigern, wichtige Elemente zur Kenntnis zu nehmen.

Übungsschritt 1: „Einstimmung"

Setze dich bequem auf deinen Lieblingsplatz und nimm dir ein paar Augenblicke Zeit, um zur Ruhe zu kommen. Laß deinen Atem natürlich fließen und deinen Körper und Geist sich entspannen. Du kannst auch tief aufseufzen, sozusagen einen Seufzer der Erleichterung ausstoßen: „*Ahhhhh*". Fühle dieses *Ahhhhh* tief aus deinem Bauch aufsteigen. Spüre dabei, wie du deine Last erleichterst. Wiederhole dies so oft, wie es dir notwendig erscheint. Sollten dir sehr viele Gedanken durch den Kopf gehen, dann laß ihnen einfach ihren Lauf. Du nimmst sie wahr, und du läßt sie ziehen, ohne dich in ihnen zu verstricken.

Fühle deine sich ausbreitende Entspannung; spüre verspannte Muskeln sich lockern. Aber bleibe bei aller Entspannung wach und aufmerksam, und nimm alle Körperempfindungen wahr, die sich bemerkbar machen, und alle Gedanken, die im Raum des Geistes aufsteigen wie Seifenblasen. Du folgst ihnen jedoch nicht und verlierst dich auch nicht in Assoziationen oder Gedankenketten. Statt dessen richte deine bewußte Aufmerksamkeit nun auf das eigentliche Thema des heutigen Satsangs.

Übungsschritt 2: „Fühlen und Ausdehnen"

Atme weiterhin ruhig und locker. Bevor du nun mit deinem Prozeß fortfährst, atme jetzt dreimal ganz besonders tief ein und aus, wobei du vollkommen entspannt bleibst. Dieses tiefe Atmen erlaubt dir, noch mehr loszulassen. Lege eine Hand, vielleicht sogar beide Hände auf dein Herz, um deine Bewußtheit dort zu verankern. Dann konzentriere dich locker und sanft auf die Dinge, Per-

sonen, Situationen und Emotionen, die du ablehnst, ja verab-
scheust. Beziehe dich dabei vor allem auf die Einsichten aus deiner gestrigen Sitzung und stelle fest, ob du dich gegen einen bestimmten Menschen oder eine konkrete Lebensbedingung wehrst,
der oder die dich einschränkt oder sogar erdrückt.

Laß zunächst deinen Widerstand gegen diesen Menschen oder
diese Lebensbedingung zu und fühle ihn. Betrachte dich dann ganz
objektiv und frage dich einmal, ob du selbst nicht vielleicht auch
einige jener Eigenschaften aufweist, die dich am anderen dermaßen stören. Vielleicht handelt es sich ja um Aspekte deiner Persönlichkeit, die du dir nicht voll auszuleben erlaubst, die aber dennoch existieren. Fühle tief in das Thema hinein. Vielleicht entspringt aus diesem Erfühlen auch die Einsicht, daß deine Wut oder
Verärgerung über einen anderen Menschen oder eine Lebensbedingung in Wirklichkeit nur Wut auf dich selbst ist. Bemerkst du
einen starken inneren Widerstand gegen eine lang vergrabene Wut,
einen verdrängten Haß, so gestatte dir nun, sie heftig und leidenschaftlich zu fühlen. Bedenke: Wie alle anderen Erscheinungen in
unserem unfaßlich großen und weiten Universum sind auch Emotionen und Gedanken nichts weiter als Ausdruck einer bestimmten Schwingungsfrequenz. Jede Emotion und jeder Gedanke haben ein bestimmtes, *begrenztes* Energiefeld. Wenn wir dieses
Energiefeld erkunden, indem wir die Emotion ganz bewußt fühlen und ausdehnen, gelangen wir irgendwann an ihre äußere Grenze. Dann löst sich die Emotion wie von selbst, ganz gleich, wie
überwältigend sie uns auch vorgekommen sein mag.

Im tibetischen *Dzogchen* nennt man das „die Selbstbefreiung
der Erscheinungen". Dies bedeutet: Alles energetisch Begrenzte,
wie zum Beispiel die Emotion der Wut, löst sich irgendwann wie
von selbst in Nichts auf, weil sich ihre Energie zwangsläufig erschöpfen muß. Die Auflösung funktioniert allerdings nur, wenn
wir sie uns *nicht* zum Ziel nehmen, sondern unser Ziel bleibt, das
zu fühlen und auszudehnen, was uns stört oder was wir ablehnen.

Deswegen konzentriere dich nun voll und ganz auf den konkreten Anlaß deiner Ablehnung oder deines inneren Widerstan-

des und stell dir mit geschlossenen Augen vor, wie sich sein Energiefeld nach allen Richtungen ausdehnt, immer weiter von dir fort. Verweile vollkommen locker in diesem Gefühl energetischer Ausdehnung. Sollten Erinnerungen, Gedanken oder Körperempfindungen aufsteigen, so schließe sie in den Prozeß ein und dehne auch sie in deiner Vorstellung immer weiter aus. Vielleicht steigen Tränen der Wut in deine Augen oder Tränen der Verzweiflung. Laß sie ungehemmt fließen, aber richte deinen Fokus auch weiterhin hauptsächlich auf das Gefühl energetischer Ausdehnung. Dieser Prozeß findet spontan sein eigenes Ende, wenn du die äußere Grenze erreicht hast und nichts zum Ausdehnen mehr übrigbleibt. Du wirst genau wissen, wenn es soweit ist, denn dann fühlst du dich plötzlich vollkommen klar, so als seien Spinnweben und Staubschichten vom Spiegel des Bewußtseins gefegt.

Natürlich kann es (und wird es auch) vorkommen, daß du während des Prozesses dieser energetischen Ausdehnung furchtbar müde und dösig wirst, so daß du fast einschläfst. Verstehe diese Neigung als ein Zeichen, daß du nicht wirklich fühlen willst, wogegen du dich vor allem unbewußt so sehr sträubst. In diesem Fall nimmst du das Gefühl der Schwere und Müdigkeit in den Prozeß der Ausdehnung hinein und dehnst auch die Schwere und Müdigkeit aus. Folge der sich ausdehnenden Energie einfach so lange, bis sie sich erschöpft hat und sich ein Gefühl der Offenheit und Klarheit einstellt.

Dieser Prozeß vollzieht sich absolut mühelos. Wenn dir das Ausdehnen deines Widerstandes schwerfällt, dann nur deshalb, weil du dich wahrscheinlich zu sehr anstrengst. Gib auf, die Ausdehnung zu *versuchen*, statt dessen *beobachte* einfach nur, wie sie sich *automatisch vollzieht*.

Solltest du im Verlauf dieses Prozesses traurig und niedergeschlagen sein, so laß dies geschehen, fühle es und nimm es zur Kenntnis. Schließlich laß auch diese Emotion sich ausdehnen, bis sie sich verflüchtigt. Sei jetzt bereit, alle deine Widerstände ganz unvoreingenommen zu ergründen. Bedenke, daß alle emotionalen Störungen und körperlichen Krankheiten letztendlich psychosomatische und karmische Ursachen haben.

Die Übung selbst führst du mit dem Herzen und nicht mit dem Kopf aus. Während du deine Hauptwiderstände fühlst und ausdehnst, achte also darauf, daß du dich entspannt auf die Herzgegend konzentrierst. Folge dem Prozeß der Ausdehnung, bis du sicher spürst, daß es für heute genügt.

Übungsschritt 3: „Die Verankerung im Bewußtsein"
Sprich nun laut und deutlich dreimal das folgende Wunschgebet, das deiner Sehnsucht nach Bewußtwerdung und Freiheit Ausdruck verleiht. Gib deinem Herzen und deinem Wahren Wesen eine feste Stimme, kraftvoll und in der Überzeugung, daß du eine tiefgefühlte Wahrheit zum Ausdruck bringst:

Zu meinem eigenen Wohl, zum Wohl der Menschen, die ich liebe
und zum Wohl der ganzen Schöpfung,
Von jetzt an, bis daß die befreiende Gegenwart
Der allesdurchdringenden Bewußtheit
Unmittelbar erkannt und gefühlt ist,
Öffne ich jetzt alle meine Sinne,
Den Kummer wahrzunehmen, den ich trage;
Die längst verdrängten Verletzungen, an denen ich leide;
Den Groll, den ich hege.
Ich fühle die Wut, die unterdrückt in jeder Zelle meines Körpers
brodelt und lasse sie los.
Ich fühle jede Abneigung und jeden Haß,
der im Verborgenen schwelt.
Die zahllosen unerfüllten Wünsche, die mich zum Wahnsinn treiben,
ich fühle sie jetzt und lasse sie ziehen.
Die Illusionen, die ich gehegt habe,
Auch wenn sie vergänglich sind,
ich lasse sie jetzt ziehen.
Ich streife ab die Fesseln der Selbsttäuschung und Lüge.
Indem ich alle Anzeichen meiner Verstörung erkenne,

Öffne ich mich der tieferen Einsicht in die Ursachen meines Un-
glücks.
Einmal erkannt, mögen diese Einsichten
Nun nach allen Seiten ausstrahlen,
Alle Wesen berühren und dazu anleiten,
Ihre eigenen Wünsche und Widerstände anzuerkennen.
Es obsiege die Befreiung von Selbstbetrug und Lüge!
Möge sie Glück, Gesundheit und inneres Gleichgewicht schenken
und alles Leiden aufheben.

Übungsschritt 4: „Integration"

Danach sitzt du einige Momente lang in stiller Meditation und
absorbierst die Wirkung deiner Selbstbefreiung und der Worte,
die du soeben dreimal laut ausgesprochen hast. Vielleicht kannst
du spüren, wie deine eigene Wahrheit ganz sanft und geduldig
durch dich hindurchstrahlt und im Körper/Geist allmählich eine
Grundstruktur von Gesundheit und Ganzheit anlegt.

Übungsschritt 5: „Befreiender Selbstausdruck"

Schließlich nimmst du dir fünf bis zehn Minuten Zeit, deine Beobachtungen aufzuschreiben. Verwende dazu ein spezielles Tagebuch, das du allein für diesen Zweck angelegt hast.

Loslassen

Das Thema

Fühle, was du ablehnst!

Der Sinn

Dieses Thema scheint mit dem vorausgehenden identisch zu sein. Es gibt jedoch einen feinen Unterschied. Wir gehen einen Schritt weiter: vom Erkennen und vorsichtigen Abtasten der Dinge, Menschen und Emotionen, die wir ablehnen, zum vollen Erfühlen der in ihnen gebundenen Energie. Erst danach widmen wir uns wieder dem konkreten Anlaß unserer Ablehnung und schließen in der Ausdehnung sämtliche Gefühle ein, die mit unserem Widerstand zusammenhängen.

Solange wir die Dinge und unsere Emotionen von außen mit dem Verstand betrachten, gelingt es uns recht gut, das damit verbundene Thema nach außen zu verlagern und zu projizieren. Wenn wir uns jedoch auf das unmittelbare Erfühlen einlassen, spüren wir es hautnah und gewissermaßen von innen. Dann können wir die in dem Thema gebundene Energie wahrnehmen, und diese durchpulst unseren Körper und Geist. Damit werden wir uns heute beschäftigen. Wir werden tiefer gehen und die in unserem Widerstand gebundene Energie fühlen.

Bei der Erkundung zum Thema Bewußtheit standen wir gewissermaßen am Ufer, von wo aus wir die Wellen der Erinnerung und Emotionen aufsteigen sahen. Nun beginnen wir an die eigentlichen Gefühle zu rühren. Wir springen ins Wasser, tauchen ein, fühlen die Wellen und erkunden das Spiel ihrer Bewegung.

Übungsschritt 1: „Einstimmung"

Setze dich bequem auf deinen Lieblingsplatz und nimm dir ein paar Augenblicke Zeit, um zur Ruhe zu kommen. Laß deinen Atem natürlich fließen und deinen Körper und Geist sich entspannen. Du kannst auch tief aufseufzen, sozusagen einen Seufzer der Erleichterung ausstoßen: *„Ahhhhh"*. Fühle dieses *Ahhhhh* tief aus deinem Bauch aufsteigen. Spüre dabei, wie du deine Last erleichterst. Wiederhole dies so oft, wie es dir notwendig erscheint. Sollten dir sehr viele Gedanken durch den Kopf gehen, dann laß ihnen einfach ihren Lauf. Du nimmst sie wahr, und du läßt sie ziehen, ohne dich in ihnen zu verstricken.

Fühle deine sich ausbreitende Entspannung; spüre verspannte Muskeln sich lockern. Aber bleibe bei aller Entspannung wach und aufmerksam, und nimm alle Körperempfindungen wahr, die sich bemerkbar machen, und alle Gedanken, die im Raum des Geistes aufsteigen wie Seifenblasen. Du folgst ihnen jedoch nicht und verlierst dich auch nicht in Assoziationen oder Gedankenketten. Statt dessen richte deine bewußte Aufmerksamkeit nun auf das eigentliche Thema des heutigen Satsangs.

Übungsschritt 2: „Fühlen und Ausdehnen"

Jetzt bist du entspannt und konzentrierst dich locker auf den besonderen Widerstand, den du gestern bemerkt hast, und beginnst mit dem Prozeß der energetischen Ausdehnung. Für die mit starkem Widerstand besetzten Erfahrungen oder Erinnerungen wirst du den Prozeß der Ausdehnung vielleicht sogar dreimal wiederholen müssen, bis sich das Gefühl der Klarheit einstellt. Solltest du dich gestern bei der Bewußtwerdung bestimmter Erinnerungen oder Erfahrungen sehr dösig gefühlt haben und fast eingeschlafen sein, so beschäftige dich mit ihnen zuerst, denn in ihnen ist der meiste Widerstand gebunden und die Verdrängung am tiefsten. Sobald du dich dabei ertappst, daß du dich wieder lustlos und vollkommen schwer bei der Ausdehnung fühlst, steh auf und setze sie im Stehen fort.

Gestern haben wir uns vor allem darauf konzentriert, die Energie des Widerstandes selbst auszudehnen. Beginne erneut damit, bis du dich klarer und leichter fühlst. Dann konzentriere dich ganz locker auf den konkreten Anlaß, eben das Thema deines Widerstandes (vielleicht ein Mensch oder eine bestimmte Situation oder ein festgefahrenes Verhaltensmuster) und stell dir vor, wie diese sich ausdehnen.

Mit andern Worten: Du wendest den Prozeß auf einer praktischen Ebene an. Wenn du zum Beispiel heftige Wut oder Abneigung in dir aufsteigen fühlst, so konzentriere dich darauf und erlaube zuerst, daß diese Wut oder Abneigung sich ausdehnt. Dann fühle, wie sich die darin gebundene Energie ebenfalls ausdehnt. Sollte es dir schon gestern gelungen sein, einen bestimmten Widerstand zu neutralisieren, so daß du dich am Ende des Prozesses erleichtert und klarer gefühlt hast, so dehne heute die verbleibenden Rückstände aus, an denen du immer noch festhältst. Hast du hingegen gestern das Gefühl gehabt, daß für dich die energetische Ausdehnung eines bestimmten Themas ganz und gar unmöglich ist, dann nimm dir diese Unfähigkeit für heute zum Thema. Du beginnst also damit, daß du diese „Unfähigkeit etwas auszudehnen" ausdehnst. Bedenke wiederum, daß die energetische Ausdehnung ganz mühelos geschieht. Du brauchst nur zuzuschauen. Sie vollzieht sich wie von selbst.

In dem Wunsch, den Tatsachen ins Auge zu schauen, fühle jetzt in einen vielleicht immer noch vorhandenen starken Widerstand hinein. Der unbewußte Reflex der Vermeidung hilft dir nicht weiter. Es ist zwar verständlich, daß du nicht spüren möchtest, was du nicht spüren magst. Aber damit sabotierst du nur deine eigene Kraft. Wir alle wissen ja aus Erfahrung, daß uns gerade das anhängt, was wir am liebsten vermeiden möchten. Anstatt dem Unangenehmen weiter aus dem Weg zu gehen, konfrontiere dich damit. Fühle es rückhaltlos und uneingeschränkt.

Wenn du dich gestern nach der Ausdehnung unvollständig gefühlt hast, dann tauche heute erneut in dieselben unaufgelösten Gefühle ein und fühle sie vollständig. Halte dich nicht zurück. Fühle klar und deutlich, was diese Erfahrung oder Erinnerung dir antut, die du so stark ablehnst, daß du sie nicht spüren willst. Fühle, wie sie vielleicht dein Lebensgefühl oder dein Verhalten bestimmt. Fühle auch alle Assoziationen und sekundären Gefühle, die mit diesem Thema ebenfalls zu tun haben.

Übungsschritt 3: „Die Verankerung im Bewußtsein"
Sprich nun laut und deutlich dreimal das folgende Wunschgebet, das deiner Sehnsucht nach Bewußtwerdung und Freiheit Ausdruck

verleiht. Gib deinem Herzen und deinem Wahren Wesen eine feste Stimme, kraftvoll und in der Überzeugung, daß du eine tiefgefühlte Wahrheit zum Ausdruck bringst:

Zu meinem eigenen Wohl, zum Wohl der Menschen, die ich liebe
und zum Wohl der ganzen Schöpfung,
Von jetzt an, bis daß die befreiende Gegenwart
Der allesdurchdringenden Bewußtheit
Unmittelbar erkannt und gefühlt ist,
Fühle ich ohne Vorbehalt, was mich schmerzt und wogegen ich
mich sträube.
Ich vertraue mich der Führung meiner Bewußtheit an,
Fühle verdrängte Wunden und versteckten Groll,
So daß sie sich in Bewußtheit lösen.
Ich fühle die Wut, die unterdrückt in jeder Zelle meines Körpers
brodelt und lasse sie los.
Ich fühle jede Abneigung und jeden Haß,
die ich unwissentlich festhalte.
Die unerfüllten Wünsche, die Illusionen, die ich hege,
Auch wenn sie vergänglich sind,
ich lasse sie jetzt ziehen.
Ich streife ab das Feigenblatt der Selbsttäuschung und der Lüge.
Indem ich rückhaltlos fühle, was mich schon lange blockiert hat,
Öffne ich mich und lasse los die Ursachen meiner Hemmung.
Da nun alles erfühlt und losgelassen wurde,
Möge meine Befreiung in alle Himmelsrichtungen ausstrahlen
Und alle Wesen dazu anleiten, daß auch sie
Widerstand und unerfüllte Wünsche fühlen können.
Mögen wahre Gefühle die Welt erfüllen und durchdringen.
Mögen sie Glück, Gesundheit und inneres Gleichgewicht schenken
und alles Leiden aufheben.

Übungsschritt 4: „Integration"

Danach sitzt du einige Momente lang in stiller Meditation und absorbierst die Wirkung deiner Selbstbefreiung und der Worte, die du soeben dreimal laut ausgesprochen hast. Vielleicht kannst du spüren, wie deine eigene Wahrheit ganz sanft und geduldig durch dich hindurchstrahlt und im Körper/Geist allmählich eine Grundstruktur von Gesundheit und Ganzheit anlegt.

Übungsschritt 5: „Befreiender Selbstausdruck"
Schließlich nimmst du dir fünf bis zehn Minuten Zeit, deine Beobachtungen aufzuschreiben. Verwende dazu ein spezielles Tagebuch, das du allein für diesen Zweck angelegt hast.

Mut

Das Thema
Stelle dich deinen Ängsten und fühle sie!

Der Sinn
Bis heute hast du schon viel geleistet: Du hast gelernt, alles langsamer und bewußter anzugehen. Indem du deine Ablehnung und Widerstände erkannt hast, weißt du außerdem, was du nicht länger mit dir herumschleppen möchtest. Schließlich hast du tief in allen Widerstand und alle Hemmungen gefühlt und damit ihren Einfluß auf dich und dein Leben verringert. Diese drei Schritte haben dich gut auf die nun folgende Herausforderung vorbereitet.

Das direkte Erfühlen deiner Widerstände weckt wahrscheinlich alte Ängste. Jetzt ist die Gelegenheit da, dich ihnen zu stellen, vor allem, wenn du in großen Schwierigkeiten steckst. Es führt ohnehin kein Weg um sie herum. Wenn Ängste auftauchen, zeigen sie damit an, daß du sie fühlend durchdringen und auflösen kannst. Wir wissen wahrscheinlich alle noch, wie wir als Kinder unsere Angst durch das sprichwörtliche „Pfeifen im Dunkeln" verdrängt haben. Wohl in den seltensten Fällen haben wir gelernt, uns unseren Ängsten ganz offen zu stellen. Jetzt haben wir die Gelegenheit.

Am besten, wir gestatten uns, unsere Angst tatsächlich zu fühlen. Wenn wir sie unterdrücken, wird sie nicht verschwinden. Es gibt keinen besonderen Trick, mit dem wir Angst in Luft auflösen können – es sei denn, wir gehen durch sie hindurch. Und selbst dann bleibt noch ein Rest Angst zurück. Allerdings wird dieser Rest weder unsere Wahrnehmung trüben noch unsere Entscheidungen beeinträchtigen. Er hemmt uns nicht, sondern kann uns im Gegenteil ein kluger Ratgeber sein. Diese Restangst wird uns vor Menschen, Dingen und Situationen warnen, die uns schaden könnten. Angst wird es immer geben, solange wir uns auch nur im geringsten mit Vergänglichem identifizieren. Vergänglich und dem Wandel unterworfen ist jedoch alles außer reiner Bewußtheit.

Angst ist gesund und hilfreich, wenn sie uns warnt und anleitet, achtsam zu sein. Demnach können wir unsere unbewußten und blind machenden Ängste uns auf dem Weg zu mehr Gesundheit und Ganzheit zu Verbündeten gewinnen. Zu diesem Zweck brauchen wir uns ihnen nur zu stellen und sie bewußt zu fühlen. Wir öffnen uns der Möglichkeit einer besonderen alchimistischen Umwandlung, sobald wir selbst den kleinsten Aspekt unserer Angst wahrnehmen, ohne davor zurückzuschrecken. Diese Bewußtwerdung wandelt die Emotion der Angst in die Erkenntnis vom richtigen Vorgehen um, das uns zur Erfahrung der Freiheit führt.

Übungsschritt 1: „Einstimmung"

Setze dich bequem auf deinen Lieblingsplatz und nimm dir ein paar Augenblicke Zeit, um zur Ruhe zu kommen. Laß deinen Atem natürlich fließen und deinen Körper und Geist sich entspannen. Du kannst auch tief aufseufzen, sozusagen einen Seufzer der Erleichterung ausstoßen: „*Ahhhhh*". Fühle dieses *Ahhhhh* tief aus deinem Bauch aufsteigen. Spüre dabei, wie du deine Last erleichterst. Wiederhole dies so oft, wie es dir notwendig erscheint. Sollten dir sehr viele Gedanken durch den Kopf gehen, dann laß ihnen einfach ihren Lauf. Du nimmst sie wahr, und du läßt sie ziehen, ohne dich in ihnen zu verstricken.

Fühle deine sich ausbreitende Entspannung; spüre verspannte Muskeln sich lockern. Aber bleibe bei aller Entspannung wach und aufmerksam, und nimm alle Körperempfindungen wahr, die sich bemerkbar machen, und alle Gedanken, die im Raum des Geistes aufsteigen wie Seifenblasen. Du folgst ihnen jedoch nicht und verlierst dich auch nicht in Assoziationen oder Gedankenketten. Statt dessen richte deine bewußte Aufmerksamkeit nun auf das eigentliche Thema des heutigen Satsangs.

Übungsschritt 2: „Fühlen und Ausdehnen"

Aller Wahrscheinlichkeit nach hast du bereits in den vorangegangenen Sitzungen die hinter dem Widerstand verborgene Angst zu fühlen begonnen. Wir alle schleppen zwei große Ängste mit uns herum: die Angst vor Zurückweisung und die Angst vor dem Verlust unserer Sicherheit, also die Angst vor emotionaler Verletzung und vor physischer Vernichtung – vor der Erfahrung des emotionalen und des physischen Todes. Diese beiden Ängste begleiten uns immer. Wenn wir nach wahrer Freiheit streben, bleibt uns deswegen nur übrig, daß wir uns ihnen stellen.

Auf dem Weg zur Erhaltung oder Wiedergewinnung emotionaler Ausgeglichenheit und physischer Gesundheit kommst du nicht umhin, deinen Ängsten direkt ins Auge zu schauen. Du kannst sie nicht länger unter den Teppich kehren und so tun, als ob es sie nicht gäbe. Solange wir uns mit unserem Körper und seinem begrenzten Bewußtsein identifizieren, müssen wir zwangsläufig Angst haben. Der Körper ist vergänglich. Wir wissen das, auch wenn wir es oberflächlich verdrängen. Also haben wir Angst davor, ihn zu verlieren. Die Schizophrenie unserer Verdrängung ist Grundlage für die fundamentale Paranoia des Ego. Alle anderen Ängste sind dieser Grundangst untergeordnet, jedoch ist uns aufgegeben, daß wir sie uns eine nach der anderen bewußtmachen.

Wie läßt sich das tun? Genau über denselben Weg wie die Bewußtwerdung deiner Blockierungen. Wie du zuvor deinen Widerstand wahrgenommen und bewußt ausgedehnt hast, nimmst du jetzt jede deiner Ängste wahr, fühlst sie und gestattest ihnen, sich im Licht deiner Bewußtheit auszudehnen, bis ihre Energie sich erschöpft.

Du beginnst damit, daß du dir deine besonderen Ängste ins Gedächtnis rufst, die in den vorangegangenen Sitzungen an die Oberfläche gekommen sind. Merke sie dir und stelle sie dir dann klar und deutlich vor. Tauche tief in sie ein und spüre im ganzen Körper, was es heißt, mit der Energie dieser Angst konfrontiert zu sein. Achte auf körperliche Signale wie etwa Muskelverspannungen, Herzklopfen oder ein mulmiges Gefühl im Magen. Dann stell dir vor, wie diese Empfindungen sich ausdehnen. Konzentriere dich voll bewußt auf deine Angst. Gestatte ihr, sich in ihrem eigenen

Tempo und Rhythmus auszudehnen, bis sie sich auflöst und du dich klar fühlst.

Dabei versuchst du nicht, die Angst zu verscheuchen. Du nimmst sie nur bewußt wahr und läßt sie sich energetisch ausdehnen, bis es nichts mehr auszudehnen gibt. Du wirst selbst genau wissen, wann das passiert, denn dann fühlst du dich frisch und klar, und alle Müdigkeit ist wie weggeblasen. Gehe zum nächsten Schritt über, wenn du das deutliche Gefühl hast, daß der Prozeß für den Augenblick abgeschlossen ist.

Übungsschritt 3: „Die Verankerung im Bewußtsein"
Sprich nun laut und deutlich dreimal das folgende Wunschgebet, das deiner Sehnsucht nach Bewußtwerdung und Freiheit Ausdruck verleiht. Gib deinem Herzen und deinem Wahren Wesen eine feste Stimme, kraftvoll und in der Überzeugung, daß du eine tiefgefühlte Wahrheit zum Ausdruck bringst:

Zu meinem eigenen Wohl, zum Wohl der Menschen, die ich liebe
   Und zum Wohl der ganzen Schöpfung,
Von jetzt an, bis daß die befreiende Gegenwart
Der allesdurchdringenden Bewußtheit
Unmittelbar erkannt und gefühlt ist,
Bin ich bereit,
   meiner Angst ins Gesicht zu sehen.
Ich nehme die Angst wahr, die ich in mir festgehalten habe,
Die mein Leben kontrolliert und mich zurückgehalten hat –
Entweder im Verborgenen oder für alle offensichtlich.
Ich nenne meine Angst beim Namen, schaue ihr in die Augen und
   sage:
Da bist du also, du bist der Tod, vor dem ich mich fürchte!
Indem ich die Wurzel aller meiner Sorgen,
Zweifel und Bedenken klar erkenne, sehe ich nun auch,
Was alle meine Anstrengungen untergraben
   Und mir die Kraft geraubt hat.
Indem ich meiner Angst von Angesicht zu Angesicht begegne,
Möge diese neuentdeckte Freiheit alle Wesen inspirieren,

Sich ihren eigenen Ängsten zu stellen, vor allem aber der größten:
Der Angst vor der Vernichtung des nur in der Vorstellung existie-
renden isolierten und für sich bestehenden Selbst.
Möge das Abwerfen der Last des Ego
Glück, Gesundheit und wahren Gleichmut schenken
und alles Leiden lindern.

Übungsschritt 4: „Integration"
Danach sitzt du einige Momente lang in stiller Meditation und
absorbierst die Wirkung deiner Selbstbefreiung und der Worte,
die du soeben dreimal laut ausgesprochen hast. Vielleicht kannst
du spüren, wie deine eigene Wahrheit ganz sanft und geduldig
durch dich hindurchstrahlt und im Körper/Geist allmählich eine
Grundstruktur von Gesundheit und Ganzheit anlegt.

Übungsschritt 5: „Befreiender Selbstausdruck"
Schließlich nimmst du dir fünf bis zehn Minuten Zeit, deine Beobachtungen aufzuschreiben. Verwende dazu ein spezielles Tagebuch, das du allein für diesen Zweck angelegt hast.

Mitgefühl

Das Thema

Vergib dir selbst und allen anderen.

Der Sinn

Es kommt häufig vor, daß wir unser seelisches Gleichgewicht verlieren oder sogar körperlich krank werden, weil wir uns selbst oder einem anderen Menschen einen früher einmal begangenen Fehler nicht verzeihen können. Alle wahren spirituellen Überlieferungen lehren, daß Bewußtsein über „richtig" und „falsch" entscheidet. Immer ist das eigene Bewußtsein der eigentliche Richter, der die Menschen „richtet". Bewußtsein jedoch ist absolut unvoreingenommen. Auf seiner tiefsten Ebene gibt es kein „richtig" und kein „falsch". Für das Bewußtsein existiert nur ein Makel, nämlich „Unwissenheit" – eine Fehlinterpretation der Wirklichkeit, die Leid hervorruft. Wann immer es zu einer solchen Fehleinschätzung kommt, stellt das Bewußtsein sie richtig und sorgt für Ausgleich. Wir dürfen daraus logisch schließen, daß weder eine äußere Macht noch ein „Gott" unsere Sünden abwägt und uns für unsere wahren oder eingebildeten Verfehlungen verdammt.

Bewußtsein hingegen korrigiert mühelos jedes aus Unwissenheit verursachte Ungleichgewicht. Was wir jetzt auch an Leiden erfahren, es ist das Ergebnis einer Leiden verursachenden Handlung aus der Vergangenheit. Der Weg aus diesem Leiden besteht immer in unserer Anerkennung der Ursachen des Leidens, aber nicht im Sinne esoterischer oder psychologischer Spekulation. Wir können nämlich die Ursachen unseres Leidens ganz deutlich spüren, indem wir ihre Wirkungen jetzt in diesem Augenblick an uns fühlen (was ja überhaupt der Sinn unseres 40tägigen Satsangs ist). Es ist also nicht nötig, die Ursache genau zu unterscheiden und zu benennen. Da wir ihre Wirkung eindeutig fühlen, brauchen wir sie nicht zu kennen.

Das heißt, wir können den Tatsachen klar ins Auge sehen. Ist etwas falsch gemacht worden, können wir es aufrichtig bereuen und aus ganzem Herzen um Verzeihung bitten. Ist dies geschehen, dürfen wir uns auch selbst verzeihen. Echte Reue hilft uns weiter und gibt uns Kraft, denn sie macht uns verantwortungsbewußt.

Schuldgefühle hingegen sind weder heilsam noch geben sie uns Kraft. Darüber hinaus berichtigen sie auch vergangene Fehler nicht. Ganz im Gegenteil, sie ziehen dieselben Fehler wie magnetisch an, so daß wir sie wahrscheinlich wiederholen werden. Schuldgefühle sind alles andere als hilfreich, sondern vielmehr destruktiv. Sie sorgen dafür, daß wir uns auch weiterhin schlecht fühlen und machen uns vielleicht sogar krank. Sie rauben uns unseren Willen zu positivem Handeln, denn sie verführen uns dazu, daß wir uns bis zur Hilflosigkeit in ihnen suhlen. Schließlich machen sie uns am Ende verbittert, bis wir aus diesem Gefühl der Verbitterung blindwütig um uns schlagen, womit der Teufelskreis von neuem beginnt.

Die beste Medizin gegen das sinnlose Karussell von Schuld und Sühne (traurig, daß organisierte Religionen es nach Kräften fördern und erst so richtig in Schwung bringen) ist echte Reue und Vergebung. Wenn wir uns die Freiheit zu wirklich gefühlter Reue nehmen und uns selbst und anderen für vergangene Fehler vergeben können, fühlen wir uns automatisch für das Geschehene verantwortlich. Das Gefühl der Eigenverantwortung rettet uns davor, an unseren Erinnerungen zu kleben. Nicht länger an Vergangenem haftend, gewinnen wir unsere natürliche Handlungsfreiheit wieder. Wir können dem Augenblick entsprechend handeln.

Übungsschritt 1: „Einstimmung"

Setze dich bequem auf deinen Lieblingsplatz und nimm dir ein paar Augenblicke Zeit, um zur Ruhe zu kommen. Laß deinen Atem natürlich fließen und deinen Körper und Geist sich entspannen. Du kannst auch tief aufseufzen, sozusagen einen Seufzer der Erleichterung ausstoßen: *„Ahhhhh"*. Fühle dieses *Ahhhhh* tief aus deinem Bauch aufsteigen. Spüre dabei, wie du deine Last erleichterst. Wiederhole dies so oft, wie es dir notwendig erscheint. Sollten dir sehr viele Gedanken durch den Kopf gehen, dann laß ihnen einfach ihren Lauf. Du nimmst sie wahr, und du läßt sie ziehen, ohne dich in ihnen zu verstricken.

Fühle deine sich ausbreitende Entspannung; spüre verspannte Muskeln sich lockern. Aber bleibe bei aller Entspannung wach und aufmerksam, und nimm alle Körperempfindungen wahr, die sich bemerkbar machen, und alle Gedanken, die im Raum des Geistes aufsteigen wie Seifenblasen. Du folgst ihnen jedoch nicht und verlierst dich auch nicht in Assoziationen oder Gedankenketten. Statt dessen richte deine bewußte Aufmerksamkeit nun auf das eigentliche Thema des heutigen Satsangs.

Übungsschritt 2: „Fühlen und Ausdehnen"

Die Schwere deines seelischen Ungleichgewichtes oder physischen Unwohlseins entspricht proportional der Schwere deiner Schuldgefühle. Die Wechselwirkung ist unmittelbar. Wie Angst kontrolliert auch das Gefühl der Schuld dein Leben. Schuldgefühle wirken überdies ausgesprochen heimtückisch, weil oft von außen suggeriert, so daß andere ihr Süppchen darauf kochen und dich manipulieren können. Sie sind weder sauber noch aufrichtig, sondern eine Perversion wahrer Reue. Wahre Reue fühlst du direkt im Herzen, weil du wissentlich oder unwissentlich in diesem oder einem vergangenen Leben etwas Falsches getan hast. Schuldgefühle jedoch können nur entstehen, wenn du nicht durch dieses läuternde Feuer einer tief im Herzen gefühlten Reue gegangen bist.

Wenn du also genau weißt, daß du anderen geschadet oder Unrecht getan hast, dann fühle die Reue in deinem Herzen. Entschuldige dich und widme dich wieder deinem eigenen Leben. Erlaube niemandem, dich mit Schuldgefühlen zu belasten, nur damit er dich moralisch unter Druck setzen kann. Hat dir ein anderer Unrecht getan, so sage es. Steh für dich ein, aber begreife gleichzeitig, daß dieses Unrecht aus Unwissenheit begangen wurde. Selbst wenn dir jemand absichtlich Schaden zufügt oder dich verletzt, so ist auch dies nur ein Ausdruck fundamentaler Unwissenheit. Wer auch immer dir Unrecht zufügt, hat offensichtlich das Faktum übersehen, daß er sich durch die dir zugefügte Verletzung selbst um so mehr verletzt. Dies verhält sich etwa gemäß dem Sprichwort: „Wer anderen eine Grube gräbt, fällt selbst hinein."

Deswegen fühle tief in das Unrecht, das du begangen hast oder das dir angetan wurde. Stell es dir klar und deutlich vor, einschließlich der aus der Situation entstandenen Pein. Dann laß diese Gefühle sich wie von selbst energetisch ausdehnen, bis sie sich auflösen. Schließlich vergib dir selbst und anderen für das Unrecht und den Schmerz und laß alle damit zusammenhängenden Schuldgefühle los.

Sei großmütig und gestatte der Vergebung, dich zu heilen. In der heutigen Sitzung kommt es vor allem auf die Ausdehnung von Schuld oder Scham an, bis diese Gefühle sich verflüchtigen. Vielleicht besteht auch ein Gefühl der Bitterkeit fort. Wenn ja, so laß auch dieses sich nach allen Richtungen ausbreiten, bis sich seine Energie erschöpft hat. Hör auf, sobald du merkst, daß es für heute genügt.

Übungsschritt 3: „Die Verankerung im Bewußtsein"
Sprich nun laut und deutlich dreimal das folgende Wunschgebet, das deiner Sehnsucht nach Bewußtwerdung und Freiheit Ausdruck verleiht. Gib deinem Herzen und deinem Wahren Wesen eine feste Stimme, kraftvoll und in der Überzeugung, daß du eine tiefgefühlte Wahrheit zum Ausdruck bringst:

> *Zu meinem eigenen Wohl, zum Wohl der Menschen, die ich liebe*
> *und zum Wohl der ganzen Schöpfung,*
> *Von jetzt an, bis daß die befreiende Gegenwart*
> *Der allesdurchdringenden Bewußtheit*
> *Unmittelbar erkannt und gefühlt ist,*
> *Vergebe ich mir selbst den Anlaß meiner Scham*
> *Und was ich als Verletzung durch andere empfunden habe.*
> *Tief aus meinem Herzen erhebt sich das Gefühl der Reue.*
> *Ich vergebe mir selbst und lasse los,*
> *was der Vergebung bedarf.*
> *Ebenso vergebe ich anderen ihre Grausamkeiten,*

Die sie aus meiner Sicht verübt haben.

Ich erkenne klar:

Alles Unrecht dieser Welt beruht auf der fundamentalen Unwissen-
heit,

Auf der falschen Annahme eines eigenständigen „Ich",

Getrennt von den „anderen" und der „Welt".

Ich kann nichts anderes tun als vergeben, weil wir alle,

„Ich" und „die anderen" uns in diesem Netz
der Verblendung verstricken.

Möge der Geist der Vergebung nach allen Seiten ausstrahlen.

Möge die befreiende Freude der Vergebung die Welt durchdringen

Und so Glück, Gesundheit und wahren Gleichmut schenken
und alles Leiden aufheben.

Übungsschritt 4: „Integration"

Danach sitzt du einige Momente lang in stiller Meditation und absorbierst die Wirkung deiner Selbstbefreiung und der Worte, die du soeben dreimal laut ausgesprochen hast. Vielleicht kannst du spüren, wie deine eigene Wahrheit ganz sanft und geduldig durch dich hindurchstrahlt und im Körper/Geist allmählich eine Grundstruktur von Gesundheit und Ganzheit anlegt.

Übungsschritt 5: „Befreiender Selbstausdruck"

Schließlich nimmst du dir fünf bis zehn Minuten Zeit, deine Beobachtungen aufzuschreiben. Verwende dazu ein spezielles Tagebuch, das du allein für diesen Zweck angelegt hast.

Eigenverantwortung

Das Thema
Handle den Umständen entsprechend.

Der Sinn
Solange wir uns vollkommen unbewußt mit unserem Körper/Geist identifizieren, besitzen wir allem äußeren Anschein zum Trotz so gut wie keine Handlungsfreiheit. Wir bleiben dann im Netz von Ursache und Wirkung hängen, wobei die Ursache unsere Handlungen bestimmt, ohne daß wir es wahrscheinlich merken. Reaktives Ausagieren begrenzt unsere Optionen dann zusätzlich und wirkt in den meisten Fällen destruktiv. Angemessenes, weil bewußtes Handeln hingegen wirkt befreiend und erweitert unsere Möglichkeiten.

Angemessenes Handeln ist nicht nur eine Frage unserer Motive und Absichten, sondern hängt vor allem vom Niveau der Erkenntnis ab, die den Ausgangspunkt und die Grundlage unseres Handelns kennzeichnet. Deshalb widmen wir uns der Frage des angemessenen Handelns nicht schon früher, sondern erst jetzt. Wir können nämlich nur dann angemessen und bewußt handeln, wenn wir in der Lage sind, unsere Situation unvoreingenommen zu betrachten; das heißt, wenn wir alle Widerstände und Ängste, die uns zwangsläufig zu einer Fehleinschätzung der Lage verführen, von innen erfühlt und damit aussortiert haben. Dies ist im Verlauf der früheren Schritte geschehen. Falls du dich mit einem ernsthaften Gesundheitsproblem zu befassen hast, ist jetzt also die eingehende und sachliche Überprüfung aller Fakten und Möglichkeiten angesagt. Es gibt eine breite Palette von natürlichen Heilmethoden, die das Immunsystem unterstützen und vielleicht die erstrebte Erleichterung herbeiführen können. In vielen Fällen braucht man sich nicht auf eine Methode festzulegen, die bei dem Versuch, die Krankheit zu töten, den Körper in Mitleidenschaft zieht – ein Ansatz, der zuweilen den Körper tötet.

Übungsschritt 1: „Einstimmung"

Setze dich bequem auf deinen Lieblingsplatz und nimm dir ein paar Augenblicke Zeit, um zur Ruhe zu kommen. Laß deinen Atem natürlich fließen und deinen Körper und Geist sich entspannen. Du kannst auch tief aufseufzen, sozusagen einen Seufzer der Erleichterung ausstoßen: *„Ahhhhh"*. Fühle dieses *Ahhhhh* tief aus deinem Bauch aufsteigen. Spüre dabei, wie du deine Last erleichterst. Wiederhole dies so oft, wie es dir notwendig erscheint. Sollten dir sehr viele Gedanken durch den Kopf gehen, dann laß ihnen einfach ihren Lauf. Du nimmst sie wahr, und du läßt sie ziehen, ohne dich in ihnen zu verstricken.

Fühle deine sich ausbreitende Entspannung; spüre verspannte Muskeln sich lockern. Aber bleibe bei aller Entspannung wach und aufmerksam, und nimm alle Körperempfindungen wahr, die sich bemerkbar machen, und alle Gedanken, die im Raum des Geistes aufsteigen wie Seifenblasen. Du folgst ihnen jedoch nicht und verlierst dich auch nicht in Assoziationen oder Gedankenketten. Statt dessen richte deine bewußte Aufmerksamkeit nun auf das eigentliche Thema des heutigen Satsangs.

Übungsschritt 2: „Fühlen und Ausdehnen"

Alle neun Themen sind gleich wichtig. Angemessenes Handeln jedoch ist der Dreh- und Angelpunkt, an dem alles andere hängt. Der Blick nach innen an den letzten drei Tagen mag die Dinge geklärt haben. Sicher haben sich einige unrealistische Wunschvorstellungen und innere Widerstände aufgelöst, als du sie in direktem Fühlen von innen her erfuhrst, ohne sie krampfhaft loswerden zu wollen. Dadurch hast du das Fundament für neuen Handlungsspielraum gelegt. Solltest du allerdings deinen eigenen Einsichten keine Taten folgen lassen, vor allem, wenn du wirklich körperlich krank oder seelisch angeschlagen bist, wirst du dir den Wunsch nach Befreiung und Ganzheit niemals wirklich erfüllen können. Um hemmende Fesseln abzustreifen, bleibt dir nichts anderes übrig als zu handeln. Wenn du das nicht tust, wirst du bis auf weiteres im gegenwärtigen Zustand des Unglücklichseins oder der Krankheit hängenbleiben.

Dies ist also der Moment für eine ruhige Betrachtung der Richtung und des Inhalts deines weiteren Vorgehens. Trotzdem besteht kein Anlaß zu Hektik oder gar Verkrampfung. Setze dich in aller Ruhe mit dem Thema auseinander. Frage dich: „Wie genau soll ich vorgehen, um mein verlorenes Gleichgewicht zurückzugewinnen?" Bleibe nach allen Seiten offen und unvoreingenommen und laß die Anwort oder die Antworten auf dich zukommen. Gewähre ihnen den nötigen Raum und gib ihnen Zeit, daß sie sich dir von selbst offenbaren können.

Vielleicht liegt die Antwort in weiteren Recherchen über die Krankheit und die verschiedenen möglichen Ansätze zu ihrer Überwindung. Vielleicht solltest du dir auch den Rat von Experten einholen, am besten mit sehr unterschiedlichen Spezialkenntnissen. Möglicherweise gibt es für die Lösung des Problems eine ganze Reihe von gangbaren Wegen: etwa den allopathischen, naturheilkundlichen, homöopathischen, psychologischen oder spirituellen Ansatz. Es könnte auch sein, daß in deinem Fall mehrere Ansätze gleichzeitig zu befolgen sind. Aber diesen Überblick über deine verschiedenen Möglichkeiten mußt du dir unbedingt verschaffen.

Auf die Recherche folgt die praktische Umsetzung. Für sie gibt es ebenfalls verschiedene Ansätze. Manche davon sind einfach, manche kompliziert. Es könnte sogar sein, daß es schlicht darum geht, daß du eine schlechte Gewohnheit ablegst oder ein festgefahrenes Verhaltensmuster auflöst, das du in einem früheren Schritt an dir selbst entdeckt hast. Was auch immer anliegt: Tu es! Zögere nicht länger, sobald du dich vollständig und umfassend informiert hast. Natürlich kann es sein, daß Zögern und Zaudern (eine eklatante Form des inneren Widerstandes gegen jede Veränderung) deine besondere persönliche Schwäche ist. In diesem Fall machst du das Zögern zum Gegenstand deiner Betrachtung: Du erkennst es, fühlst es, fühlst seine Auswirkungen auf dein Leben, konzentrierst dich locker und läßt den Hang zum Zaudern sich in deiner Vorstellung ganz natürlich ausdehnen. Dann gehst du zur Tagesordnung über.

Beim Abwägen deiner Optionen kommt es darauf an, daß du offen und empfänglich bleibst. Nütze jede wichtige Informationsquelle und laß dann die Antworten auf dich zukommen. Sind sie einmal da, stell dir in allen Einzelheiten bildlich vor, wie du das intuitiv erfaßte Vorhaben in die Tat umsetzt.

Also: Setze dich still hin und ziehe die notwendigen praktischen Schritte in Betracht. Dann stell dir klar und deutlich vor, wie du dich auf dieses Vorgehen einläßt und den Weg Schritt für Schritt konsequent zu Ende gehst.

Übungsschritt 3: „Die Verankerung im Bewußtsein"

Sprich nun laut und deutlich dreimal das folgende Wunschgebet, das deiner Sehnsucht nach Bewußtwerdung und Freiheit Ausdruck verleiht. Gib deinem Herzen und deinem Wahren Wesen eine feste Stimme, kraftvoll und in der Überzeugung, daß du eine tiefgefühlte Wahrheit zum Ausdruck bringst:

Zu meinem eigenen Wohl, zum Wohl der Menschen, die ich liebe
und zum Wohl der ganzen Schöpfung,
Von jetzt an, bis daß die befreiende Gegenwart
Der alles durchdringenden Bewußtheit
Unmittelbar erkannt und gefühlt ist,
Tue ich mein Möglichstes und entdecke für mich
Den Zustand von Gesundheit und Gleichgewicht,
der meinem Wahren Wesen entspricht.
Ich verhalte mich entsprechend,
Daß ich in meinem Körper und in meinem Leben
Harmonie und Wohlbefinden genieße.
Vor allem aber entdecke ich die Liebe
in mir wieder,
Die alle Wunden und Krankheit heilt.
Ich lasse das Feigenblatt der Selbsttäuschung fallen
Und erkenne bereitwillig jene Gewohnheiten,
Die Krankheit und Unausgeglichenheit herbeiführen.
Ich öffne alle meine Sinne
für meine natürliche Intelligenz
Und folge der klaren und eindringlichen Stimme
Meiner direkten Einsichten.

So inspiriere ich alle Wesen dazu,
Ihre innere Kraft zu fühlen, daß auch sie aus sich heraus
Körperliche und seelische Gesundheit erstreben.
Möge die Befreiung durch angemessenes Handeln sich durchsetzen
Und so Glück, Gesundheit und wahren Gleichmut schenken
und überall Leiden aufheben.

Übungsschritt 4: „Integration"
Danach sitzt du einige Momente lang in stiller Meditation und absorbierst die Wirkung deiner Selbstbefreiung und der Worte, die du soeben dreimal laut ausgesprochen hast. Vielleicht kannst du spüren, wie deine eigene Wahrheit ganz sanft und geduldig durch dich hindurchstrahlt und im Körper / Geist allmählich eine Grundstruktur von Gesundheit und Ganzheit anlegt.

Übungsschritt 5: „Befreiender Selbstausdruck"
Schließlich nimmst du dir fünf bis zehn Minuten Zeit, deine Beobachtungen aufzuschreiben. Verwende dazu ein spezielles Tagebuch, das du allein für diesen Zweck angelegt hast.

Liebe

Das Thema

Umfange dein Unbehagen oder Leiden wie mit den Armen deiner Liebe.

Der Sinn

Angemessenes Handeln schafft Raum für positive Veränderungen. Wir lassen also genügend inneren Widerstand fallen, so daß wir unser Unbehagen oder unser Leiden sogar umfangen können. Dies hat nichts mit frömmelndem und passivem Hinnehmen oder gar mit Schicksalsergebenheit zu tun. Wenn wir vielleicht sogar lebensbedrohende Schwierigkeiten wie mit den Armen unserer Liebe umfangen, unterwerfen wir uns keineswegs einer unpersönlichen äußeren Macht.

Ganz im Gegenteil ist dieses liebevolle Umfangen ein Ausdruck unserer aktiven Teilnahme an der Gestaltung unseres Daseins und unterstreicht die Tatsache, daß wir Mitschöpfer unseres eigenen Schicksals sind. Gewöhnlich umarmen wir ja auch nur jemand oder etwas, das wir als zu uns gehörig anerkennen. Wir gehen nicht auf die Straße und umarmen jeden x-beliebigen Fremden. Wir umarmen nur die, welche uns nahestehen und lieb sind. Wenn wir also unser Unbehagen oder unsere Krankheit wie mit den Armen unserer Liebe umfangen, erklären wir sie zu unseren Freunden und Lehrmeistern.

Im Leben ziehen wir gelegentlich Krankheit oder Auseinandersetzungen in unser Dasein, um an ihnen zu wachsen und daraus zu lernen. Bewußtsein, unser wahres Wesen, ruft sie herbei, damit sie uns bei Bewußtwerdung und Reifung unterstützen. Wenn wir Krankheit und Auseinandersetzung wie mit den Armen unserer Liebe umfangen, würdigen wir diesen Sachverhalt und seinen tieferen Sinn. Wir bekennen uns zu unserer Verstrickung und Beteiligung. Wir sehen sie dann auch automatisch nicht länger als einen Feind oder eine Bedrohung, die es auszumerzen gilt. Wir lassen unseren Widerstand los und tragen damit paradoxerweise dazu bei, daß sie in Zukunft nicht mehr bestehen können. Wir entziehen ihnen die Existenzgrundlage. Indem wir unser Subjekt/Objekt-Verhältnis zu ihnen auflösen, öffnen wir uns einem innigeren Verständnis ihrer Bedeutung und ihres Wesens. Dies ist eine große Erleichterung.

Wir sehen klar und deutlich, daß Unbehagen und Krankheit auf einem Vertrag beruhen, den wir unbewußt mit uns selbst und gewissen scheinbar äußeren Faktoren eingegangen sind, damit wir uns einer umfassenderen Bewußtheit öffnen können. Mit dem Einverständnis aller Parteien läßt sich jedoch jeder Vertrag leichter annullieren oder auflösen als zum Beispiel durch einen Streit vor Gericht. Indem wir unsere Mitwirkung an Unbehagen und Krankheit anerkennen, vermeiden wir unnötigen Kampf und kommen leichter zu einer gütlichen Lösung. Außerdem ist es jetzt an der Zeit, uns zu erinnern, daß der Körper/Geist ganz natürlich zu Gesundheit und Selbstheilung tendiert.

Die Selbstheilungskräfte des Körper/Geistes übersteigen bei weitem jede Medizin und ärztliche Kunst. Ohne sie ist jede äußere Behandlung von vornherein zum Scheitern verurteilt. Nicht einmal eine simple Schnittwunde würde ohne die Selbstheilungskräfte des Körper/Geistes ausheilen können.

Krankheit und Unausgeglichenheit sind also nicht unsere Feinde, sondern Verbündete auf dem Weg zu umfassender Einbeziehung aller für unser Dasein entscheidenden Faktoren. In gewissen Situationen mögen sie uns zwar als Feind erscheinen, aber aus der Perspektive des Gesamtbildes entspricht das Feindbild nicht der Wirklichkeit. Wenn du einen weisen Umgang mit Unbehagen und Krankheit pflegst, wirst du nicht umhin kommen zu sehen, daß sie ein Entwicklungsschritt auf dem Weg zu größerer Bewußtheit sind.

Übungsschritt 1: „Einstimmung"

Setze dich bequem auf deinen Lieblingsplatz und nimm dir ein paar Augenblicke Zeit, um zur Ruhe zu kommen. Laß deinen Atem natürlich fließen und deinen Körper und Geist sich entspannen. Du kannst auch tief aufseufzen, sozusagen einen Seufzer der Erleichterung ausstoßen: *„Ahhhhh"*. Fühle dieses *Ahhhhh* tief aus deinem Bauch aufsteigen. Spüre dabei, wie du deine Last erleichterst. Wiederhole dies so oft, wie es dir notwendig erscheint. Sollten dir sehr viele Gedanken durch den Kopf gehen, dann laß ihnen einfach ihren Lauf. Du nimmst sie wahr, und du läßt sie ziehen, ohne dich in ihnen zu verstricken.

Fühle deine sich ausbreitende Entspannung; spüre verspannte Muskeln sich lockern. Aber bleibe bei aller Entspannung wach und aufmerksam, und nimm alle Körperempfindungen wahr, die sich bemerkbar machen, und alle Gedanken, die im Raum des Geistes aufsteigen wie Seifenblasen. Du folgst ihnen jedoch nicht und verlierst dich auch nicht in Assoziationen oder Gedankenketten. Statt dessen richte deine bewußte Aufmerksamkeit nun auf das eigentliche Thema des heutigen Satsangs.

Übungsschritt 2: „Fühlen und Ausdehnen"
In gewisser Hinsicht ist die vor dir liegende Herausforderung dein Freund, eine Schöpfung des Bewußtseins, das dein wahres Wesen ist, und dazu bestimmt, dir auf deinem Lebensweg weiterzuhelfen. Ja, sie ist ein Teil von dir. Willst du sie wie einen Eindringling und Aggressor abwehren und vernichten, dann wehrst du dich gegen einen Teil von dir und erklärst ihn zum Feind.

Sobald du jedoch einen Teil von dir abspaltest, zurückweist oder gar ins Unbewußte verdrängst, werden Kampf und Anstrengung unausweichlich. Bist du hingegen imstande, deine Schwierigkeiten zu umfangen, so bekennst du dich damit offen zu deiner Fähigkeit zu bedingungsloser Liebe. Bedingungslose Liebe ist die mächtigste Kraft im ganzen Universum. Sie ist auch die mächtigste Heilerin.

Deshalb sitze nun ganz entspannt und umfange in deiner Vorstellung dein Unbehagen oder deine Krankheit. Erkenne in ihnen die Gelegenheit, das Gift deiner Selbsttäuschung in die Weisheit deines Herzens umzuwandeln. Höre wirklich auf dein Herz. Welche heilende Botschaft Krankheit und Unausgeglichenheit auch mit sich bringen, sie wird sich dir von selbst offenbaren, wenn du dich nicht mit dem Kopf einmischst. Verweile in entspannter Ruhe und umfange die Botschaft deines Herzens wie mit weit geöffneten Armen.

Solltest du auch jetzt noch Widerstand gegen das liebevolle Umfangen der vor dir liegenden Herausforderung spüren, so fühle vorbehaltlos in diesen Widerstand hinein. Laß ihn sich ausdehnen, bis sich ein Gefühl der Klarheit einstellt und du unzweifelhaft weißt, daß es für heute genügt.

Übungsschritt 3: „Die Verankerung im Bewußtsein"
Sprich nun laut und deutlich dreimal das folgende Wunschgebet, das deiner Sehnsucht nach Bewußtwerdung und Freiheit Ausdruck verleiht. Gib deinem Herzen und deinem Wahren Wesen eine feste Stimme, kraftvoll und in der Überzeugung, daß du eine tiefgefühlte Wahrheit zum Ausdruck bringst:

Zu meinem eigenen Wohl, zum Wohl der Menschen, die ich liebe
und zum Wohl der ganzen Schöpfung,
Von jetzt an, bis daß die befreiende Gegenwart
Der alles durchdringenden Bewußtheit
Unmittelbar erkannt und gefühlt ist,
Umfange ich ganz offen Unbehagen und Krankheit.
Ich habe getan, was zu tun war,
Um die mir angeborenen Kräfte der Selbstheilung zu nützen.
Auch krank machende Gewohnheiten habe ich aufgegeben.
Deswegen fühle ich mich nun stark genug,
Mein Unbehagen und meine Krankheit zu umfangen
Und sie für die Botschaft zu lieben,
die sie mir bringen.
Ich umfange sie liebend, weil sie mir
Die Gelegenheit geben,
Das Gift der Selbsttäuschung
In die Weisheit des Herzens umzuwandeln.
Ich lasse das Feigenblatt der eingebildeten Trennung fallen

Und verschmelze mit der Kraft der Liebe.
So zeige ich allen Wesen den Sinn, der darin liegt zu umfangen,
Was ihnen bisher Leid verursachte.
Meinem Beispiel folgend, verwandeln auch sie
Die Gifte, die sie quälen, in den Trunk
*   bedingungsloser Liebe.*
Möge die Befreiung durch Umfangen des Unglücks obsiegen
Und so Glück, Gesundheit und wahren Gleichmut schenken
*   und alles Leiden aufheben.*

Übungsschritt 4: „Integration"

Danach sitzt du einige Momente lang in stiller Meditation und absorbierst die Wirkung deiner Selbstbefreiung und der Worte, die du soeben dreimal laut ausgesprochen hast. Vielleicht kannst du spüren, wie deine eigene Wahrheit ganz sanft und geduldig durch dich hindurchstrahlt und im Körper/Geist allmählich eine Grundstruktur von Gesundheit und Ganzheit anlegt.

Übungsschritt 5: „Befreiender Selbstausdruck"

Schließlich nimmst du dir fünf bis zehn Minuten Zeit, deine Beobachtungen aufzuschreiben. Verwende dazu ein spezielles Tagebuch, das du allein für diesen Zweck angelegt hast.

Hingabe

Das Thema

Fühle dich frei genug zu erbitten, was du brauchst.

Der Sinn

Auf der Reise zu seelischem Gleichgewicht und körperlicher Gesundheit sind bestimmte Schritte unausweichlich, damit wir erfolgreich voranschreiten und schließlich zu Hause ankommen können – im natürlichen, uns angeborenen Glück und Gleichmut. Einer dieser Schritte besteht darin, daß wir lernen, ohne falsche Bescheidenheit zu erbitten, was wir zu unserer Erfüllung brauchen. Mit dieser Bitte schicken wir eine besondere Energiebotschaft hinaus in den Kosmos, so daß der Kosmos darauf eingehen kann. Wenn wir aus Scham oder anderen Gründen unsere Sehnsucht in uns verschließen, kann der Kosmos nur schwer reagieren, denn unser tiefster Wunsch bleibt ihm verborgen.

Offensichtlich wünschen wir uns Heilung. Wenn wir das nicht tun würden, hätten wir jetzt nicht diese Seite aufgeschlagen, um uns selbst zu erfahren und zu begegnen. Indem wir uns für diese 40 Tage der Satsang-Reise in die tieferen Schichten unseres Seins entschieden haben, bitten wir nämlich jeden Tag erneut direkt und indirekt um die Erfüllung einer großen Sehnsucht, eines großen Verlangens.

Manchmal brauchen wir auch einfach die Hilfe geliebter Menschen, die sie im Grunde meist zu geben bereit sind. Aber wenn wir sie nicht fragen, fällt es ihnen schwer, unsere unausgesprochene Bitte zu erfüllen. Zu oft setzen wir einfach voraus, daß unsere Nächsten und Freunde wissen, was wir brauchen. Oft mögen sie es tatsächlich ahnen, haben aber Angst, es uns zu geben, wenn wir nicht fragen. Letztlich liegt das Wagnis der Bitte an uns. Wir dürfen nicht voraussetzen, daß unsere Lieben die Kunst des Gedankenlesens beherrschen.

Die Bitte um Beistand und Hilfe hat noch eine andere segensreiche Wirkung. Sie zwingt uns, den Panzer des Selbstschutzes fallen zu lassen, der sich für die meisten von uns in ein Gefängnis verwandelt hat, aus dem wir uns nicht mehr herauswagen. Wenn wir um etwas bitten, machen wir uns verwundbar, denn bei der Äußerung unserer Bitte müssen wir auch das Herz öffnen. Aber es lohnt sich, daß wir den Mut aufbringen, die aus der Kindheit stammende tiefsitzende Angst vor Zurückweisung zu überwinden. Verletzlichkeit ist eine Grundvoraussetzung für jede echte Heilung. Sie ist der eigentliche Nährboden für unsere innere Kraft.

Wir finden zu unserer eigenen Weisheit zurück, wenn wir wieder werden wie die Kinder – ausgestattet mit der Erfahrung und dem Wissen eines Erwachsenen. Im Akt des Bittens öffnen wir uns erneut der in uns schlummernden kindlichen Unschuld. Sie ist für jede tiefe Form der seelischen oder sogar physischen Heilung unerläßlich. Ferner schließen wir andere in unsere Suche nach Ganzheit ein, wenn wir um etwas bitten, was wir brauchen. Damit gewinnt unsere eigene Suche eine zusätzliche Dimension. Wenn wir andere einbeziehen, erschließen wir auch in uns eine tiefere und wahrscheinlich reifere Ebene.

Um Hilfe bitten ist heilsam. Es macht uns am Ende bewußt, was wir wirklich brauchen. Im Licht solcher Bewußtheit können Gesundheit und Wohlbefinden sich natürlich entfalten.

Übungsschritt 1: „Einstimmung"
Setze dich bequem auf deinen Lieblingsplatz und nimm dir ein paar Augenblicke Zeit, um zur Ruhe zu kommen. Laß deinen Atem natürlich fließen und deinen Körper und Geist sich entspannen. Du kannst auch tief aufseufzen, sozusagen einen Seufzer der Erleichterung ausstoßen: *„Ahhhhh"*. Fühle dieses *Ahhhhh* tief aus deinem Bauch aufsteigen. Spüre dabei, wie du deine Last erleichterst. Wiederhole dies so oft, wie es dir notwendig erscheint. Sollten dir sehr viele Gedanken durch den Kopf gehen, dann laß ihnen einfach ihren Lauf. Du nimmst sie wahr, und du läßt sie ziehen, ohne dich in ihnen zu verstricken.

Fühle deine sich ausbreitende Entspannung; spüre verspannte Muskeln sich lockern. Aber bleibe bei aller Entspannung wach und aufmerksam, und nimm alle Körperempfindungen wahr, die sich bemerkbar machen, und alle Gedanken, die im Raum des Geistes aufsteigen wie Seifenblasen. Du folgst ihnen jedoch nicht und verlierst dich auch nicht in Assoziationen oder Gedankenketten. Statt dessen richte deine bewußte Aufmerksamkeit nun auf das eigentliche Thema des heutigen Satsangs.

Übungsschritt 2: „Fühlen und Ausdehnen"

Zur Erfüllung deiner Bedürfnisse gehört, daß du sie benennen kannst. Dazu solltest du sie von Herzen fühlen können. Deine wahren Bedürfnisse decken sich selten mit den typischen von außen, etwa von der Fernsehwerbung, eingepflanzten Launen und Phantasien. Häufig überlagern diese sogar deine Herzenswünsche. Vielleicht hast du ja bisher deine Herzenswünsche geleugnet und kennst sie nicht einmal. Sie können vieles einschließen, sogar die Sehnsucht nach mehr Disziplin und Konzentration auf dem Lebensweg deiner Wahl.

Herzenswünsche sind der primäre Antrieb, der dich in dein gegenwärtiges Erdendasein geführt hat. Folgst du ihrem Ruf, lebst du in Frieden mit dir selbst. Das bedeutet nicht automatisch, daß dein Leben angenehm oder leicht ist. Es bedeutet nur, daß du in deinem Dasein mit den besonderen Gesetzmäßigkeiten deines Lebens übereinstimmst. Ein solches Leben zu leben bedeutet, daß du dein eigenes Leben voll auslebst, was dich befreit und dir guttut. Darüber hinaus ist kein Mensch eine Insel. Wir sind auf kleine, bedeutsame Gesten von anderen angewiesen. Wir alle brauchen zuweilen Trost, Liebe und ehrliche Kommunikation. Darum müssen wir ebenfalls bitten. Nimm dir deswegen Zeit zu fühlen, was du wirklich und wahrhaftig brauchst.

Erkunde deine Herzenswünsche mit Begeisterung, tauche in sie hinein und fühle sie von innen. Fühle auch, wie die Leugnung ihrer Erfüllung sich auf dich auswirkt; wie sie deinen Körper und deine Seele in Mitleidenschaft zieht. Dann entschließe dich, daß du von jetzt an immer um das bitten wirst, was du ehrlich brauchst. Es macht dich nicht zum Schwächling, der Forderungen stellt und sich anderen aufdrängt, wenn du von Herzen darum bittest.

Im Gegenteil, du zeigst Mut und stärkst deine innere Kraft, wenn du wirklich fühlst, was du brauchst, und dann darum bittest. Diese Kraft und dieser Mut haben schon immer in dir geschlummert. Aber du hattest keinen direkten Zugang zu ihnen, weil du nicht offen zu deinen Herzenswünschen gestanden bist.

Sollte sich Widerstand gegen das explizite Bitten um die Erfüllung deiner Herzenswünsche melden, dann fühle ihn vorbehaltlos und dehne ihn aus, bis sich das Gefühl der Klarheit einstellt. Wenn du von heute an Tag für Tag um die nötige Unterstützung bittest, dann bedenke dabei, daß andere dich ebenfalls brauchen. Wenn du sie um das bittest, was du *wirklich* brauchst, erfüllst du damit ihre eigenen Herzenswünsche.

Übungsschritt 3: „Die Verankerung im Bewußtsein"
Sprich nun laut und deutlich dreimal das folgende Wunschgebet, das deiner Sehnsucht nach Bewußtwerdung und Freiheit Ausdruck verleiht. Gib deinem Herzen und deinem Wahren Wesen eine feste Stimme, kraftvoll und in der Überzeugung, daß du eine tiefempfundene Wahrheit zum Ausdruck bringst:

Zu meinem eigenen Wohl, zum Wohl der Menschen, die ich liebe
und zum Wohl der Schöpfung insgesamt,
Von jetzt an, bis daß die befreiende Gegenwart
Der alles durchdringenden Bewußtheit
Unmittelbar erkannt und gefühlt ist,
Gewähre ich mir die Freiheit zu erbitten, was ich brauche.
Ich gestatte mir, meine Herzenswünsche zu respektieren,
Denn ich weiß, nur heilsame Bedürfnisse
kommen aus dem Herzen.
Indem ich meine Herzenswünsche nicht länger verleugne,
Fallen alle falschen Wünsche von mir ab.
Aus meinem befreiten Herzen
erstrahlt ein heilendes Leuchten.
Ich weiß, ich sehne mich, daß Mitgefühl
Herrsche in der Welt und in den Menschen,
die ich treffe.

Von heute an, in jedem Augenblick,
Öffne ich mich den wahren Wünschen meines Herzens.
Viele inspiriere ich durch mein Beispiel zu mehr Ehrlichkeit,
Daß auch sie es offen äußern,
   wonach ihr Herz sich sehnt.
Mögen die Kraft und Befreiung sich durchsetzen,
Die der Bitte um die Erfüllung der Wünsche
   meines Herzens innewohnen,
Und so Glück, Gesundheit und wahren Gleichmut schenken
und alles Leiden lindern.

Übungsschritt 4: „Integration"

Danach sitzt du einige Momente lang in stiller Meditation und absorbierst die Wirkung deiner Selbstbefreiung und der Worte, die du soeben dreimal laut ausgesprochen hast. Vielleicht kannst du spüren, wie deine eigene Wahrheit ganz sanft und geduldig durch dich hindurchstrahlt und im Körper/Geist allmählich eine Grundstruktur von Gesundheit und Ganzheit anlegt.

Übungsschritt 5: „Befreiender Selbstausdruck"

Schließlich nimmst du dir fünf bis zehn Minuten Zeit, deine Beobachtungen aufzuschreiben. Verwende dazu ein spezielles Tagebuch, das du allein für diesen Zweck angelegt hast.

Erleuchtung

Das Thema

Laß mit offenem Herzen die Erfüllung deiner Herzenswünsche auf dich zukommen.

Der Sinn

Jetzt ist der Moment gekommen, in dem wir uns ganz weit und offen machen, so daß wir die Erfüllung unserer Herzenswünsche tatsächlich geschehen lassen können. Viele von uns erfahren manche Formen von Reichtum und Segen, doch oft erkennen wir unser Glück nicht, wenn es auf uns zukommt. Das Herbeisehnen der Erfüllung unserer Wünsche kann uns dermaßen zur Gewohnheit werden, daß wir für die bereits vorhandenen Gaben und Geschenke in unserem Leben blind sind.

Aber selbst wenn es schlimm um uns steht oder wir uns in einer unangenehmen Situation befinden, ist auch dies eine Einladung zum Glück. Wir können nämlich selbst das größte Unglück praktisch nutzen und es als einen Anstoß erfahren, der uns aufwecken kann. In der scheinbaren Katastrophe verbirgt sich vielleicht eine Gelegenheit zu größerer Bewußtheit. Kann sein, sie hält uns vor Augen, was sich in unserem Leben wirklich abspielt und zeigt uns, worauf wir besser aufpassen wollen.

Für jeden bedeutet es etwas anderes, die Erfüllung unserer Herzenswünsche zuzulassen. Es mag bedeuten, daß du dich der Liebe und Zuneigung öffnest, die man dir bereits schenkt, und die du nur deshalb nicht erkennst, weil ihre Form nicht deinen Vorstellungen und Erwartungen entspricht. Es könnte auch bedeuten, daß du endlich deine innere und angeborene Kraft und Weisheit akzeptierst und dir nicht länger einredest, daß du nichts hast, nichts kannst und eine Null bist. Aber fast immer läuft es darauf hinaus, daß du den Reichtum annimmst, mit dem du gesegnet bist. Wie jedes Leben, so birgt auch das deine seine ganz besonderen Gaben. Du kannst sie nur deshalb nicht sehen, weil dein Bewußtsein von außen auf die Wahrnehmung des Mangels programmiert wurde. Anstatt wahrzunehmen, was du hast, nimmst du wahr, was dir fehlt. Mit ein bißchen mehr Bewußtheit läßt sich dieser Wahrnehmungsfehler jedoch berichtigen.

Deswegen ist es auf der spirituellen Suche wichtig, daß du dein innerstes Wesen erkennst. Erkenne, daß deine Suche bereits ihr Ziel erreicht hat. Das Wahre Wesen eines jeden Menschen ist die Erleuchtung. Aufgrund unseres Wahren Wesens sind wir selbst Erleuchtung pur. Doch wer nimmt es wahr? Wer fühlt die stille Ekstase der Erleuchtung überall – in allen Zellen des eigenen Körpers und in allen äußeren Wahrnehmungen?

Wir sind von Natur aus gesund. Krankheit ist nicht unserer natürlicher Zustand. Sie repräsentiert eine Abweichung des natürlichen Gleichgewichts unserer Energien. Deswegen führt der Weg zu optimaler Gesundheit immer über die Erfahrung unseres inneren Gleichgewichts. Sei empfänglich für das natürliche Gleichgewicht deiner Energien und verweile darin, dann bist und bleibst du gesund. Du mobilisierst auf diese Weise die in Körper und Seele angelegten Selbstheilungskräfte, und diese nehmen sich dann der verschiedenen kleinen Probleme an, die im Leben unvermeidlich sind.

Tatsache ist: Wir alle sind aufgefordert, die großen und kleinen Segnungen und Geschenke des Lebens anzunehmen, ganz gleich, ob sie auf den ersten Blick wichtig oder unwichtig erscheinen. Dies erfordert Offenheit. Am besten bleiben wir also offen und empfänglich und lassen die Erfüllung unserer Herzenswünsche auf uns zukommen und nehmen sie dankbar an.

Übungsschritt 1: „Einstimmung"

Setze dich bequem auf deinen Lieblingsplatz und nimm dir ein paar Augenblicke Zeit, um zur Ruhe zu kommen. Laß deinen Atem natürlich fließen und deinen Körper und Geist sich entspannen. Du kannst auch tief aufseufzen, sozusagen einen Seufzer der Erleichterung ausstoßen: *„Ahhhhh"*. Fühle dieses *Ahhhhh* tief aus deinem Bauch aufsteigen. Spüre dabei, wie du deine Last erleichterst. Wiederhole dies so oft, wie es dir notwendig erscheint. Sollten dir sehr viele Gedanken durch den Kopf gehen, dann laß ihnen einfach ihren Lauf. Du nimmst sie wahr, und du läßt sie ziehen, ohne dich in ihnen zu verstricken.

Fühle deine sich ausbreitende Entspannung; spüre verspannte Muskeln sich lockern. Aber bleibe bei aller Entspannung wach und aufmerksam, und nimm alle Körperempfindungen wahr, die sich bemerkbar machen, und alle Gedanken, die im Raum des Geistes aufsteigen wie Seifenblasen. Du folgst ihnen jedoch nicht und verlierst dich auch nicht in Assoziationen oder Gedankenketten. Statt dessen richte deine bewußte Aufmerksamkeit nun auf das eigentliche Thema des heutigen Satsangs.

Übungsschritt 2: „Fühlen und Ausdehnen"
Wie wir gesehen haben, ist es ein wichtiger Schritt zum Glück, daß du um seine Erfüllung bittest. Aber darüber hinaus gehört auch dazu, daß du für dein Glück offen bist und es annehmen kannst, wenn es sich präsentiert. Wir alle leiden jedoch unter der jahrtausendealten Konditionierung, „daß wir nicht gut genug und im Grunde wertlos sind". Das ist ein ganz altes und destruktives Programm. Deswegen können wir häufig das Gute nicht annehmen, wenn es auf uns zukommt. Ja, sehr oft können wir nicht einmal die fundamentale Güte tief in unserem Herzen akzeptieren und halten uns für furchtbar schlecht.

Wie jedem Menschen, so offeriert das Leben auch dir zahllose Schätze, selbst wenn du nicht zu den großen Glückskindern zählst. Du übersiehst sie jedoch allzuoft, weil sie in dir liegen. Sollte es dir gelingen, dein hektisches Lebenstempo einen Gang zurückzuschalten und dich ein wenig auf deinen inneren Reichtum einzustimmen, kannst du in dir ein schier unermeßliches Reservoir an Segnungen entdecken, die berührt und zugelassen werden wollen. Aber das fällt dir vielleicht sehr schwer. Statt dessen jagst du wahrscheinlich weiterhin in der Außenwelt hektisch einer Fata Morgana hinterher, die vom Körperlichen abhängt und mit dem Tod des Körpers verschwindet. Im Verlauf deiner unsäglich anstrengenden Bemühungen verschwendest du deine Lebenskraft. Vollkommen unnötig, denn eigentlich bräuchtest du dich nur ein wenig zu öffnen und dein Glück auf dich zukommen zu lassen.

Auch wenn es für viele von uns eine große Herausforderung sein mag, Gutes zu empfangen, ist es doch ein entscheidender Schritt auf dem Weg zu Heilung und Ganzwerdung. Das heißt: Nachdem wir endlich bereit sind, um die Erfüllung unserer Herzenswünsche zu bitten, bleibt noch ein weiterer Schritt zu tun – uns ihrer Erfüllung auch tatsächlich zu öffnen. Wir können zulassen, uns zu öffnen, und so die in der Verletzlichkeit verborgene Kraft nähren. Es ist einer der vielen scheinbaren Widersprüche des Menschseins, aber gerade die Kraft der Verletzlichkeit schenkt uns eine Kraft, die uns für falsche Vorstellungen und Identifikationen unverletzlich macht. Unsere Verletzlichkeit schenkt uns die Unverletzlichkeit der Freiheit unseres Wahren Wesens.

Viele Menschen scheuen sich davor, aus sich herauszugehen und zu sagen: „Ich will Reichtum!" oder: „Ich will frei über mein Leben bestimmen!" Und wer das schafft, auf den wartet gleich die nächste Herausforderung: sehr viel Energie in die Verwirklichung dieses Wunsches zu investieren. Aber auch dazu sind eine ganze Reihe von Menschen fähig. Dann kommt die nächste und schwierigste Hürde: offen bleiben, und aus offenem Herzen das Glück zu empfangen, das uns widerfährt. Den Reichtum und das Glück unseres lebendigen Seins anzunehmen, zu genießen, größer und weiter zu machen und auf intelligente Weise mit anderen Lebewesen zu teilen.

Man sieht es immer wieder: Eine Freundin oder ein Freund äußert vor uns den Wunsch, endlich körperlich absolut vital und fit und emotional ausgeglichen sein zu wollen. Aber es bleibt ein Lippenbekenntnis. Der Wunsch kommt nicht wirklich von Herzen, und also verwirklicht er sich auch nicht. Viele hängen unbewußt an ihrem Leiden, weil es ihnen vertraut ist und eine Art Ersatzbefriedigung verschafft. Deswegen gibt es auf der Welt so viele, die sich wie große oder kleine Märtyrer gebärden.

Bei anderen ist der Wunsch nach Glück und Wohlbefinden immerhin echt. Da aber ihr Herz sich nicht völlig öffnen kann, können sie auch nicht den unvorstellbaren Reichtum erfahren, der eigentlich das Geburtsrecht eines jeden menschlichen Daseins ist und jedem Menschen tatsächlich in jedem Augenblick voll verfügbar. Den meisten Menschen fällt es sehr schwer, ihr Bedürfnis und ihre Sehnsucht nach Liebe offen zu äußern. Aber auch wenn sie immerhin für die kleine Liebe und das kleine Glück offen sind, trauen sie sich doch nicht, sich der bedingungslosen Liebe zu überlassen, die in jeder Faser ihres Körpers und ihrer Seele mitschwingt.

Man kann viele Gründe, historische, psychologische und andere, für dieses selbstzerstörerische Verhalten anführen. Das ändert jedoch nichts an den Tatsachen. Deswegen halte jetzt besser einige Augenblicke ruhig inne und lausche, ob du das Gute und Heilsame auch wirklich empfangen und in dich hineinlassen kannst, welches dein Leben für dich bereit hält.

Sitze still und bewußt. Lege die linke Hand auf dein Herz und die rechte darüber. Fühle deinen Herzschlag, auch wenn er vielleicht kaum merkbar ist. Schließe deine Augen und lächle. Laß dieses Lächeln strahlen und sich weiten und erfülle dein Herz damit. Laß jetzt dein Herz lächeln und Strahlen der Zufriedenheit aussenden. Diese Strahlen der Zufriedenheit öffnen dein Herz noch weiter, so daß es jetzt all das Gute empfangen kann, das zu dir kommen möchte – wie eine Rose die Morgensonne in sich aufnimmt.

Erinnere dich: Alles Glück und alle Freude, die du in deinem Leben empfängst, sind Reflexionen von Licht und Segen, die im Herzen deines Herzens wohnen.

Übungsschritt 3: „Die Verankerung im Bewußtsein"
Sprich nun laut und deutlich dreimal das folgende Wunschgebet, das deiner Sehnsucht nach Bewußtwerdung und Freiheit Ausdruck verleiht. Gib deinem Herzen und deinem Wahren Wesen eine feste Stimme, kraftvoll und in der Überzeugung, daß du eine tiefempfundene Wahrheit zum Ausdruck bringst:

Zu meinem eigenen Wohl, zum Wohl der Menschen, die ich liebe
Und zum Wohl der Schöpfung insgesamt,
Von jetzt an, bis daß die befreiende Gegenwart
Der alles durchdringenden Bewußtheit

Unmittelbar erkannt und gefühlt ist,
Gewähre ich mir die Freiheit zu empfangen, was ich wirklich brauche.
Offen empfange ich das Geschenk des Wohlbefindens.
Offen empfange ich das Geschenk der Ruhe,
die mein Wahres Wesen ist.
Offen empfange ich alles, was mich gesund und stark macht.
Offen empfange ich das Geschenk der Freiheit, die aus mir entspringt.
Offen empfange ich die Weisheit meiner unmittelbaren Einsichten.
Offen empfange ich die Liebe, die in jeder Zelle meines Körpers pulst
und in jedem Teilchen dieser unendlichen Schöpfung.
Ich gewähre mir die Freiheit zu empfangen, was mich heilt,
Und lasse es hervorbrechen aus den Tiefen meines eigenen Herzens.
Dann nehme ich es auf, widergespiegelt in meiner Welt
und in den Menschen, die ich treffe.
Von nun an, in jedem Augenblick jetzt,
Nehme ich dankbar in Freiheit an, was ich wirklich brauche.
Möge die Kraft und Befreiung sich durchsetzen,
Die dieser alles einschließenden Haltung des Empfangens innewohnt,
Welche den ursprünglichen Segen der Schöpfung dankbar annimmt.
Möge die Kraft der Befreiung
Glück, Gesundheit und wahren Gleichmut schenken
und alles Leiden aufheben.

Übungsschritt 4: „Integration"

Danach sitzt du einige Momente lang in stiller Meditation und absorbierst die Wirkung deiner Selbstbefreiung und der Worte, die du soeben dreimal laut ausgesprochen hast. Vielleicht kannst du spüren, wie deine eigene Wahrheit ganz sanft und geduldig durch dich hindurchstrahlt und im Körper/Geist allmählich eine Grundstruktur von Gesundheit und Ganzheit anlegt.

Übungsschritt 5: „Befreiender Selbstausdruck"

Schließlich nimmst du dir fünf bis zehn Minuten Zeit, deine Beobachtungen aufzuschreiben. Verwende dazu ein spezielles Tagebuch, das du allein für diesen Zweck angelegt hast.

Integration in Stille

Vier Tage stiller Meditation und Kontemplation schließen deine Selbstbefreiung ab. Sie tragen dazu bei, daß sich die vielen energetischen Verschiebungen setzen können, die durch den langen Prozeß des Satsangs der Selbstbefreiung und des direkten Erfühlens deiner Lebensmuster auf der bewußten und unbewußten Ebene angeregt wurden. Diese stille Meditation und Kontemplation entfaltet sich in drei präzis vorgegebenen Schritten und schließt die bewußte Wahrnehmung von Körper, Atem und Geist ein. Sie dauert ungefähr dreißig Minuten.

Körperbewußtheit

Finde eine bequeme Haltung, so daß du aufrecht und doch locker sitzen kannst. Du kannst entweder auf einem Stuhl oder auf einem Meditationskissen am Boden sitzen. Deine Wirbelsäule bleibt dabei aufrecht und flexibel. Stell dir vor, daß ein unsichtbarer Faden dich vom Scheitelpunkt leicht und sanft eine Idee nach oben zieht, daß dein Kinn sich infolgedessen ein wenig zur Kehle hin senkt und der Nacken sich automatisch öffnet. Dein Atem fließt dabei ganz natürlich. Du brauchst ihn nicht zu lenken oder bewußt zu verlangsamen.

Jetzt laß Bewußtheit allmählich deinen gesamten Körper durchdringen. Fühle in die verschiedenen Teile und Bereiche deines Körpers hinein. Beginne, indem du zuerst in den Raum um deine Augen herum spürst, und stelle fest, ob du dort eine leichte Anstrengung oder Anspannung fühlst. Nimm dir ein paar Augenblicke Zeit und laß dein Gewahrsein diesen Bereich fühlen. Dann laß deine Bewußtheit zu deinen Ohren weiterwandern. Erforsche den Raum in und um deine Ohren und stelle fest, welche Empfindungen du vorfindest. Dann fühle sie voll und ganz. Von den Ohren wandert deine Bewußtheit jetzt hinab zum Mund. Fühle in die Mundhöhle hinein, in die Lippen sowie den Unter- und Oberkiefer. Registriere jede vielleicht vorhandene Anspannung und erlaube allen sich manifestierenden Empfindungen, sich auszudehnen und zu weiten. Dann spüre in die Kehle und von der Kehle weiter hinab entlang durch die Brust in den Bauch, entlang der Vorderseite deines Körpers. Was auch immer an subtilen Empfindungen der Spannung oder ihrer Lösung sich zeigen mag, du nimmst sie wahr und läßt sie sich weiten und ausdehnen. Die Erkundungsreise deiner Bewußtheit erstreckt sich bis tief in die Genitalien, und in jeder Körperregion nimmst du alle Empfindungen wahr, fühlst sie und läßt sie sich ausdehnen.

Welche Stelle auch immer deine Bewußtheit berührt, verweile dort, bis Gewahrsein sie mit der Energie frischer Präsenz durchflutet. Sobald du das Gefühl verspürst, daß die Vorderseite deines Körpers sich in einen offeneren Raum der Bewußtheit verwandelt hat, konzentrierst du dich dann wieder leicht und locker auf den Scheitelpunkt und auf den unsichtbaren Faden, der dich von dort sanft nach oben zieht, so daß die Zwischenräume zwischen den Nackenwirbeln sich ganz leicht öffnen.

Dann fühle vom Hinterkopf, durch den Nacken, an der Wirbelsäule entlang, bis deine Bewußtheit die Schultern erreicht. Spüre in deine Schultern und in die Verspannungen, die du dort vielleicht vorfindest, und laß sanftes Gewahrsein sie mühelos lösen, indem du dich ganz locker auf die Empfindung der Verspannung konzentrierst (anstatt sie zu ignorieren oder willentlich zu überspielen). Von den Schultern fließt deine Bewußtheit dann ganz natürlich weiter durch die Arme, Handgelenke, Hände und Finger. Von dort kehrt sie zu den Schulterblättern und zur Wirbelsäule zurück, so daß du nun in den Raum hinter dem Herzen spüren kannst. Der Schwerkraft folgend, fließt sie schließlich entlang der Wirbelsäule nach unten, bis ins Steißbein. Du spürst in den gesamten Beckenraum und von den Hüften in die Beine und Füße, bis der ganze Körper sich als direkt wahrgenommene Präsenz darbietet – von Gewahrsein durchtränkt und von Bewußtheit nicht zu trennen.

Atembewußtheit
Nun verlagerst du deine Aufmerksamkeit von den Körperempfindungen zum Atem. Fahre fort, indem du dir deine Sitzhaltung

vergegenwärtigst. Deine Wirbelsäule ist weiterhin natürlich aufrecht, aber keineswegs starr, und du erinnerst dich an den unsichtbaren Faden, der den Scheitel eine Idee nach oben zieht. Dann läßt du deine Bewußtheit vom Hinterkopf bis zum unteren Rücken an der Wirbelsäule entlang spüren, daß du wie von selbst in eine natürliche aufrechte Sitzhaltung findest, mit den Qualitäten des Fließens, der Mühelosigkeit und der Anmut.

Spüre dann in deinen leicht geöffneten Mund, wobei die Spitze der Zunge den Gaumen berührt. Laß deinen Atem sanft und gleichmäßig durch Mund und Nase strömen. Das heißt: Du atmest durch Mund und Nase ein und durch Mund und Nase aus. Auch diese besondere Art des Atmens geschieht ganz natürlich, ohne daß deine Bewußtheit sich angestrengt darum bemüht. Das gleichzeitige Atmen durch Mund und Nase sorgt für eine absolut lockere, aber gleichzeitig konzentrierte Form der Aufmerksamkeit. Das Atmen durch die Nase fördert Achtsamkeit, das Atmen durch den Mund Entspannung. Zusammen stehen sie für entspannte Aufmerksamkeit – natürliche Bewußtheit. Deine Bewußtheit fließt mit dem Atem mit. Sie entspannt sich mit dem Atem und in den Atem hinein, so daß sie sich schließlich als sanfte, liebevolle und unaufdringliche Anwesenheit gemeinsam mit allen Wahrnehmungen manifestiert.

Spüre in dich hinein und stelle fest, ob dich dieses sanfte Atmen durch Mund und Nase vielleicht auf subtile Weise erfrischt und mit neuer Energie erfüllt, und laß deine Bewußtheit vollkommen mit deinem Atem verschmelzen. Nun kannst du diese Verbindung aus Bewußtheit und sanftem Atem durch den Körper fließen lassen und beobachten, was passiert, wenn sie zum Beispiel auf eine verspannte Stelle trifft und sie berührt. Fühle einfach, was mit der Verspannung geschieht, wenn du den Atem sanft und bewußt in sie hineinströmen läßt. Was auch immer im Raum deiner inneren Wahrnehmung erscheint, laß es berührt werden von deinem von Bewußtheit untrennbaren Atmen. Ganz gleich, was es ist: eine Empfindung; ein Gefühl; eine Erinnerung; ein Tagtraum; oder ein Gedanke.

Transformierende Bewußtheit

Bleibe bei deiner zwanglosen, spontanen Achtsamkeit des gleichzeitigen Fließens von Bewußtheit und Atem, aber konzentriere dich jetzt mehr auf Emotionen und Gedanken statt auf Körperempfindungen und Energiegefühle. Laß vor allem Erinnerungen an Einsichten und Erfahrungen aus den vorangegangenen Tagen des Satsangs der Selbstbefreiung von dieser sanften Einheit aus Gewahrsein und Atem berührt werden. Versuche dabei nicht, irgend etwas Bestimmtes zu erreichen, sondern stelle ganz einfach fest, ob sich diese Einsichten und Erfahrungen nicht ganz natürlich wie von selbst weiten und ausdehnen, wenn sanfter und befreiter Atem und sanfte und liebevolle Bewußtheit sie gleichzeitig berühren.

Der Trick ist, daß du deinen Willen und jede Anstrengung außen vor läßt. Du mußt nichts hinzufügen und nichts größer machen, als es ist. Du mußt dich auch nicht länger um die Ausdehnung deiner Gedanken, Erinnerungen oder Emotionen bemühen. Statt dessen läßt du die Einheit von Atem und Bewußtheit die Gedanken und Erinnerungen berühren und gestattest ihnen, einfach nur da zu sein. Auf diese Weise weiten sie sich in ihrem eigenen Tempo und werden von selbst irgendwie leichter, transparenter und leuchtender. Sie fühlen sich an wie „offener Raum", aber auch dieses Raumgefühl kann die Einheit von Atem und Bewußtheit noch berühren und weiter öffnen.

Laß diesen Prozeß sich entfalten, bis er für den heutigen Tag von selbst ausklingt – bis du dich genährt, vitalisiert und geheilt fühlst von diesem neuen Modus der bewußten Wahrnehmung, die alles beläßt, wie es ist, und doch vollständig offen und transparent bleibt. Ohne Anhaften, ohne Abneigung.

Herzlichen Glückwunsch!

Du hast den 40-Tage-Satsang der Selbstbefreiung erfolgreich abgeschlossen. Ob du das jetzt klar erkennen kannst oder nicht, du hast im Verlauf dieser 40 Tage ununterbrochenen Übens deine Bewußtheit qualitativ gesteigert – sie auf eine höhere Ebene geführt. Ein Same wurde gepflanzt und gehegt, der dir ermöglicht, dein Leben in neuem Licht wahrzunehmen. Wenn du dich tatsächlich 40 Tage lang ohne Vorbehalt eingebracht hast, wirst du wahrscheinlich feststellen können, daß dein Widerstand gegen unangenehme Umstände und Erscheinungen merklich geschmolzen ist.

Die alten Themen und die Leute, die dich früher immer aufgeregt und bei dir „sämtliche Knöpfe gedrückt" haben, sie rufen nur noch wenig oder überhaupt keine emotionale Reaktion mehr in dir hervor. Das liegt daran, daß du gelernt hast, widerstandslos zu fühlen, was auch immer dir begegnet. Wo immer noch ein wenig Widerstand verborgen ist, kommt es auch jetzt noch zu einer kleinen emotionalen Reaktion. Aber dann brauchst du dich nur darauf zu konzentrieren, die Situation mit deiner gesammelten Achtsamkeit zu beobachten und den Widerstand liebevoll zu umfangen – dann löst sich auch die emotionale Reaktion.

In unserer heutigen Zeit wird unsere Bewußtheit fortwährend aus ihrer natürlichen Mitte gerissen, und dies führt zu einem unausgeglichenen und schließlich auch unglücklichen Leben. Es gibt nur eine Medizin gegen diesen Trend der Ablenkung und Zerstreuung unseres Geistes, bis die Sinne ganz abgestumpft und unsere Lebenskräfte für Belanglosigkeiten vergeudet wurden: die ungeteilte entspannte Wahrnehmung des Augenblicks. Wenn wir tatsächlich wahrnehmen und fühlen, was jetzt, in diesem Augenblick, in uns und um uns herum geschieht, bleiben unsere Sinne wach und unsere Lebenskraft so frisch wie der Moment unserer Wahrnehmung.

Jeder Augenblick (der, wie wir bald entdecken werden, nur ein einziger, ungeteilter und ewiger Augenblick ist) beinhaltet ungeheure Kraft und Weisheit. Jedes sich in unserem Leben entfaltende Ereignis birgt dieselbe Kraft und Weisheit in sich, denn es ist ja ein Spiegelbild der Kraft und Weisheit, die dem allesdurchdringenden Bewußtsein innewohnt. Jedoch bemerken wir diese Kraft und Weisheit nicht einmal, wenn wir nicht unmittelbar fühlen können oder wollen, was in uns und um uns herum geschieht – wenn wir statt dessen alles nur von außen mit dem Verstand begreifen und bewegen wollen. Aber wenn wir den Augenblick tatsächlich fühlen, brauchen wir ihn nicht einmal mehr zu ergreifen – denn wir sind nicht länger getrennt von ihm.

Kraft und Weisheit eröffnen sich dir, sobald du jeden Augenblick deines Lebens unmittelbar fühlen kannst. Ja, dies ist sogar der einzige Weg zur Ermächtigung, aus eigenem Antrieb zu werden, wer du bist. Allein Bewußtheit kann dir das im Selbst beschlossene absolute Vertrauen gewähren. Allein Bewußtheit kann dich gegen alle Manipulationsversuche von außen immun machen. Bewußtheit ist der Schlüssel zu Gleichgewicht, Gesundheit und Glück.

Laß dich nicht aus der Fassung bringen, wenn du jetzt alle dummen und törichten Muster schärfer zu erkennen scheinst, auf die du hereinfällst. Du bist ihnen auch früher schon aufgesessen. Es ist dir nur nicht in gleichem Maße aufgefallen wie jetzt. Verurteile weder dich selbst noch andere für die unbewußten Reaktionsmuster, die dir nun kraß ins Auge springen. Umfange sie mit den

Armen des Mitgefühls, liebe sie und wisse, daß sie sich ganz automatisch abspulen, die unvermeidliche Konsequenz deiner und unser aller Konditionierung. Erkenne nur, daß du als Bewußtheit an sich schon jetzt vollkommene Freiheit genießt. Körper und Geist tun, was sie nicht lassen können. Das Paradox besteht darin, daß du durch diese Erkenntnis jetzt zum ersten Mal in deinem Leben wirkliche Entscheidungsgewalt besitzt – wenn du dich nämlich mitten in der nächsten impulsiven Reaktion erwischst und beschließt innezuhalten, anstatt ihr ihren unbewußten Lauf zu lassen.

Natürlich kostet es Zeit, eine befreiende Lebenseinstellung in dir zu erwecken und zu pflegen. Aber wenn du dich darauf einläßt und wirklich achtsam bleibst, ist jeder Schritt auf diesem Weg erhebend. Schenke den vermeintlichen Fehlschlägen weiter keine Beachtung. Widme deine Aufmerksamkeit besser den vielen kleinen Durchbrüchen und Veränderungen, die tatsächlich geschehen sind, und baue auf ihnen auf.

Mach es dir von heute an zur Gewohnheit, dich selbst und dein Leben zu fühlen. Viel Gutes wird dir widerfahren, wenn du dich darauf einläßt, jede Facette und jedes Ereignis deines Leben bewußt zu erleben. Laß sie alle geschehen. Nimm sie mit offenen Armen auf. Dann wirst du mehr und mehr von deiner natürlichen Weisheit und deinem angeborenen Mitgefühl erfahren. Sie sind ein Privileg deines Menschseins.

Herzlichen Glückwunsch, daß du gleichzeitig bescheiden und stark bist!

Herzlichen Glückwunsch, daß du dich und die Welt wirklich wahrnehmen willst und dich nicht verbiegen läßt!

Kapitel 12

Wir wollen füreinander da sein!

Komm, setz dich zu mir auf diesen Felsen. Wir werden uns abwechseln
und den Bohrer in den Stein treiben. Wenn mehr als einer sich anstrengt,
ist die Arbeit nicht zu mühsam. Wir werden uns Geschichten erzählen.
Wir werden einander beistehen bei den Aufgaben unseres Lebens.
Wir werden diesen Stein gewaltlos niederringen …
Wir werden mit dem Granit sprechen.
Wir werden nicht aufgeben. Wir werden wie die Tropfen sein, die stet den
Stein höhlen.

– Christina Baldwin –

Die neun Themen des Buches und der 40-Tage-Satsang der Selbstbefreiung sind ein ideales Werkzeug für die gemeinsame Arbeit in einer Selbsthilfegruppe. Sie können Gleichgesinnten als Fokus für eine fundamentale Neuorientierung dienen. Sie stellen die Mittel für eine Überprüfung der eigenen Lebenseinstellung bereit und auch den Boden für eine allmähliche Neuanpassung an mehr Offenheit. Wenn wir uns ihre Anwendung im Alltag zur Gewohnheit machen, werden sie unsere Werte und Prioritäten verändern. Wenn wir uns selbst heilen, bringen wir auch der Welt wahre Heilung. Wir lernen anderen mit der gleichen Offenheit zu begegnen, sobald wir mit uns selbst und allen unseren Angewohnheiten, Ängsten, Hemmungen wie auch mit der uns innewohnenden Glückseligkeit, unserem intuitiven Wissen, unserer Grenzenlosigkeit und Wahrheit locker umgehen können. Schließlich sind wir uns alle in einem ähnlich: Wir alle sind eine Mischung aus Begrenztem und Unbegrenztem.

Wenn wir mit unseren eigenen Ungereimtheiten und Leiden sowie mit unseren Begabungen und Stärken gleichermaßen in Partnerschaft leben können, sind wir als Menschheit reif für eine Gesellschaft, die auf dem Gedanken der Partnerschaft basiert und funktioniert. Dann liegt es in unserer Macht, mit unserer Erdenfamilie harmonisch zusammenzuleben – ja sogar mit der weitaus größeren Familie der zahllosen Wesen, die den grenzenlosen Kosmos bevölkern.

Sobald du zu einem kostbaren Menschenwesen heranreifst, mit dir selbst vollkommen in Frieden lebst und aus der Unendlichkeit deines Wahren Wesens schöpfst, werden Götter und andere gottähnliche Wesen dich gleichermaßen aufsuchen, weil sie an deinem Frieden teilhaben wollen – weil sie von der Stille und dem Mitgefühl kosten möchten, die aus dem Wahren Wesen eines ganzgewordenen Menschen strahlen. Die praktische Auseinandersetzung mit dem 40-Tage-Satsang der Selbstbefreiung im Rahmen einer Selbsthilfegruppe kann ein erster Schritt auf dieses Ziel hin sein, denn körperliche und seelische Gesundheit für uns selbst und unsere Mitmenschen repräsentiert die notwendige feste Basis für die tieferen Formen der Selbstverwirklichung.

Bis zu diesem Punkt haben wir uns in unserer Darstellung auf Satsang und Selbstbefreiung als einen Weg konzentriert, den jeder eigenständig zu gehen hat, und zwar deswegen, weil dazu Eigeninitiative gehört. Der Fokus auf den individuellen Satsang ist ein nützlicher Ansatz, weil Selbstheilung und Selbstbefreiung eben ein gewisses Maß an Disziplin mit sich bringen. Das heißt, als erstes kommen wir nicht umhin, uns zu Selbstdisziplin zu erziehen. Wir können auch nicht die Tatsache vermeiden, daß wir unseren eigenen Prozeß der persönlichen Heilung durchlaufen müssen. Kein anderer kann das für uns tun. Kein anderer kann unsere Leiden mit derselben Klarheit sehen wie wir. Kein anderer kann unsere Gefühle für uns fühlen und sich ihnen in derselben Weise stellen wie wir, denn kein anderer hat dieselben Erinnerungen, Träume und sich ständig wiederholenden Verhaltensmuster in genau derselben Form wie wir. Deswegen kann kein anderer für uns in einer Weise intervenieren, die uns am vollen Nutzen teilhaben ließe.

Wir können nur unser eigenes Leben leben und aus seinen Erfahrungen die richtigen Schlüsse ziehen. Und genau deswegen sind wir hier auf dieser Welt. Kein anderer kann unsere Lektionen für uns lernen. Diese Lektionen sind schließlich allein für uns bestimmt. Jeder hat seine eigenen Lektionen.

Aber heißt das, daß wir vollkommen isoliert bleiben müssen, völlig auf uns selbst gestellt? Bedeutet die Tatsache, daß wir unser eigenes Leben leben und seine Lektionen lernen müssen, daß es nicht andere gibt, die ihr Leben mit uns teilen? Natürlich nicht. Etwa sieben Milliarden Menschen bevölkern zur Zeit unseren Planeten. Wir sind eine große Gemeinschaft, eine riesige miteinander verknüpfte Erdenfamilie. Und wir alle hegen dieselben Träume von Gesundheit, Glück, Frieden und Wohlstand, unabhängig von unserem Geschlecht, unserer Rasse, Religion oder Weltanschauung.

Eine ganz andere Geschichte ist, daß wir zum größten Teil eine unglückliche Familie sind und daß unsere Träume häufig zerstört und zertrampelt werden. Unumstößliche Tatsache bleibt: Wir alle stecken in derselben Falle. Wenn wir uns jemals aus dem Schlamassel ziehen wollen, in dem wir stecken, können wir dies nur gemeinsam tun – jeder für sich und alle zusammen. Das heißt, jeder Mensch hat seinen eigenen Prozeß der Heilung und Ganzwerdung zu durchlaufen. Diesen sehr persönlichen und individuellen Prozeß können wir jedoch mit allen anderen teilen. Wenn wir dies tatsächlich tun, zeigen wir wahres Mitgefühl.

Die Gründe für unser Unglück als planetare Familie sind dieselben wie für unsere persönliche Misere: Entfremdung, das schleichende Gefühl innerer und äußerer Spaltung, Gefühllosigkeit, unverarbeitete Traumata und jede Menge Verlogenheit. Oder in etwas altmodischeren Begriffen: Unwissenheit, Gier und Haß – Unwissenheit im Hinblick auf unser wahres Wesen; Gier nach allem, was uns wünschenswert erscheint; und Haß auf alles, was wir ablehnen und was doch ein integraler Teil von uns selbst ist. Aus diesem Grund ist der Satsang der Selbstbefreiung nicht nur für unser eigenes Dasein wichtig, sondern für das Leben auf unserem Planeten.

Wir gleichen einer Zelle in der grenzenlosen und zeitlosen Unendlichkeit, die wir als den „Kosmos" bezeichnen. Genauer genommen sind wir eine Zelle im Raum/Zeit-Phänomen, genannt „Planet Erde". Wie eine Zelle in unserem eigenen Körper unmittelbar und direkt mit allen anderen Zellen unseres Körpers verbunden ist und kommuniziert, sind wir als Zellen von Planet Erde, wenn auch unbewußt, mit allen anderen Zellen unseres Planeten verbunden. Wir kommunizieren direkt und unmittelbar mit aller belebten und unbelebten Materie unseres Planeten. Wenn wir krank sind oder unser energetisches und emotionales Gleichgewicht gestört ist, fühlen alle anderen Zellen die Auswirkungen dieser Störung. Dies ist nicht unbedingt spürbar, denn die Wirkung ist ja verschwindend klein. Aber sie ist da und sie wächst. Je mehr Körperzellen krank sind, desto kränker ist der ganze Körper. Je mehr kranke und unausgeglichene Menschen auf der Erde wandeln, desto kränker und unausgeglichener wird die Erde sein. Wenn wir uns selbst heilen, tragen wir also zur Heilung aller anderen Wesen bei, wie auch zum Gleichgewicht des ganzen Planeten.

Deswegen ist es wichtig, daß wir unsere Selbstbefreiung mit anderen teilen, so daß wir uns auf unserem Weg gegenseitig pflegen und unterstützen können. Auf diese Weise helfen wir uns gegenseitig bei der Wahrung unserer Selbstdisziplin und sind einander ein Spiegel für unseren Fortschritt. Wir entdecken dann außerdem sofort, daß wir mit unseren Herausforderungen nicht allein stehen, sondern daß viele andere sich mit Aufgaben auseinandersetzen müssen, die mindestens so schwierig sind wie unsere eigenen. Wenn wir uns mit anderen austauschen, lernen wir unsere eigenen Mißlichkeiten realistischer einzuschätzen. Außerdem platzt infolgedessen jeder Ballon übertriebenen Selbstmitleids.

Der 40-Tage-Satsang der Selbstbefreiung ist ein ideales Medium für gegenseitigen Austausch. Es wird uns weiterhelfen, wenn wir die Ergebnisse unserer Auseinandersetzung mit uns selbst in einer kleinen oder sogar größeren Gruppe erfahren und bespre-

chen. Wir können unsere eigene Entwicklung dann klarer einschätzen. Wenn ihr das Bedürfnis habt und sich dies einrichten
läßt, könnt ihr euch sogar täglich treffen und miteinander praktizieren.

Der 40-Tage-Satsang der Selbstbefreiung im Rahmen einer bereits existierenden Selbsthilfegruppe

Wenn das Buch dich inspiriert und du es in deine bereits existierende Selbsthilfegruppe einbringen möchtest, die du selbst leitest, so
weißt du wahrscheinlich, wie du vorgehen willst und wie du den
40-Tage-Satsang an den gegebenen Rahmen anpassen kannst. Wir
können dich nur dazu ermutigen.

Unerläßlich ist jedoch, daß du dich zuerst mit dem Material
vertraut machst. Zu diesem Zweck willst du den 40-Tage-Satsang
in ununterbrochener Folge zuerst an dir selbst ausprobieren, bevor du ihn anderen nahebringst. Wenn du das Material schließlich
in deine Gruppe einbringst, bemühe dich, seinem Geist treu zu
bleiben. Vermittle den Satsang also im Sinne einer unvoreingenommenen und von allen Begrenzungen freien Überprüfung der
Lebenssituation aller TeilnehmerInnen auf der Basis und in der
direkten Erkenntnis der Einheit allen Lebens. Es gibt keine absolute Trennung, nur eine vorgetäuschte Trennung zwischen dir und
der Welt und dir und deinen Erfahrungen. Es gibt auch keine
Tabus oder Lebensbereiche, die nicht überprüft werden können
oder dürfen. Alles liegt offen, und deine unmittelbaren Intuitio-
nen und Gefühle sind das Tor, durch das die Überprüfung und
Selbstbefreiung voranschreitet.

Wenn ihr als eine Gruppe in einem Kreis von Gleichgesinnten
und Gleichberechtigten zusammenkommt, dann lest das Material
bitte zuerst gründlich zu Hause. Ihr braucht Zeit zum Reflektieren und wollt dann zu einer einstimmigen Entscheidung gelangen, ob ihr den 40-Tage-Satsang der Selbstbefreiung in eurem Kreis
ausprobieren möchtet oder nicht. Eine einstimmige Entscheidung

ist notwendig, weil der Prozeß sehr tief gehen kann. Diese Tiefe offenbart sich jedoch nur dann, wenn die Bereitschaft dazu vorhanden ist. Keiner kann dazu gegen seinen Willen gezwungen werden. Das ist schlicht unmöglich. Es würde den Geist offener Selbstüberprüfung verletzen. Aus diesem Grund reicht ein Mehrheitsbeschluß nicht aus. Vorbehaltloser Konsens ist unerläßlich.

Solltet ihr zu einer positiven Entscheidung gelangen, dann haltet euch genau an alle Vorgaben. Fügt nichts hinzu, laßt nichts aus und verändert nichts. Solltet ihr die Form und den Geist des 40-Tage-Satsangs der Selbstbefreiung in irgendeiner Form oder Weise kompromittieren, zerstört ihr automatisch seinen Wert. Das angestrebte Ergebnis der uneingeschränkten Anerkennung eures eigenen Lebens und aller seiner Ausdrucksformen und Widersprüche ist im tiefsten Sinne nur dann erreichbar, wenn ihr der vorgegebenen Form der Selbstbefreiung treu bleibt, denn diese Form gleicht einem feingeschliffenen Brennglas. Es erlaubt eine klare Wahrnehmung einer grenzenlosen Vielfalt von Erfahrungen, ist vorurteilslos – und auf der Grundlage der Erfahrung unteilbaren Einsseins auch allumfassend.

Der 40-Tage-Satsang der Selbstbefreiung im Rahmen einer neuen Selbsthilfegruppe, die eigens zu seiner Praxis gegründet wurde

Nach der Lektüre des Buches und einer eingehenden Beschäftigung mit seinen Themen könnte es auch geschehen, daß du dich aufgerufen fühlst, deinen eigenen Kreis oder eine Selbsthilfegruppe zu etablieren. In diesem Fall sind einige wichtige Punkte näher in Betracht zu ziehen, vor allem, wenn du selbst über keinerlei Erfahrung mit Gruppendynamik verfügst. Wenn du tatsächlich ein völliger Neuling bist, bedenke, daß es auch für dich nur Herausforderungen gibt, aber keine unüberwindlichen Hindernisse.

Eine Selbsthilfegruppe muß nicht groß sein. Wenn nur zwei mit der Motivation zusammenkommen, ihr eigenes Leben zu überprüfen und die Ergebnisse dieser Überprüfung miteinander zu teilen, so ist dies schon eine perfekte Gruppe, nicht weniger vollkommen als eine größere Versammlung. Ein heiliger Kreis mit nur zwei Beteiligten ist selbstverständlich möglich, denn hohe Mitgliederzahlen sind nun wirklich keine Voraussetzung für einen erfolgreichen Satsang. Damit er funktioniert, brauchst du nur zwei Dinge: Hingabe und Ehrlichkeit. Hingabe in dem Sinne der Bereitschaft, den Prozeß vollständig aus ganzem Herzen zu durchlaufen, und Ehrlichkeit in dem Sinne, daß du deine Erfahrungen ehrlich mit dir selbst und den anderen teilst – genau in der Weise, in der du sie erfahren hast, ohne etwas hinzuzufügen oder wegzulassen.

Zuerst willst du deine Absichten erklären und andere in deinen Kreis laden, wenn du eine Selbsthilfegruppe zur Auseinandersetzung mit dem 40-Tage-Satsang der Selbstbefreiung ins Leben rufen möchtest. Du willst dein Vorhaben genau erklären, indem du zum Beispiel sagst: „Ich möchte, daß wir zu Beginn in einem Kreis zusammenkommen und unsere individuelle Praxis offen miteinander diskutieren. Dann wollen wir uns nach meiner Meinung zu wöchentlichen Gruppentreffen zusammenfinden und unsere Erfahrungen austauschen. Ich verlange von jedem Mitglied, daß die Gruppe bis zum Abschluß des gesamten Prozesses zusammenbleibt und sich danach auch noch drei Monate lang einmal im Monat zur weiteren Aufarbeitung trifft, um die mittelfristigen Ergebnisse miteinander auszutauschen."

Natürlich kannst du auch tägliche Gruppentreffen für die gemeinsame Praxis vorschlagen, wenn sich das einrichten läßt. Für die Gruppe wird dies eine besonders dynamische Begegnung, denn ihr werdet euch dann mit euren Energien beständig gegenseitig bestärken. Mit dem Ausdehnen innerer Bilder und Gefühle in stiller Meditation, gefolgt vom gemeinsamen Sprechgesang der lebensbejahenden Verse im Anschluß daran, schafft ihr gemeinsam einen mächtigen äußeren heiligen Raum, der euren inneren heiligen Raum mit Kraft erfüllt.

Sollten die Voraussetzungen zu einer derartig kraftvollen gemeinsamen Praxis tatsächlich gegeben sein, legen wir euch sehr ans Herz, daß ihr diese seltene Gelegenheit nutzt. Die Ergebnisse für jedes einzelne Gruppenmitglied werden euch überraschen. Die gemeinsame tägliche Praxis vertieft auch den Erfahrungsaustausch und fördert den Geist der Verletzlichkeit, den ihr braucht, wenn ihr euch wirklich aus tiefem Herzen begegnen wollt. Ihr werdet ehrlicher und könnt auf der Basis dieser Ehrlichkeit die Grenzen des eingebildeten kleinen „Selbst" leichter überschreiten.

Einige grundsätzliche Richtlinien
für die Arbeit in einer Selbsthilfegruppe oder einem heiligen Kreis

Ist die Selbsthilfegruppe oder der heilige Kreis gegründet, wollen einige Richtlinien beachtet sein, damit sie für die Dauer ihres Zusammenkommens auf fruchtbare Ergebnisse zählen kann. Diese Richtlinien sind unbedingt zu befolgen. Werden sie nicht befolgt, ist damit der Nutzen des Zusammenkommens automatisch gefährdet. Wahrscheinlich flammen infolgedessen ungesunde emotionale Reaktionen auf und zerstören die bereits geleistete Arbeit oder die Arbeit, die noch hätte geleistet werden können. Diese Richtlinien lassen sich auf drei Kernbegriffe reduzieren: *Gleichheit*, *Eigenverantwortung* und *Spiritualität*.

1. GLEICHHEIT: Respektiere den Geist der Gleichheit, also die Tatsache, daß jeder Teilnehmer und jede Teilnehmerin für die Gruppe oder den Kreis gleich wertvoll und wichtig ist. Deswegen formuliert die Amerikanische Unabhängigkeitserklärung die selbstverständliche Wahrheit, daß „alle Menschen gleich geschaffen sind". Das heißt nicht, daß alle Menschen gleich sind, wohl aber, daß sie *gleichwertig* sind. Gleichwertigkeit läßt sehr viel Spielraum für Verschiedenheit und fordert keineswegs, die Unterschiede zu leugnen oder zu verringern. Jede Selbsthilfegruppe und jeder heilige Kreis können nur dann erfolgreich arbeiten, wenn wir unsere Verschiedenartigkeit dadurch achten, daß wir unsere Gleichwertigkeit anerkennen. Dies auch nur zu erwähnen, mag

überflüssig klingen, weil jeder es bereits zu verstehen glaubt. Aber wir können nicht umhin, darauf etwas näher einzugehen, weil diese „selbstverständliche Wahrheit" in den meisten Fällen ein Lippenbekenntnis bleibt und eben nicht Teil unserer Alltagserfahrung ist.

Ganz gleich, wo auf diesem Planeten wir unsere Heimat haben, sind wir alle in hierarchischen Strukturen aufgewachsen, die unsere wesensmäßige Gleichheit mißachten, wenn nicht sogar leugnen. In der Familie, in Schule und Universität, am Arbeitsplatz, überall sind wir gezwungen, im Rahmen einer Pyramidenstruktur zu arbeiten und uns auszudrücken. Diese Pyramidenstruktur bringt mit sich, daß nur einige wenige an der Spitze der Pyramide alle Informationen und alle Macht in den Händen halten. Je weiter man Stufe für Stufe entlang der Pyramide herabsteigt, desto weniger Wissen und Macht wird man antreffen, bis man zur breiten Basis kommt, wo kaum noch irgendwelche Reste von Wissen und Macht vorhanden sind.

Wir merken es nicht einmal, und wenn wir es merken, mögen wir es nicht sehen, aber wir alle leiden seelisch und emotional unter dem hierarchischen Ansatz in der Familie, im Beruf und in den Organen von Regierung und Verwaltung. Wir alle sind davon geschädigt. Deswegen können wir unsere Konditionierung nur schwer draußen vor der Tür lassen, wenn wir in den heiligen Kreis der Gruppe eintreten. Wir müssen den Geist der Gleichheit also bewußt in uns wachrufen, denn im Kreis sind wir alle gleichwertige PartnerInnen seines Bogens, während das Zentrum den heiligen und offenen Raum repräsentiert, aus dem sich unsere Selbstbefreiung entfalten kann – und zu dem sie uns vielleicht zurückführt. Wir wollen uns der Tatsache öffnen, daß wir im heiligen Kreis alle an dem einen Herzen aller Dinge teilhaben, aber es mit unseren sehr verschiedenen Stimmen auf ganz verschiedene Weise zum Ausdruck bringen.

2. EIGENVERANTWORTUNG: Der Wechsel von einer hierarchischen Sozialstruktur zu einer Struktur auf der Grundlage unserer

Gleichwertigkeit und Wesensgleichheit macht einen Wechsel in der Verteilung der Verantwortung notwendig. In der Pyramidenstruktur werden Pflichten von oben nach unten delegiert, während die meisten Rechte als Privileg den „Auserwählten an der Spitze" vorbehalten bleiben. Je weiter wir entlang der Pyramide herabsteigen, desto länger wird die Liste der Pflichten, die zu erfüllen sind. Je höher wir aufsteigen, desto länger wird die Liste der Vorrechte, die wir glauben genießen zu dürfen. Die Führung bleibt an der Spitze in einer Hand gebündelt oder wird auf ausgewählte Personen verteilt.

Im Kreis hat hierarchisches Denken keinen Platz. In der Selbsthilfegruppe oder im heiligen Kreis sind Rechte und Pflichten gleichmäßig auf alle verteilt. Deswegen gibt es keine Rechte ohne Pflichten, wie es natürlich auch keine Pflichten ohne Rechte gibt. Zu dieser Verteilung von Rechten und Pflichten gehört die ständig wechselnde Führung. Mit anderen Worten, bei jedem Gruppentreffen kann ein anderer die Gruppe leiten. Das stärkt das Gefühl der Eigenverantwortung.

3. SPIRITUALITÄT: Als eine reine Machtstruktur ist die Pyramide darauf angelegt, *Samsara* zu verewigen. Sie mag zwar oberflächlich spirituelle Ziele vertreten, ist aber eigentlich vor allem an weltlicher Macht und weltlichen Privilegien interessiert. Wahre Spiritualität bringt sich in den heiligen Kreis ein, dem sie auch entspringt – dem weiten und offenen Raum in ihrer Mitte. Sie möchte die Fesseln der weltlichen Eigeninteressen des Samsara überwinden und transzendieren.

In diesem Sinne sind Pyramide und Kreis miteinander unvereinbar. Das Machtgefüge der Pyramide ist daran interessiert, den heiligen Kreis zu zerstören. Wir können das an der Tatsache ablesen, daß der „Verwaltungsapparat" aller Religionen ihre wahre Botschaft der Gleichheit und Freiheit mit Füßen tritt. Die Mentalität der Pyramide verabscheut Gleichheit. Der Kreis hingegen wird von der selbstlosen Widmung für das Wohl aller Beteiligten getragen. Er will die Pyramidenmentalität von innen her aufweichen und schließlich transformieren. Die Pyramide zwingt die in ihrer vielschichtigen Struktur gefangenen Menschen zur Leugnung ihres eigenen Wesens und verhindert seinen freien Ausdruck. Der Kreis achtet die Tatsache, daß in jedem von uns eine ureigene Wahrheit steckt und daß diese Wahrheit ein Recht auf Selbstausdruck hat, solange andere davon nicht benachteiligt oder in Mitleidenschaft gezogen werden. Die Pyramide fordert Treue zum Buchstaben des Gesetzes. Der Kreis spricht die Toleranz an und vertraut auf den Geist kosmischer Gesetzmäßigkeiten.

Wenn wir also in einer Selbsthilfegruppe oder in einem heiligen Kreis zur Auseinandersetzung mit dem 40-Tage-Satsang der Selbstbefreiung zusammenkommen, wollen wir das zutiefst spirituelle Wesen unseres Zusammenkommens verstehen und respektieren. Wenn wir dazu in der Lage sind, werden wir zueinander finden – in der eigenen tiefsten Wahrheit, die gleichzeitig die kosmische Wahrheit ist. Ein solches Zusammenkommen bezeichnet man auf Sanskrit mit dem Wort *Satsang*. *Satsang* ist ein Zusammentreffen in der nicht näher definierbaren Wahrheit unseres Seins.

Für eine erfolgreiche Selbsthilfegruppe sind noch viele feine Gesichtspunkte zu beachten. Du wirst die meisten davon ohnehin intuitiv erfassen. Wenn du aber Englisch lesen kannst und mehr über das Zusammentreffen unter Gleichberechtigten im heiligen Kreis lernen möchtest, empfehlen wir dir Christina Baldwins herrliches Buch *Calling the Circle – The First and Future Culture*. Es wird dir viele zusätzliche praktische Tips für die Gruppenarbeit vermitteln.

Die 9 Themen der Selbstbefreiung im Überblick

1
Selbstachtung

Wenn wir uns selbst achten, lassen wir uns nicht kopflos und verrückt machen. Selbst unter äußerem Druck bleiben wir bedächtig und besonnen. Wir kosten jeden Augenblick voll aus und gelangen zu unseren eigenen Schlüssen – und zwar zu dem Zeitpunkt und auf die Art und Weise, die uns sinnvoll erscheinen. Wir begegnen der Welt mit Achtung, indem wir sie wirklich wahrnehmen und würdigen. Wir achten uns selbst, indem wir uns für unsere Vorhaben die Zeit und den Spielraum gewähren, die wir dafür brauchen. Auf diese Weise begreifen wir jeden Augenblick unseres Lebens als eine Einladung zur Selbstbefreiung und als eine kostbare Gelegenheit zur Erkenntnis unserer tiefsten Wahrheit.

2
Bewußtheit

Uns dem harmonischen Fluß der Bewußtheit überlassend, bemerken wir jeden großen und kleinen Aspekt im subtilen Gewebe unseres Daseins. Wir lassen die Fesseln unbewußter Reaktionen von uns abfallen und lösen uns Schritt für Schritt aus Unwissenheit. Wir betreten den WEG des wahren Menschen. Mit jedem Augenblick ungetrübter Bewußtheit gießen wir die Wurzeln am Baum des Lebens und wachsen ein Stück weiter in Freiheit.

3

Loslassen

Wir tauchen in unsere Empfindungen und Gefühle hinein und erspüren sie von innen nach außen. Auf diese Weise lösen wir uns aus ungesundem äußeren Haften. Mit dem Ergebnis, daß jetzt dieselbe Kraft uns pulsierend durchströmt, die unsere unbewußten und unbeachteten Gefühle vorher über uns ausübten. Früher war diese Kraft verhärtet und geronnen und hielt uns also gebunden. Jetzt fließt sie unbehindert und nährt unsere schöpferischen Impulse. Indem wir unsere Gefühle in diesem Moment voll und ganz fühlen und sie ziehen lassen wie sie wollen, würdigen wir bewußt die Schönheit, die allen Erscheinungen innewohnt. Wir verjüngen uns im Umfangen unserer Gefühle. Wir werden zunehmend geschmeidiger und einfühlsamer.

4

Mut

Was wir nicht wissen und kennen, das verbannen wir gewohnheitsmäßig in die hintersten und dunkelsten Kammern unseres Bewußtseins. Und davor fürchten wir uns dann, wie vor allem, was im Dunkeln lauert. Wenn wir allen unseren Mut aufbieten, können wir den Schatten von Angesicht zu Angesicht gegenübertreten, die nichts weiter sind als die Projektionen unserer eigenen Angst. Unsere größte Angst ist die Angst vor dem Tod. Der Tod kann uns physisch ereilen, zum Beispiel wenn der Körper stirbt. Der Tod kann aber auch ein Symbol sein, zum Beispiel wenn wir unser Ich als die Täuschung erkennen, die es in Wahrheit ist. Wenn wir unserer größten Angst mutig ins Auge blikken, verwandelt sie sich in unseren treusten Verbündeten und Beschützer — wie der schwärzeste Schatten, der schließlich das ihm innewohnende Licht offenbart.

5
Mitgefühl

Frei sein heißt, die Prägungen durch Vergangenes loslassen, wie auch alle Hoffnungen auf die Zukunft. Solange wir nicht vergeben können, was einmal geschah, bleiben wir daran gefesselt. Deswegen ist Vergebung eine Geste wahren Mitgefühls. Sie befreit uns aus den Ketten unserer vergangenen Geschichte. Sie durchtrennt den Strick, mit dem unser Groll uns an das Schicksal anderer kettet. Sie nimmt uns und anderen die gemeinsam zu tragende Bürde. Unbedingtes, wahres Mitgefühl kann sich in unserem ungeteilten Einssein entfalten wie mit tausend sehenden Händen.

6
Eigenverantwortung

Eigenverantwortung ist die Kraft, die in uns wohnt und uns beflügelt. Im Grunde gibt es nur einen WEG zu wahrem Menschsein – daß wir für uns und unser Leben selbst die volle Verantwortung übernehmen. Dieser WEG wird uns mit tiefer Befriedigung erfüllen. Sobald wir eigenverantwortlich handeln, beginnen wir unser Leben zu meistern, und wir hören natürlich auf, uns als machtloses Opfer der Umstände zu fühlen. Eigenverantwortung gipfelt in der Einsicht, daß wir als grenzenloses Bewußtsein der Schöpfer oder die Schöpferin unseres eigenen LEBENS und aller unserer Wahrnehmungen sind. Als Schöpfer oder Schöpferin werden wir niemals wieder in die Rolle des hilflosen Opfers fallen. Die Erfahrung der schöpferischen Allgegenwart des Bewußtseins ist gleichzeitig unsere endgültige Befreiung.

7

Liebe

Liebe ist Zuneigung. Liebe ist Zärtlichkeit. Liebe ist Leidenschaft. Unsere Sorgen sind nicht länger ein Problem, wenn wir sie zärtlich ans Herz drücken wie eine Mutter ihr Kind. Sie sind uns dann lieb wie unsere Kinder, deren Fehler wir ohne Urteil hinnehmen. Wir geben ihnen den nötigen Spielraum, daß sie über sich selbst hinauswachsen können, bis ihre Widerborstigkeit dahinschmilzt. Mit etwas Übung und Bewußtheit können wir sogar lernen, uns selbst in den größten Schwierigkeiten noch mit Leidenschaft in den Tanz der erleuchteten Energien zu werfen. Von den Flammen der Liebe umfangen, kommt alles in den Fluß und alles wird frei. Denn alles ist dann der befreite und immer weiter befreiende Tanz des Selbst.

8

Hingabe

Unsere wahren Bedürfnisse sind unsere eigentliche Berufung. Sie haben uns in unser Dasein gerufen. Sie sind unser Leitstern. Wir wollen sie achten, damit wir Erfüllung finden können. Sobald wir für uns entdecken, was wir wirklich brauchen und darum bitten, können wir den Sinn unseres Lebens einlösen. Es gehört Mut dazu, zu bitten. Bitten öffnet uns das Herz. Es macht uns für unseren eigenen Sinn empfänglich. Hingabe ist der Schlüssel, der uns die Pforte zum Sinn unseres Daseins öffnet. Phantasiewünsche und Launen jedoch wecken keine Hingabe. Nur unsere Herzenswünsche können das. Trotzdem wollen wir auch lernen, uns unsere kleinen Wünsche zu erfüllen, denn durch die Erfüllung unserer kleinen Wünsche werden wir allmählich entdecken, was wir wirklich brauchen, was wir uns aus tiefstem Herzen wünschen. Kleine Wünsche, wenn weise erfüllt, leiten unsere Schritte zu der Hingabe an unsere Herzenwünsche.

9

Erleuchtung

Wie die Erleuchtung nicht ein Ziel, sondern zeitlose, unwandelbare Wirklichkeit ist, sind auch Gesundheit und Gleichgewicht unser eigentlicher und natürlicher Zustand und nicht etwas, was wir uns erkämpfen müssen. Nur wenn wir unserem eigenen Wesen untreu werden, entsteht der Anschein, daß wir um Gesundheit und Gleichgewicht kämpfen müssen. Erleuchtung durchdringt alles Dasein. Wir können sie nicht draußen, von uns selbst entfernt finden. Wir können sie auch nicht auf die Zukunft verschieben, denn Erleuchtung findet jetzt statt. Wir können sie nur wie ein Geschenk empfangen – das wir selbst sind. Gleichermaßen können wir auch Gesundheit und Gleichgewicht in ihrem tiefsten Sinn nicht wirklich draußen und entfernt von uns suchen und finden, denn in unserem Wahren Wesen sind sie uns bereits mitgegeben. Deswegen wollen wir offen und empfänglich bleiben, damit sich unser natürliches Gleichgewicht ganz natürlich finden kann. Das ist wahre Gesundheit und das Ende allen krampfhaften Bemühens.

Literaturverzeichnis

Airola, Paavo: *Are You Confused? – The Authoritative Answer to Controversial Questions*. Phoenix, 1971, Health Plus Publishers

Airola, Paavo: *Every Woman's Book – Dr. Airola's Practical Guide to Holistic Health*. Phoenix, 1979, Health Plus Publishers

Baldwin, Christine: *Calling the Circle – The First and Future Culture*. Newberg, 1994, Swan Raven

Blofeld, John [Hrsg.]: *I Ging – Das Buch der Wandlung*, München. 1983, O.W. Barth Verlag

Brecher, Harold & Arline: *Fortysomething Forever – A Consumer's Guide to Chelation Therapy*. Herndon, 1992, Health Savers Press

Chopra, Deepak: *Die sieben geistigen Gesetze des Erfolgs*. München 1998, Heyne Verlag

Dalai Lama: *Mit dem Dalai Lama durchs Jahr – 365 Worte des Herzens*. München, 2002, O. W. Barth Verlag

Das, Surya Lama: *Awakening to the Sacred – Creating a Spiritual Life from Scratch*. New York, 1999, Broadway Books

Dossey, Larry: *Die Medizin von Raum und Zeit*. Basel, 1984, Sphinx Verlag

Gerson, Max: *A Cancer Therapy – Results of 50 Cases; A Summary of 30 Years of Clincal Experimentation*. Bonita, 1986, Gerson Institute

Horan, Paula: *Reiki – Der Weg zur Erfüllung*. Aitrang, 1995, Windpferd Verlag

Jampolsky, Gerald: *Lieben heißt die Angst verlieren. Neuaufl. München, 1991, Goldmann Verlag*

Matthiessen, Peter: *Am Fluß des neunköpfigen Drachen – Begegnungen und Erfahrungen auf dem Weg des Zen. München, 1987, O. W. Barth Verlag*

McCabe, Ed: *O2Xygen Therapies – A New Way of Approaching Disease*. Morrisville, 1988, Energy Publications

Ni, Hua Ching: *Hua Hu Ching – The Later Teachings of Lao-Tzu*. Boston & London 1995, Shambhala Publications

Ni, Hua Ching: *I Ching – The Book of Changes and the Unchanging Truth*. Santa Monica, 1990, Seven Star Communications Group

Page, Linda: *Healthy Healing Guide to Cancer*. Carmal Valley, 1997, Healthy Healing Publications

Poonja, H. W. L.: *The Truth Is*. New Delhi, 2001, Full Circle Publications

Rappoport, Jon: *Health Freedom Wins – The Death Monopoly Loses;* a Report

Tarthang, Tulku: *Gesten des Gleichgewichts*. Basel, 1985, Sphinx Verlag

Tarthang, Tulku: *Knowledge of Freedom – Time to Change*. Berkeley, 1984, Dharma Publishing

Trungpa, Chögyam: *Crazy Wisdom*. Boston & London, 1991, Shambhala Publications

Quellen

An verschiedenen Stellen im Buch sind Hinweise auf diverse Ansätze zur Heilung bestimmter Beschwerden und Krankheiten ein-
gestreut. Im Internet sind sehr viel mehr und sehr viel präzisere
Informationen dazu auffindbar. Nähere Hinweise auf relevante
Informations- und Bezugsquellen sind auf unseren eigenen
Webseiten unter www.paulahoran.com und www.paulahoran.de
aufgelistet.

Über unsere Webseiten ist auch ein Erfahrungsaustausch zu den
40 Tagen der Selbstbefreiung möglich. Dort kann man mit anderen Verbindung aufnehmen, die sich mit den Themen des Buches
praktisch auseinandersetzen und ihre Ergebnisse und Beobachtungen mitteilen möchten oder gern wissen wollen, wie es anderen
damit ergangen ist.

Über die Autoren

PAULA HORAN verfügt über einen Doktor und Magistergrad in transpersonaler Psychologie und darüber hinaus über eine mehr als zwanzigjährige Erfahrung mit den verschiedensten therapeutischen Ansätzen. Sie ist ein geachtetes Mitglied der internationalen Reiki-Gemeinde und Autorin von sechs Büchern, einige davon in 15 Sprachen übersetzt. Von 1992 bis 1997 verbrachte sie sehr viel Zeit bei ihrem Meister *H. W. L. Poonja (Papaji)*, einem Erleuchteten in der Tradition des berühmten *Ramana Maharshi*. Die Begegnung mit Papaji bewirkte in Paula eine tiefgreifende Veränderung und einen Wechsel von rein therapeutischer Arbeit zu direkter Selbsterfahrung. Zur Zeit hat sie in Indien und Nepal ihre Heimat gefunden. In Indien konzentriert sie sich hauptsächlich aufs Recherchieren und Schreiben von neuen Büchern. In Nepal unterzieht sie sich unter der Leitung von zwei Dzogchen-Yogis aus der Nyingma-Überlieferung des tibetischen Buddhismus einer traditionellen Schulung und Ausbildung.

NARAYAN CHÖYIN DORJE war mehr als zwei Jahrzehnte als freier Übersetzer und Lektor tätig und ist seit Mitte der siebziger Jahre praktizierender Buddhist. Im Laufe seiner langen Beschäftigung mit den Übungswegen des tibetischen und taoistischen Yoga hatte er die Gelegenheit, mit einigen der größten Lehrer unserer Zeit zusammenzutreffen und von ihnen zu lernen. *Satsangs der Selbstbefreiung* ist das erste Buch, in dem er als Co-Autor genannt ist. Er hat die ihm von Papaji und seinem gegenwärtigen tibetischen Lehrer gegebenen Dharmanamen zum Pseudonym gewählt, weil sie mehr über ihn aussagen als sein Geburtsname. Außerdem möchte er auf diese Weise seinen Lehrern danken. Narayan lebt mit Paula in Südindien und Nepal und arbeitet gegenwärtig an mehreren neuen Buchprojekten. Außerdem unterzieht auch er sich einer traditionellen spirituellen Schulung. Gelegentlich unterrichtet er auf Einladung *NadiPrana Release* und gemeinsam mit Paula das *Core Empowerment Training*.

Satyam Nadeen

Satsang – Das Handbuch zum neuen Erwachen

«Wechsel in die 4. Dimension» Mythen und Tatsachen über die Erleuchtung

Satyam Nadeen zählt zu den Erwachten, die das, was sie zu geben haben, in Satsangs, dem „Zusammensein in Wahrheit" mit anderen teilen.

In diesem Buch berichtet Satyam Nadeen, wie das Erwachen die Herzen aller „Suchenden" berührt, die von dem großen Verlagen, endlich „Zuhause" anzukommen geleitet sind. Die große Herausforderung, ein „Findender" zu werden ist einzig, daß das was ist, seit Jahrtausenden unter verwirrenden Vorstellungen über die ganze Sache mit der Erleuchtung begraben wird. Weiß irgend jemand da draußen, wovon dort genau gesprochen wird?

176 Seiten · 3-89385-367-7
www.windpferd.com

Ariel und Shya Kane

Unmittelbare Transformation

Lebe im Augenblick und nicht in Gedanken

„Unmittelbare Transformation", das ist eine revolutionär neue Sichtweise, die es ermöglicht, einen permanenten Zustand des Bewusstseins und der „Zentriertheit" zu erreichen. Dabei wird auf radikale Weise die Vorstellung aufgegeben, daß jegliche Form von „Arbeit an sich selbst" irgendeine Veränderung bewirken kann. Es gibt keine Tricks zu erlernen, keine Lebensregeln zu beachten, keine vorgeschriebenen Pfade zu befolgen! Die Methode führt zu einer Veränderung von Zuständen, bewirkt einen Wechsel der „Realität" – und das führt zu einem regelrechten „Quantensprung". Nach der Transformation: In Streßsituationen bleibt man zentriert, man ist zunehmend erfolgreicher und zufriedener Beziehungen werden liebevoller und förderlicher, Spontaneität, Freude und Kreativität nehmen zu.

144 Seiten · ISBN 3-89385-369-3
www.windpferd.com

David Frawley

Die spirituelle Praxis des Vedanta

Meditationen für die spirituelle Entwicklung · Innere Stille im Tanz dynamischer Handlung

Eine verblüffend moderne Einführung in die wohl älteste – und dabei dauerhafteste – meditative Überlieferung der Welt: den Vedanta, das Herzstück und die Essenz der Veden, Indiens zu Recht gerühmten „direkten Pfad zur Erleuchtung". Dies ist ein überaus inspirierender Beitrag zum Verständnis der Prinzipien, die der Entwicklung und Erweiterung des menschlichen Bewußtseins zugrunde liegen. Die ebenso alten wie unvergänglichen meditativen Einsichten und Geheimnisse der Weisheit des Vedanta bieten eine Anleitung zur direkten Erfahrung unserer inneren Möglichkeiten und können sich als essentielle Praxis für die Probleme und Herausforderungen unseres modernen Lebens erweisen.

176 Seiten, ISBN 3-89395-412-6
www.windpferd.de

Paula Horan

Reiki – Der Weg zur Erfüllung

Ein erfolgreiches 42-Tage-Programm zum Erreichen von Gesundheit, Liebe und Wohlstand

Die Reiki-Erfüllung ist ein Handbuch zum Erwecken wahrer Fülle aus dem Kern unseres Seins. Es geht um die Wiedervereinigung von Wahrnehmen und Fühlen und darum, sich mit den persönlichen Überzeugungen, die uns in einem Zustand des Mangels gefangenhalten, auseinanderzusetzen. Das wirkungsvollste Werkzeug, das Paula Horan dem Leser zur Verfügung stellt, sind die beiden 21-Tage-Programme zur Verwirklichung der „Großen Erfüllung". Es geht um die Unwichtigkeit des Egos und die Notwendigkeit, das wahre Selbst und den universalen Geist zu erkennen.

176 Seiten · 3-89385-142-9
www.windpfed.com